Dominic Schwickert

Strategieberatung im Zentrum der Macht

Dominic Schwickert

Strategieberatung im Zentrum der Macht

Strategische Planer in
deutschen Regierungszentralen

VS VERLAG

Bibliografische Information der Deutschen Nationalbibliothek
Die Deutsche Nationalbibliothek verzeichnet diese Publikation in der
Deutschen Nationalbibliografie; detaillierte bibliografische Daten sind im Internet über
http://dnb.d-nb.de abrufbar.

1. Auflage 2011

Alle Rechte vorbehalten
© VS Verlag für Sozialwissenschaften | Springer Fachmedien Wiesbaden GmbH 2011

Lektorat: Frank Schindler

VS Verlag für Sozialwissenschaften ist eine Marke von Springer Fachmedien.
Springer Fachmedien ist Teil der Fachverlagsgruppe Springer Science+Business Media.
www.vs-verlag.de

Umschlaggestaltung: KünkelLopka Medienentwicklung, Heidelberg
Gedruckt auf säurefreiem und chlorfrei gebleichtem Papier
Printed in Germany

ISBN 978-3-531-17430-3

*„Der köstliche Luxus, insgesamt die Themen selbst zu wäh-
len [...] weitgehend unbelastet von administrativen Pflich-
ten. Nachdenken als Aufgabe, [...] gefüttert mit allen Informationen, die der große Apparat täglich ergänzt und die
Wissenschaft bereithält. [...] Die schönste Zeit meines Be-
rufslebens habe ich im Planungsstab [...] genossen.“*

Egon Bahr*

* Bahr, Egon (1998): Zu meiner Zeit. München. S. 224.

Inhalt

Vorwort von Klaus Schubert

Der bundesdeutsche Föderalismus ist in gewisser Weise ein seltsames Konstrukt. Zwar verfügen die Länder über sehr wenige eigene Gesetzgebungskompetenzen (Kultur, Bildung, innere Sicherheit), gleichzeitig sind sie aber allumfassend zuständig, wenn es um die Ausführung und Umsetzung politischer Entscheidungen in die konkrete Praxis geht. Die Länder sind also immer dann am Zuge, wenn aus politischen Absichten und Vorhaben materielle Realität werden soll. Mehr noch, die Ausführungskompetenz der Länder erscheint nur auf den ersten, sehr oberflächlichen Blick nachrangig: Faktisch profitieren die deutschen Länder auch vom europäischen Integrationsprozess, der die Zuständigkeiten der Europäischen Union wachsen und die entsprechenden Zuständigkeiten des Bundes schrumpfen lässt. Im spannungsreichen Dreiecksverhältnis von Europäischer Union, Bund und Ländern haben daher letztere faktisch ganz erhebliche politische Handlungsräume gewonnen – die zum Teil recht ‚stolzen' Landesvertretungen in Brüssel demonstrieren diese Veränderungen auch optisch nachdrucksvoll. In der Logik liegt aber auch, dass es nicht die Gesetzgeber, sondern vielmehr die Exekutiven und damit die Regierungen der Länder sind, denen hier herausragende und zunehmende Bedeutung zukommt. Politikwissenschaftlich sind diese Zusammenhänge nicht besonders neu. Insbesondere die Klagen der Länderparlamente über zunehmende Auszehrung sind so alt wie die Bundesrepublik selbst. Auch die Frage, wie denn die Regierungen der Länder ihre politischen Gestaltungsräume inhaltlich füllen, ist politikwissenschaftlich keineswegs Neuland. Die Konkurrenz zwischen den Ländern in vielen gesellschaftlich-sozialen und wirtschaftlich-technischen Angelegenheiten ist evident und auch jenseits parteipolitischer Interesses äußerst spannend. Allerdings – und hier kommt die Relevanz des vorliegenden Buches ins Spiel – kümmert sich die deutsche Politikwissenschaft erst seit kurzem um das Thema „Politische Strategie". Verstärkt durch die Untersuchung von Joachim Raschke und Ralf Tils wird dieser dynamischen Komponente modernen Regierens erst in jüngster Zeit die notwendige fachwissenschaftliche Aufmerksamkeit geschenkt.

Warum ist das so? Moderne, offene, demokratische Gesellschaften zeichnen sich durch Vielfalt und Veränderung aus – wachsende Vielfalt und rapide Veränderungen. Globalisierung, Europäisierung, technische Innovationen, wirtschaftliche Dynamiken, mediale Allverfügbarkeiten, soziale Entwicklungen, politischer Wettbewerb, Wissensexplosion: Unter diesen Bedingungen kann auch Politik im ‚Staat' kaum mehr auf das ‚Statische' setzen, auf das Bauen und Vertrauen, was ‚bleibt'. Im Gegenteil: Politik muss zunehmend die Grundlagen und Eckdaten für diese Entwicklungen (mit)definieren und schaffen, in vielen Fällen Vor- und Anpassungsleistungen erbringen und vielfach auch die sozialen Kosten rapider Veränderungsprozesse übernehmen. Für diese modernen politischen Ordnungs-, Adaptions- und Gestaltungsleistungen gibt es ausgesprochen wenig politikwissenschaftlich gesichertes Wissen. Zentrale Begriffe und Kompetenzen wie zum Beispiel politische Prozesssteuerung oder strategieorientiertes politisches Handeln sind politikwissenschaftlich unterbelichtet und weitgehend Neuland. Zwar gehören Themen wie Innovationsfähigkeit, Nachhaltigkeit, Responsivität etc. zum zentralen politikwissenschaftlichen Vokabular. Über die Fragen, wie Optionen entwickelt, Gewichtungen gesetzt und Strategien gesucht werden, um in der politischen Realität zwischen Nachhaltigkeit und Wahlrhythmik/ Wahlarithmetik, Veränderung und Stabilität, Innovation und Berechenbarkeit sowie zwischen gesellschaftlichen Forderungen, Responsivität und Verantwortung austarieren und navigieren zu können, darüber weiß man in der Politikwissenschaft sehr wenig. Zwischen Gegenstandsbereich und Fach klafft hier eine inakzeptable Lücke. Aber: Aufgabe von Politik ist es, Zukunft zu gestalten. Dazu bedarf es zukunftsweisender Ideen und überzeugender Leitbilder, insbesondere aber auch inhaltlich nützlicher, politisch förderlicher und Akzeptanz vermittelnder Strategien.

Zum besseren Verständnis der Planer und Strategen in den politischen Machtzentren Deutschlands, ihren Aufgaben und Arbeitsweisen trägt dieses Buch von Dominic Schwickert ganz erheblich bei. Es stellt die richtigen Fragen und beschafft relevantes empirisches Wissen. Der leidige Spagat zwischen theoretischem und praxisorientiertem Wissen wird in diesem Buch klug der Relevanzfrage untergeordnet.

Münster im Februar 2010

Dr. Klaus Schubert
Professor für Deutsche Politik und Politikfeldanalyse

Vorwort von Dietrich Thränhardt

Politik braucht Strategie, sonst wird das Handeln im Einzelnen sinnlos und die Aktivitäten erschöpfen sich im Strom der „sterilen Aufgeregtheit" (Georg Simmel) des jeweiligen Medienhypes. Politikwissenschaft muss Strategien dokumentieren, ihre institutionelle Verortung untersuchen, konzeptionelle Anstöße geben und Defizite an strategischem Handeln offenlegen. Dominic Schwickert leistet hier mit seiner empirischen Analyse der Planungseinheiten in den deutschen Bundesländern einen wertvollen Beitrag, nachdem die Politikwissenschaft politische Planung seit dem Abklingen der Planungseuphorie der 1970er Jahre weitgehend vernachlässigt hat. So waren Planungsakteure in Regierungszentralen in den letzten Jahrzehnten kaum Gegenstand umfassender politikwissenschaftlicher Analysen. Findet heutzutage langfristige Planung unter den Zwängen der Mediendemokratie und des politischen Wettbewerbs überhaupt statt? Wie und wo sind sie in den Regierungszentralen der Bundesländer angebunden? Wie ist ihr Stellenwert? Das sind die Grundfragen der vorliegenden Untersuchung.

Bei der institutionellen Analyse ergibt sich – abgesehen von erwartbaren Unterschieden aufgrund der unterschiedlichen Größe und Finanzkraft der Bundesländer – eine erstaunliche Vielfalt an Zuschnitten und Aufgabenkombinationen bei den Planungseinheiten, die bisher auch nicht ansatzweise in der Literatur dokumentiert worden sind. Insgesamt zeigt sich eine starke Fixierung auf den jeweiligen Ministerpräsidenten, die dem bundesdeutschen System der Konkurrenz- und Kanzlerdemokratie mit der Richtlinienkompetenz plus der Führung der stärksten Regierungspartei entspricht. Dieses Muster hat sich auch in den Ländern immer mehr durchgesetzt. Planung kann in dieser Konstellation nur Einfluss gewinnen, wenn sie an die Politik und die Ausstrahlung dieser Führungspersönlichkeit gebunden ist. Im Einzelnen analysiert Schwickert auch das Verhältnis der Planungseinheiten zur ‚Linie', zu den Fachministerien, zu den Medien und zur akademischen Welt mit ihren jeweiligen Beraterfunktionen. All dies wird vielfältig und dicht mit Zitaten aus Interviews belegt, wobei sich bei den Akteuren durchaus auch ein breiter Meinungspluralismus feststellen lässt.

Besonders weiterführend sind die Ergebnisse für das Verständnis von strategischer Planung in demokratischen Systemen. Im Gegensatz zu Joachim Raschkes traditioneller Annahme, strategische Planung müsse in einer Arkan-Atmosphäre abgeschottet von der Öffentlichkeit stattfinden, ergeben die Interviews, dass effektive Planung mit der Öffentlichkeit beziehungsweise als Beeinflussung der Öffentlichkeit stattfinden kann. Das ist nicht nur unter normativen demokratischen Kriterien befriedigend, sondern entspricht offensichtlich auch den Realitäten in offenen politischen Systemen. Rekapituliert man die großen Veränderungen in der Bundesrepublik, etwa die Westpolitik Adenauers, die Ostpolitik Brandts oder die Stabilisierungspolitik Schmidts, so lässt sich ebenfalls feststellen, dass bei aller taktischer Raffinesse im Einzelnen der Erfolg damit verbunden war, dass die große strategische Linie offengelegt wurde und breite öffentliche Akzeptanz fand. Auch der „Strategos" im antiken Athen setzte seine großen Linien in der Volksversammlung durch, entweder als verantwortlicher Führer oder auch als Demagoge.

Strategische Planung steht immer auch in der Öffentlichkeit und muss die Durchführbarkeit von Strategien und deren Durchsetzung in der öffentlichen Debatte verbinden helfen. In diesem Sinn kann die vorliegende Studie von Dominic Schwickert auch Anstoß zu weiteren Debatten zur Rationalität demokratischer Politik sein.

Münster im März 2010

Dr. Dietrich Thränhardt
Professor em. für Vergleichende Regierungslehre und Migrationsforschung

Vorwort von Thomas Fischer und Frank Frick

Woran denken wir, wenn wir über Landespolitik in Deutschland sprechen? An dieser Stelle seien nur einige mediale Schlaglichter aus der jüngsten Vergangenheit genannt: Schlechtes Abschneiden deutscher Schüler in den PISA-Studien der OECD; die Pauli-Affäre, die zum Rücktritt des bayerischen Ministerpräsidenten Stoiber führte; die selbstverschuldeten Krisen von HSH-Nordbank und bayerischer Landesbank; das Zerbrechen der großen Koalition in Schleswig-Holstein aufgrund persönlicher Animositäten zwischen dem christdemokratischen Ministerpräsidenten und dem Vorsitzenden der sozialdemokratischen Landtagsfraktion. Mehr noch als für die deutsche Bundespolitik gilt für die Landespolitik, dass sie ihren Weg vor allen dann in die Medien findet, wenn wieder einmal vermeintlich Anlass zur Klage über die organisierte Verantwortungslosigkeit in unserem föderalen System besteht, wie sie vor allem in der Bildungs- und Schulpolitik immer wieder moniert wird. Oder die Medien fokussieren einseitig auf die machtpolitischen Schachzüge und Fehlleistungen landespolitischer Entscheidungsträger, denn: bad news are good news.

Kaum mediale Beachtung findet hingegen, dass angesichts fortschreitender Globalisierung und Europäisierung die Länder an politischer Bedeutung gewonnen haben. So hat die regionale Standortpolitik angesichts der wachsenden Durchlässigkeit nationaler Grenzen heute zentralen Stellenwert für die sozioökonomische Entwicklung. Für den Erfolg der Länder im internationalen Standortwettbewerb wiederum ist die Fähigkeit zur längerfristigen Strategieplanung und -umsetzung zentral. Dies gilt gerade auch angesichts der Notwendigkeit, bei schrumpfenden haushaltspolitischen Spielräumen (Stichwort: Neueinführung der bundesstaatlichen Schuldenbremse in das Grundgesetz) klare strategische Prioritätensetzungen vorzunehmen. Das reichhaltige Arsenal an Instrumenten zur Verbesserung ihrer Strategiefähigkeit, über das die Länder zur Bewältigung dieser Herausforderungen inzwischen verfügen, rückt jedoch kaum je in das Licht der Öffentlichkeit – ob es sich nun um den erfolgreichen Leitbildprozess „Metropole Hamburg – Wachsende Stadt", das Szenarienprojekt „Sachsen 2020" oder auch die Innovationsstrategie des Saarlandes handelt. Eine Schlüsselrolle bei der politischen Entwicklung und Umsetzung derartiger Strategiekonzepte kommt den Planungseinheiten in den Staats- und Senatskanzleien der Länder zu. Direkt angesiedelt beim Ministerpräsidenten als machtpolitischem Schlüsselakteur sind es die Planungseinheiten in den Regierungszentralen, die am besten in der Lage sind, Einzelpolitiken mit langfristigen, übergreifenden Zielen zu verbinden und zu einer kohärenten Regierungspolitik zusammenzuführen. Vor allem sie sind es, die die Funktion von Ideenmaklern, Impulsgebern und Strategieberatern innerhalb der Landesexekutive übernehmen, Problemfelder und Zukunftstendenzen frühzeitig analytisch erfassen und im Idealfall Antworten für relevante Fragen bereithalten, die von der in Wahlperioden getakteten Politik noch nicht gestellt werden.

Dominic Schwickert untersucht mit der vorliegenden qualitativen Studie Arbeitsprofil, Selbstverständnis und Gestaltungsspielräume der strategischen Planer. Der Autor leistet einen wichtigen Beitrag für die noch junge Disziplin der Strategieforschung, indem sein Erkenntnisinteresse Fragestellungen gilt, die erst in jüngster Zeit wieder verstärkt politikwissenschaftliche Aufmerksamkeit finden: Wie gelangen relevantes Wissen über künftige Herausforderungen sowie innovative Ideen und zukunftsweisende Konzepte zu den landespolitischen Entscheidungsträgern? Wer sind die regierungsinternen Vordenker und Strategieentwickler auf Landesebene und wie arbeiten sie? Wie laufen Beratungsprozesse über Zukunftsthemen innerhalb der Regierungszentralen konkret ab? Wodurch definieren sich die Spielräume und Grenzen politischer Strategiefähigkeit und damit auch die Gestaltungsmöglichkeiten der dort für Planung und Grundsatzfragen zuständigen Akteure, die am Entscheidungsfindungs- und -vorbereitungsprozess beteiligt sind?

Gestützt auf fundiertes Theorie- und Empiriewissen der politischen Strategieanalyse sowie die Auswertung von Interviews mit den Leitern der Planungseinheiten in den zehn Untersuchungsländern Baden-Württemberg, Bayern, Berlin, Brandenburg, Bremen, Hessen, Niedersachsen, Rheinland-Pfalz, Sachsen und Schleswig-Holstein liefert Schwickert nicht nur neue Einblicke für die politikwissenschaftliche Auseinandersetzung mit dem Thema. Seine Analyse liefert darüber hinaus auch der Praxis wertvolle Anhaltspunkte dafür, wie die Regierungspolitik auf Landesebene stärker strategisch und zukunftsorientiert ausgerichtet werden kann. Aus unserer Sicht sind dabei nicht zuletzt jene Passagen der Untersuchung interessant, in denen der Wunsch der Planungsakteure deutlich wird, über mehr freie Kapazitäten für langfristiges Denken und konzeptionelles Arbeiten zu verfügen. Zu stark sei die Tendenz, dass das tagesaktuell-operative Geschäft ihre strategisch-planerischen Aufgaben verdränge. Diese Einschätzung wird durch eine Studie der Bertelsmann Stiftung aus dem Jahr 2009 bestätigt, in deren Rahmen Führungskräfte aus dem Planungsbereich in 13 Regierungszentralen der Länder befragt wurden. Im Durchschnitt ergaben ihre Antworten, dass im Verlauf einer Legislaturperiode 50 Prozent ihrer Personalressourcen für Koordinationsaufgaben zwischen den Einzelressorts, 20 Prozent für Kommunikationsaufgaben, nur 11 Prozent für strategische Planung, 10 Prozent für die Erfolgskontrolle und lediglich 9 Prozent für die Analyse langfristiger Entwicklungen eingesetzt würden.

Genau darin liegt aber eine Hauptursache, weshalb, so ein weiteres Ergebnis der vorliegenden Untersuchung, die Planungsakteure als interne Regierungsberater auf externe wissenschaftliche Expertise angewiesen sind. Bei Aufgaben wie der Früherkennung gesellschaftlicher Zukunftstrends kommt externer Beratungsexpertise eine zentrale Unterstützungsfunktion bei der Planung von Regierungshandeln auf Landesebene zu. Dies setzt allerdings voraus, dass relevante wissenschaftliche Ergebnisse kompakt aufbereitet werden, um ihre politische Verwertbarkeit sicherzustellen und jenseits sachrationaler Lösungsangebote auch der Machtrationalität politischer Entscheidungsprozesse ausreichend Rechnung zu tragen. Die Notwendigkeit, diese beiden Dimensionen permanent ,zusammenzudenken', macht geradezu das Wesen politischer Strategie aus – und erklärt zugleich, weshalb die deutsche Wissenschaft mit ihrer starken Fokussierung auf sachbezogenes Denken und ihrer ideellen Distanz zum Politikbetrieb nach wie vor in den beraterischen Kinderschuhen steckt.

Unseres Erachtens zeichnet sich gerade hier ein Weg ab, wie die Planungseinheiten der Regierungszentralen der Länder ihre knappen Ressourcen für die längerfristige Strategieentwicklung künftig wirksamer einsetzen können. Viel stärker als die Planungseinheiten in den Parteizentralen verfügen sie über das Potenzial, Neutralität bei der Identifizierung relevanter externer Expertise zu wahren und zwischen politischem Machtkalkül und wissenschaftlicher Erkenntnis eine ,Übersetzerfunktion' wahrzunehmen. Interne und externe Beratungsexpertise schließen sich also keinesfalls aus. Insbesondere die Planungsakteure der Staats- und Regierungskanzleien können das Wissen von Fachexperten und zivilgesellschaftlichen Akteuren für die Landespolitik erschließen und nutzbar machen.

Brüssel/Gütersloh im März 2010

Thomas Fischer
Leiter des Büros Brüssel
der Bertelsmann Stiftung

Frank Frick
Programmleiter Good Governance
der Bertelsmann Stiftung

1 Einleitung

„Die Zukunftsfähigkeit Deutschlands ist gefährdet. Der Staat ist zwar zurück, hat sich aber seiner eigenen Handlungsfähigkeit beraubt." Mit diesen Worten kommentiert Wolfgang Streek, Direktor des Max-Planck-Instituts für Gesellschaftsforschung, die Auswirkungen der Finanzkrise auf die Regierungsfähigkeit in Deutschland.[1] Streek spielt damit auf das Krisenmanagement der schwarz-roten Bundesregierung im Zuge der Finanz- und Wirtschaftskrise an, das seiner Einschätzung nach in der Bevölkerung völlig unrealistische Erwartungen an die Gestaltungsmöglichkeiten politischer Entscheidungsträger geweckt habe.[2] Zwar könne nach der staatlichen Blitzintervention mit dem größten Konjunkturprogramm in der Geschichte der Bundesrepublik von einer gewissen Rückkehr des Staates nach Jahren propagierter ‚Verschlankung' gesprochen werden. Das zügige und beherzte Eingreifen der Politik, das die Auswirkungen der Krise zweifellos abzumildern vermochte, könne jedoch nicht über das Versagen des Staates hinwegtäuschen, die Krise im Vorfeld zu verhindern. Schließlich sei der Staat lediglich reaktiv in Form von schadensbegrenzenden Maßnahmen tätig geworden. Streek geht noch weiter und skizziert ein düsteres Szenario: Das Pendel werde nach der expansiven Haushaltspolitik in den Krisenjahren künftig genau in die andere Richtung ausschlagen. Politik werde sich auf die Tilgung der neuen und alten Schulden und damit auf finanzpolitische Aufräumarbeiten beschränken müssen. Eine aktive Politikgestaltung sei da angesichts abnehmender haushaltspolitischer Spielräume kaum noch möglich.

Unabhängig davon, ob man Streeks pessimistischer Diagnose schrumpfender politischer Gestaltungsspielräume vollends folgen will, steht eines fest: In einer hochdynamischen und vielfach vernetzten Gesellschaft ist das sozioökonomische Umfeld ständigen Wandlungsprozessen unterworfen. Daraus erwächst ein Problemdruck in einer Vielzahl von verschiedenen Politikfeldern, der mit einer rein reaktiven, mit sich selbst beschäftigten (Krisen-)Politik unvereinbar

---

[1] Vortrag von Wolfgang Streek im Rahmen der Ringvorlesung „Regieren! Theoretische Ansätze und aktuelle Herausforderungen" zum Thema „Regieren nach der Finanzkrise: Back to the Future" am 18. Mai 2009 im Institut für Politikwissenschaft der Universität Münster.

[2] Eine gewisse Überdehnung des politischen Machbarkeitsanspruchs gab es jedoch auch bereits unter der Kanzlerschaft Gerhard Schröders. Beispiele sind hier die Inbesitznahme des kleinen Konjunktur-Aufschwungs zu Beginn der rot-grünen Legislaturperiode im Jahre 2000 sowie die konkreten und sehr weitgehenden Versprechungen („Halbierung der Arbeitslosigkeit") im Zuge der Hartz-Reformen (vgl. Schmidt 2005: 143 f.).

ist. Gefragt ist stattdessen eine proaktiv-zukunftsgewandte und damit strategische Politikgestaltung. Abstrakt formuliert heißt strategische Politikgestaltung, auf Grundlage einer gründlichen Abwägung alternativer Konzepte hinsichtlich ihrer gesamtgesellschaftlichen Folgen vorausschauende und verantwortungsbewusste Entscheidungen für das Gemeinwohl einer Gesellschaft zu treffen. Derartige Entscheidungen, die sich gleichermaßen an den Maßstäben Sozialverträglichkeit, Wachstumsförderung und Nachhaltigkeit messen lassen müssen, sind in einem komplexen pluralistischen Staat mit freiheitlich-demokratischer Grundordnung äußerst voraussetzungsvoll. So können – ohne Anspruch auf Vollständigkeit – zwei wesentliche strukturelle Rahmenbedingungen ausgemacht werden, die auch jenseits von Krisenzeiten eine reaktive, kurzfristorientierte Politikausrichtung begünstigen und damit einer strategischen Politik entgegenstehen: (1) der politische Wettbewerb unter den Bedingungen der modernen Mediendemokratie und (2) Informationsdefizite über politische Zusammenhänge in der modernen Wissensgesellschaft.

(1) Zunächst gilt es, langfristige Ziele auch dann nicht aus den Augen zu verlieren, wenn – beispielsweise in Wahlzeiten – der politische Handlungskorridor verengt ist und symbolpolitische Antworten auf bestehende Herausforderung besonders opportun erscheinen (vgl. Sarcinelli 1987; Meyer 1992). Dabei ist es ein noch immer gültiger Allgemeinplatz, dass Entscheidungsträger in Wahlkampfzeiten nicht selten der Versuchung erliegen, entgegen ihrer langfristigen Zielsetzungen mit kurzfristiger Klientelpolitik auf Stimmenfang zu gehen. Aber auch jenseits von unmittelbar anstehenden Wahlkämpfen bestehen für die Parteien und ihre Spitzenvertreter im *politischen Wettbewerb* große Anreize für eine tagesaktuelle Ausrichtung: Die eigenen Wiederwahlchancen beziehungsweise die Machtoptionen der Partei ständig vor Augen, ist es aus Sicht der Politiker durchaus rational, sich bei strittigen politischen Fragen nicht nur von sachpolitischen Erwägungen leiten zu lassen. Der Erfolg einer bestimmten, auf Langfristigkeit ausgerichteten Maßnahme ist aufgrund von langen Wirkungsketten meist politisch kaum zurechenbar. Für die Politik(er) sind bei der Politikformulierung daher die neusten demoskopischen Zahlen, die aktuelle Berichterstattung und die bestehenden politischen Kräfteverhältnisse sehr viel ausschlaggebender.[3] Dabei gilt, dass diejenigen

---

[3] Um nicht missverstanden zu werden: Es soll nicht dem Politikertypus eines rein machtfixierten opportunistischen ‚Situationisten' das Wort geredet werden. Vielmehr soll darauf hingewiesen werden, dass Politik extrem zustimmungsabhängig und immer darauf ausgerichtet ist, auch kurzfristige Mehrheiten zu generieren. Parteipolitische Reflexe sowie die Suche nach kurzfristigen Profilierungs- und damit Machtpotenzialen machen neben Problemlösungsorientierungen einen wesentlichen – und auch legitimen – Teil des Rationalitätskalküls politischer Entscheidungsträger aus (vgl. Korte/Fröhlich 2003).

Politiker, die sich mit der Demonstration von Handlungswillen und schnellen (Placebo-)Lösungen hervortun, nicht selten mit hohen Zustimmungsraten und schließlich Stimmengewinn ‚belohnt' werden (Stimmenprämie). Hintergrund ist, dass sich politische Zustimmung durch kurzfristige Versprechen leichter gewinnen und organisieren lässt als durch Politikentwürfe mit Langfristorientierung, denn letztere zeichnen sich oftmals durch konkrete Einschnitte in der Gegenwart zugunsten von abstrakten Versprechen in der Zukunft aus (vgl. Bruns 2007). Beispielsweise ist die Haushaltskonsolidierung für die Zukunftsfähigkeit eines Landes eminent wichtig, was kaum ein Wähler bestreiten würde. Finanzielle Belastungen, die durch die Verringerung öffentlicher Ausgaben durch konsequente Sparmaßnahmen erfolgen, sind jedoch der Öffentlichkeit äußerst schwer zu vermitteln und lösen nicht selten breiten politischen Widerstand aus. Befeuert durch die engen Wahlzyklen sind Kurzfristorientierung und politisches Taktieren so ein systembedingtes Nebenprodukt des (demokratietheoretisch durchaus erwünschten und im Grundgesetz fixierten) Wettbewerbsprinzips der politischen Parteien und Akteure um die Gunst der Wähler.

Doch auch wenn der Wille für eine langfristige, nachhaltige Politikgestaltung vorhanden ist, können identifizierte Problemlagen, vorhandenes Problemlösungswissen und ausgehandelte Lösungsansätze plötzlich obsolet werden. Dies ist dann der Fall, wenn durch aufkommende Ereignisse plötzlich andere Themen in den Vordergrund rücken, die die volle Aufmerksamkeit der Spitzenpolitiker beanspruchen.[4] Beschleunigt werden die Themenwechsel insbesondere durch die Medien, die nicht nur als kritische Begleiter des politischen Geschehens agieren, sondern auch die Politereignisse polarisieren sowie als politische Agenda Setter in Erscheinung treten. Durch den permanenten Beobachtungsdruck der Medien wird der politische Wettbewerb zusätzlich belebt. Um Gehör zu finden, muss sich die Politik dabei unter den Bedingungen eines „konkurrenzintensiven Aufmerksamkeitsmarktes" (Kamps 2004: 208) bis zu einem gewissen Grad der Medienlogik anpassen. Dies impliziert einerseits eine Orientierung an medialen Aufmerksam-

---

[4] Exemplarisch sei hier auf die Klimapolitik Angela Merkels verwiesen, die bei der Regierungsübernahme im Jahre 2005 einen großen Raum einnahm und im Zeichen der Finanz- und Wirtschaftskrise fast vollständig von der politischen Agenda verschwunden ist. Streek spricht in diesem Zusammenhang von einer „überraschend leichten Entsorgung der Nachhaltigkeit nach der Agenda-Rhetorik der vergangenen Jahre" (Streek 2009). Tatsächlich hört man dieser Tage seitens der Politik allzu häufig, dass man sich im Zuge der Krise in eine Art nie da gewesenem ‚Überlebenskampf' befinde, der keine Zeit für die Beschäftigung mit langfristigen, strategischen Fragen lasse. Dass die Kurzfristorientierung im Jahr 2009 eine gewisse krisen- und wahlbedingte Kulmination erlebt, zeigt nicht zuletzt die auf kurzfristige Effekte abzielende und höchst umstrittene Abwrack-Prämie und Rentensicherungsklausel.

keitsregeln und Darstellungsformen (Emotionalisierung, Personalisierung, Inszenierung). Andererseits beinhaltet es eine Beschleunigung politischer Prozesse in einer zunehmend unüberschaubaren Mediengesellschaft, sodass eine Vielzahl komplexer Entscheidungen innerhalb eines extrem knappen Zeitrahmens getroffen werden muss. Damit eng verknüpft sind die – nicht zuletzt durch die Etablierung der neuen Medien gestiegenen – Anforderungen an die Reaktions- und Kommunikationsfähigkeit der politischen Akteure (vgl. Novy/Schwickert 2009): Durch eine falsche, unterlassene oder verspätete Reaktion auf ein Problem, das gerade durch Skandalisierung mediale Themenkonjunktur hat, kann schnell wertvolles politisches Kapital verloren gehen. Das Krisenmanagement bindet daher – insbesondere in einer der Medientaktung angepassten Regierungspolitik – viele personelle Ressourcen der politischen Akteure.

(2) Eine gewisse Reaktivität von Regierungshandeln wird schließlich auch durch *Informationsdefizite* hervorgerufen. Die Kanalisierung und Auswertung der täglichen Informationsflut nach politischer Relevanz ist aufwendig und gleichzeitig unabdingbar. Da Entscheidungsprozesse vor allem Informationsverarbeitungsprozesse darstellen und ein ‚Informations-Overload' gutes Regieren ebenso gefährdet wie Informationsmangel, kommt dem Informationsmanagement eine große Bedeutung zu (vgl. Hirscher/Korte 2004). Eine grundsätzliche Herausforderung in der modernen Informations- und Wissensgesellschaft ist, dass nicht nur die Quantität der Informationen exponentiell steigt. Vielmehr verkürzt sich auch die Halbwertszeit von Informationen und politisch relevantem Wissen, was ein paradoxes Phänomen hervorbringt: Während die Wissensressourcen in einer globalisierten Welt konsequent wachsen, nimmt gleichzeitig das Nichtwissen über politische Zusammenhänge im Sinne eines „overnewsed and underinformed" zu (vgl. Willke 2002). Nicht zuletzt der Zusammenbruch der internationalen Finanzmärkte Ende 2008 hat bewiesen, dass die Wirkungsmechanismen politischer Maßnahmen in einer ausdifferenzierten und vielfach interdependent miteinander vernetzten Gesellschaft höchst unübersichtlich und kontingent sind. Mehr noch: Die jüngste Finanz- und Wirtschaftskrise hat gezeigt, dass nationales Regierungshandeln erst im Konzert mit anderen Regierungen eine bestimmte Wirkungsmächtigkeit erreichen kann. Einfache (nationale) Lösungen für die zu bewältigenden Herausforderungen scheint es also nicht (mehr) zu geben. Aus Regierungsperspektive greifen auch ressortspezifische Lösungsansätze zu kurz. So lassen sich gesamtgesellschaftliche Herausforderungen wie Strukturwandel, Migration und Integration, Klimawandel, Energiesicherheit, die Finanz- und Wirtschaftskrise oder der demografische Wandel, aber auch erklärte Politikziele wie Haushaltskonsolidierung, frühkindliche Bildung,

Entbürokratisierung und Verwaltungsmodernisierung immer weniger einzelnen Politikfeldern zuordnen. Es gibt also kaum noch politische Themen ohne Querschnittscharakter. Diese „faktische Problemverflechtung" (Mayntz 1997: 276) verstärkt den Aushandlungsbedarf zwischen verschiedenen politischen Akteuren und verkompliziert die Entscheidungsfindung zusätzlich. Gerade das politische Mehrebenensystem Deutschlands zeichnet sich durch eine Vielzahl an relevanten Akteuren mit vorhandenem Problemlösungswissen, weitreichenden Beteiligungsansprüchen und unterschiedlichen Interessenlagen aus, die es auszutarieren gilt. Kurz: Während die Anforderungen an die politische Steuerung wachsen, scheint die grundsätzliche Steuerbarkeit politischer Prozesse eher abzunehmen.

Aus diesen allgemeinen Beobachtungen politischer Prozesse können bereits wesentliche Anforderungen an eine moderne und erfolgreiche Regierungspolitik abgeleitet werden:

- eine sinnvolle Ausbalancierung von kurzfristigen und langfristigen Politikerfordernissen,
- ein ausgefeiltes Informations- und Wissensmanagement, wozu neben breiten Informationsverarbeitungskapazitäten auch der Umgang mit kontingenten politischen Prozessen beziehungsweise mit Nichtwissen über politische Zusammenhänge zu rechnen ist und schließlich
- eine ressortübergreifende politische Steuerung, die sich an strategischen Gesichtspunkten ausrichtet.

Trotz der skizzierten Entwicklungen verbleiben den politischen Entscheidungsträgern also Spielräume, deren Nutzung von ihrer Strategiefähigkeit abhängt. Strategiefähigkeit kann heißen, zur Steuerung politischer Prozesse bestimmte ressortübergreifende Handlungsziele systematisch über einen längeren Zeitraum und in intensiver Auseinandersetzung mit anderen Akteuren zu verfolgen (vgl. Raschke/Tils 2007). Um den Anforderungen an Strategiefähigkeit gerecht werden zu können, sind Entscheidungsträger auf anspruchsvolle politische Beratung angewiesen, die über die reine Vermittlung von Fakten hinausgeht (vgl. Novy et al. 2008: 175 ff.). Gefragt ist vielmehr aufbereitetes Orientierungswissen in Form von Analysen, Positionierungen und strategischen Empfehlungen, die den politischen Spitzenakteuren als Entscheidungsgrundlage dienen.

Innerhalb der Regierungsorganisation sind es die *Planungseinheiten*, die sich der strategischen Planung und damit der Konzeptualisierung einer auf Langfristigkeit ausgelegten Regierungspolitik verschrieben haben. Ihr Geschäft ist die politische Grundsatzarbeit und – darauf aufbauend – die Entwicklung von Konzepten und Strategien für politische Herausforderungen mit weitem zeitlichen Problemlösungshorizont. Wenn man den Anspruch zugrunde legt, dass sich Regierungspolitik an übergeordneten politischen Leitideen jenseits von exekutiver Alltagsroutine und Machterhaltungstaktik orientieren und das Land langfristig handlungsfähig machen soll, nehmen die Planungseinheiten der Regierungszentralen als Ideengeber und ‚Anwälte der Zukunftsperspektive' unter normativen Gesichtspunkten eine wichtige Rolle ein. Der Wunsch nach grundsätzlich(er)em Nachdenken und Handeln scheint aber auch in der politischen Praxis (wieder) gefragt zu sein. So beklagt Heinrich Tiemann, ehemaliger Staatssekretär im Auswärtigen Amt und Leiter des ‚Vizekanzleramts' unter Frank-Walter Steinmeier, einen seit Jahren fortschreitenden Aderlass an personellen und finanziellen Ressourcen bei der regierungsinternen Grundsatz- und Planungsarbeit mit weitreichenden Folgen (vgl. Schwickert 2009): Mitarbeiter der Planungseinheiten würden zunehmend zu Redenschreibern degradiert und die administrative Beratung insgesamt marginalisiert. Nach seiner Einschätzung verschärfen also die Ressourcenengpässe in der Ministerialbürokratie das oben skizzierte Problem einer wettbewerbs- und informationsbedingten Verdrängung langfristiger Politikkonzeptionen zusätzlich. Tiemann geht aber noch weiter: Politische Grundsatzarbeit und strategische Planung finde in der Regierungspraxis kaum noch statt, während die Politik aber gleichzeitig immer mehr auf vorausschauende und innovative Beratung aus ihrem Apparat angewiesen sei.[5]

Trotz dieser normativen und praktischen Relevanz der Planungsakteure als regierungsinterne Strategieberater haben diese in der Politikwissenschaft bislang nur wenig Berücksichtigung gefunden.[6] Der Politikwissenschaftler und Strategieforscher Joachim Raschke formuliert das Forschungsdesiderat so: „Wir wissen fast nichts darüber, was strategische Politikakteure in strategischer Hinsicht wirklich tun und denken" (Raschke 2002: 215). Während sich in der akademischen Auseinandersetzung zahlreiche Beiträge mit dem Strategiebegriff in der Parteien- und Wahlkampfforschung beschäftigen, ist die Frage nach den regierungsinternen Handlungsbedingungen strategischer Akteure, die Entscheidungen vorbereiten, als Gegenstand politikwissenschaftlicher Reflexion bisher vernachlässigt worden. Empirisches Ausgangswissen über jene strategischen Akteure ist

---

[5] Vortrag von Heinrich Tiemann mit dem Titel „Beratungsunfähige Experten? Was Politikberatung leisten kann und soll" im Rahmen einer Konferenz der Bertelsmann Stiftung zum Thema „Von der Beraterrepublik zur gut beratenen Republik. Zustand und Zukunft von Politikberatung in Deutschland" am 28./29. Januar 2009 in Berlin.

[6] Insgesamt scheint die Ministerialbürokratie als klassischer Politikakteur im allgemeinen ‚Hype' um neuere Governance-Ansätze im sozialwissenschaftlichen Diskurs in den letzten Jahren aus dem Blick geraten zu sein. Ausnahmen sind Mielke (1999) und einige eher verwaltungswissenschaftliche Abhandlungen zur politischen Planung (zum Beispiel Gebauer 1994). Strategiefragen stehen hier jedoch nicht explizit im Vordergrund.

in der Politikwissenschaft kaum vorhanden. Raschke nennt die mangelnde systematische Analyse von Strategie eine „Leerstelle" und „Schwäche des Fachs" (Raschke 2002: 207). Genau an dieser Leerstelle in der bestehenden Forschung setzt die vorliegende explorative Untersuchung an. Ziel ist es, auf Grundlage von theoretischen Überlegungen und empirischen Daten eine erste Bestandsaufnahme der Handlungspraxis strategischer Planung in den Regierungszentralen deutscher Bundesländer zu liefern. Im Fokus steht dabei die strategische Beratung der Ministerpräsidenten durch die Planungseinheiten. Auch wenn letztere schwerpunktmäßig mit der Konzipierung einer langfristigen Regierungspolitik betraut sind, können sie sich den tagesaktuellen Erfordernissen im politischen Wettbewerb nicht vollends verschließen, um für die Entscheidungsträger relevant zu sein. *Forschungsleitend* ist daher die Frage, wie die Planungsakteure als strategische Berater der Ministerpräsidenten das Spannungsfeld zwischen operativem Tagesgeschäft und strategischer Langfristorientierung austarieren.

Zur Beantwortung dieser Forschungsfrage werden auf Grundlage von qualitativen Experteninterviews mit den Planungschefs ausgewählter Staats- und Senatskanzleien fünf Faktoren untersucht, die für die Planungseinheiten handlungsrelevant sind. Konkret werden auf Strukturebene (1) die systemischen Rahmenbedingungen und (2) institutionellen Arrangements strategischer Planung sowie auf Akteurebene (3) Arbeitsprofil, (4) Selbstverständnis und (5) Austauschbeziehungen der strategischen Planungsakteure analysiert. Von besonderem Interesse sind dabei die von den Interviewpersonen explizit oder implizit geäußerten selbstbezüglichen Aussagen. Durch die Darlegung von Handlungsmotiven, Präferenzen und Alleinstellungsmerkmalen können die Planungsakteure im Gesamtgefüge der Regierungsorganisation verortet sowie Einschränkungen, Spielräume und Herausforderungen strategischer Planungsarbeit offengelegt werden. Letztlich knüpft die Untersuchung damit an zahlreiche Forschungsfelder an: Indem administrative Beratungsformen von politischen Entscheidungsträgern diskutiert werden, gibt es Berührungspunkte zu jenen Arbeiten in der Regierungsforschung, die die regierungsinterne Informationsverarbeitung und Entscheidungsfindung beziehungsweise das Verhältnis von politischen Spitzenakteuren und Verwaltung problematisieren. Wenn implizit nach den Möglichkeiten und Grenzen ressortübergreifender und damit zentraler Steuerung gefragt wird, ist die Untersuchung auch an die aktuelle Steuerungsdebatte sowie die Policy-Forschung anschlussfähig. Im Besonderen zielt diese Untersuchung jedoch auf die neuere *Strategieforschung* ab, die – so wird im Theorieteil argumentiert – zahlreiche Schnittstellen zur anwendungsorientierten Policy-Forschung aufweist. Aufbauend auf den theoretisch-konzeptionellen Erkenntnissen der politischen Strategieanalyse sollen empirisch erhärtete Thesen zum Arbeitsalltag strategischer Akteure im Sinne von Raschkes formulierten Forschungsdesiderats herausgearbeitet werden. Um es deutlich zu sagen: Es geht *nicht* um eine Evaluation der strategischen Beratungsleistung. Diese ist wegen der mangelnden Quantifizierbarkeit von Output und Outcome strategischer Empfehlungen empirisch (wenn überhaupt) nur äußerst schwer zu fassen. Gleichwohl soll die Untersuchung einige erste Anhaltspunkte liefern, wie es um die Wirkungsmächtigkeit der strategischen Planungsarbeit in den Regierungszentralen der Bundesländer bestellt ist.

Zu klären bleibt die Frage, warum beim Thema „Strategische Planung" in dieser Studie auf die *Regierungszentrale* und deren entsprechende *Planungseinheiten* abgestellt wurde. Natürlich findet strategische Regierungsplanung nicht nur in Regierungszentralen, sondern ebenso in Ministerien sowie in den Fraktionen und Gremien der Regierungsparteien statt. Auch von dort aus kann die Gesamtstrategie der Landesregierung punktuell beeinflusst werden. Die strategische Planungsarbeit von Regierungszentralen ist jedoch deshalb so relevant, weil in dieser Querschnittsbehörde das Macht- und Gestaltungszentrum bei der Planung, Koordination und Umsetzung von langfristigen politikfeldübergreifenden Vorhaben der jeweiligen Regierung vermutet werden kann. Während – überspitzt formuliert – fachliche beziehungsweise parteipolitische „Stückwerkingenieure" (Karl Popper) die einzelnen Ressorts und Parteizentralen dominieren und Regierungsfraktionen nicht administrativ steuern und koordinieren, kann man davon ausgehen, dass die Einzelpolitiken am ehesten in den Zentralen mit langfristigen Zielen verbunden und zu einer kohärenten Regierungspolitik zusammengeführt werden. In den Regierungszentralen sind also jenseits von Ressortdenken und Einzelpolitiken Antworten auf die Fragen zu erwarten, mit welchen politikfeldübergreifenden Handlungsstrategien den mittel- und langfristigen gesellschaftspolitischen Herausforderungen begegnet werden sollen. Mehr noch: Es ist anzunehmen, dass im Tätigkeitsbereich des Ministerpräsidenten als landespolitischer Schlüsselakteur und Hauptverantwortlicher der gesamten Regierungspolitik des Landes strategische Planung eine besondere Wirkungsmächtigkeit entfaltet. Statt bei den Planungseinheiten könnte innerhalb der Regierungszentrale alternativ auch bei anderen Akteuren angesetzt werden. So könnten der Ministerpräsident oder aber seine engsten Vertrauten innerhalb der Zentrale wie der Chef der Staats- beziehungsweise Senatskanzlei, der Regierungssprecher, der Büroleiter oder der persönliche Referent in den Blick genommen werden. Diese Akteure haben durch die entsprechende formale Befugnis beziehungsweise durch den direkten Zugang zum Ministerpräsident großen Einfluss auf strategische Planungsprozesse der entsprechenden Landesregierung. Allerdings dürften deren Kapazitäten für strategische Grundsatzarbeit relativ begrenzt sein, da sie sehr stark in das politische Alltagsgeschäft involviert sind und meist eine hohe Termindichte zu bewältigen haben. Strategische Regierungsplanung stellt nämlich –

so muss einschränkend festgestellt werden – auch nur eine unter zahlreichen bedeutsamen Aufgaben der Regierungszentrale dar, die in der Hauptsache die Politik der gesamten Landesregierung koordiniert. Und auch wenn die politischen Spitzenakteure letztlich über langfristigen Strategien entscheiden und diese verantworten, sind die Planungseinheiten als Teil des administrativen Apparats diejenigen regierungsinternen Akteure, die sich im Idealfall ausschließlich mit der Konzipierung von strategischer Regierungsplanung befassen.

Im Aufbau der vorliegenden Studie folgt diesem *Kapitel 1* mit der Einführung in das Thema „Strategische Regierungsplanung" *Kapitel 2* mit dem Forschungsstand und einigen theoretischen Grundlagen zur strategischen Planung in der Politikwissenschaft. Die Diskussion der relevanten Debatten und Konzeptionen von politischer Planung, Steuerung und Strategie dient dazu, das Untersuchungsfeld theoretisch zu umreißen und relevante Begriffe diskursgerecht herzuleiten. Auf dieser Grundlage wird in *Kapitel 3* das Modell des akteurzentrierten Institutionalismus vorgestellt, das das theoretische Grundgerüst dieser Untersuchung darstellt. Der akteurzentrierte Institutionalismus bietet sowohl ein ausdifferenziertes theoretisches Paradigma als auch eine konkrete Forschungsheuristik, um relevante Aspekte des vorliegenden Forschungsgegenstandes („Strategische Planung und Beratung in deutschen Regierungszentralen") systematisch identifizieren zu können. Zur Operationalisierung der Fragestellung werden hier fünf handlungsrelevante Faktoren der strategischen Planungsarbeit herausgearbeitet. Im Anschluss daran wird in *Kapitel 4* das Forschungsdesign vorgestellt, das dieser empirischen Untersuchung zugrunde liegt. Hier stehen neben allgemeinen methodischen Überlegungen konkrete Fragen nach Materialbasis, Zugang, Fallauswahl, Leitfadenentwicklung sowie Interviewdurchführung und -auswertung im Vordergrund. Nach der theoretischen Einbettung und der Begründung des methodischen Vorgehens widmet sich *Kapitel 5* den Ergebnissen der empirischen Untersuchung. Hier werden sowohl die zwei strukturbedingten als auch die drei akteurspezifischen Faktoren analysiert und fallübergreifend diskutiert. Abschließend werden in *Kapitel 6* wesentliche Ergebnisse der empirischen Analyse zusammengefasst und einer kritischen Reflexion unterzogen. Dabei werden fünf zentrale Thesen generiert, die sich aus den empirischen Befunden ableiten lassen.

2 Strategische Planung in der Politikwissenschaft: Forschungsstand und theoretische Grundlagen

Im Einleitungskapitel wurden anhand allgemeiner Beobachtungen politischer Prozesse einige mögliche Gründe skizziert, warum die strategische Langzeitperspektive in der politischen Realität oftmals aus dem Blick gerät. Dabei wurde insbesondere auf das Spannungsverhältnis zwischen kurzfristigen Nutzen- und Machtkalkülen einerseits und den Erfordernissen einer nachhaltigen und prospektiven Politikausrichtung andererseits hingewiesen. Konkret scheinen situative Lösungsansätze aufgrund einer gewissen Prämierung tagesopportunistischen Verhaltens, beschleunigten politischen Prozessen sowie Informationsdefiziten die mittel- und langfristigen Konzeptionen von Politikgestaltung häufig zu verdrängen. In den nachfolgenden Abschnitten geht es darum, den entsprechenden politikwissenschaftlichen Forschungsstand zur strategischen Planung kritisch zu reflektieren und einige theoretische Grundlagen für die empirische Untersuchung herauszuarbeiten.

Fragen nach (strategischer) Planung im Regierungskontext sind in der politikwissenschaftlichen Forschung von verschiedenen Forschungssträngen implizit oder explizit bearbeitet worden. Diese kommen angesichts unterschiedlicher Prämissen und Paradigmen zu ganz unterschiedlichen Ergebnissen. Aufgrund des praxisorientierten Anspruchs der vorliegenden Untersuchung liegt der Schwerpunkt dieses Kapitels auf akteurzentrierten Ansätzen. Von den Konzeptionen *politischer Planung, Steuerung und Strategie* wird erwartet, dass sie nicht nur wissenschaftlichen Maßstäben genügen, sondern auch für die politische Praxis von Bedeutung sind. Neben handlungstheoretischen Ansätzen werden in den folgenden Abschnitten auch Erkenntnisse aus der *Organisationsforschung* („Garbage Can Theory"), der *Systemtheorie* sowie der *Governance*-Forschung einfließen, die das grundlegende Paradigma eines gestaltungsfähigen Akteurs ergänzen beziehungsweise ein Stück weit relativieren. Mit ihrer Hilfe können wertvolle Hinweise über bestehende Dysfunktionalitäten auf Makro- und Meso-Ebene sowie generelle Spielräume politischen Handelns gewonnen werden. So können theoriegeleitet einige weitere strukturelle Rahmenbedingungen modernen Regierens identifiziert werden, die Auswirkungen auf die konkrete Planungsarbeit in Regierungszentralen haben können.

Die Frage nach den grundlegenden Gestaltungsmöglichkeiten politisch-administrativer Akteure wurde in der politikwissenschaftlichen Forschung insbesondere in der Steuerungsdebatte behandelt, die in den frühen 1970er Jahren aus der allgemeinen Planungsernüchterung hervorging. So werden im Folgenden in einem historischen Abriss zunächst politische Planungskonzeptionen in Theorie und Praxis diskutiert (Kapitelabschnitt 2.1), bevor im Anschluss daran die sozialwissenschaftliche Steuerungsdebatte nachgezeichnet wird (Kapitelabschnitt 2.2). Bei diesem Streifzug geht es nicht nur um den Verlauf der Debatte, sondern um die Diskussion verschiedener steuerungstheoretischer Ansätze, die sich mit der Steuerungsfähigkeit politischer Akteure und der grundsätzlichen Steuerbarkeit politischer Prozesse befassen. Anschließend werden einige Grundlagen, Perspektiven und Potenziale der politischen Strategieanalyse umrissen, die für den konzeptionellen Rahmen dieser Untersuchung von Bedeutung sind (Kapitelabschnitt 2.3). In einem Zwischenfazit werden schließlich die für diese Studie relevanten theoretischen Aspekte zusammengefasst und kritisch reflektiert (Kapitelabschnitt 2.4).

2.1 Politische Planung in Theorie und Praxis: Ein historischer Abriss

Anfang der 1970er beschrieb der damalige Chef des Bundeskanzleramts, Horst Ehmke, die Notwendigkeit von Planung in der politischen Praxis folgendermaßen:

> „Politische Planung im Regierungsbereich soll helfen, […] Problemlösungen und Entscheidungen vorzubereiten, die sich an dem gesellschaftlichen Entwicklungsstand von morgen und übermorgen statt an dem von gestern ausrichten […]; die Widerstände, die sich einer solchen rationaleren Politik entgegenstellen, zu erkennen, zu analysieren und Durchsetzungsstrategien zu entwickeln […]" (Ehmke 1971).

Fritz W. Scharpf definierte politische Planung nur wenige Monate später als „Technik der vorwegnehmenden Koordination einzelner Handlungsbeiträge und ihrer Steuerung über längere Zeit", die „so die Möglichkeiten kollektiven Handelns [steigert] und […] den Bereich der durch kollektive Entscheidungen wählbaren Ziele [erweitert]" (Scharpf 1973: 38). Mit Ehmke und Scharpf ist der Anspruch politischer Planung bereits umrissen: Politische Planung bezieht sich auf die administrative Politikvorbereitung, durch die ein höherer Rationalitätsgrad politischer Prozesse erreicht werden soll. Dabei geht es sowohl um Informationsverarbeitung und fachliche Problembearbeitung als auch um Koordination und politische Interessenberücksichtigung. Letztlich soll durch planerische Methoden, Instrumente und Techniken die Leistungsfähigkeit der Verwaltung und damit die Handlungsfähigkeit der Politik gesteigert werden. Besonders hoch war dieser Anspruch an politische Planung in den späten 1960er und frühen 1970er

Jahren. In dieser Zeit waren Deutschlands Sozialwissenschaftler und Politiker mehrheitlich geradezu von einer Planungsbegeisterung erfasst. Im Folgenden werden die verschiedenen Theoriestränge von politischer Planung kurz vorgestellt (Kapitelabschnitt 2.1.1), bevor die Erfahrungen mit politischer Planung in den Jahren 1966 bis 1974 diskutiert werden (Kapitelabschnitt 2.1.2). Abschließend werden mögliche Folgen der Planungsernüchterung für das Politikverständnis sowie das Verhältnis von Wissenschaft und Praxis nach der Planungsdebatte skizziert (Kapitelabschnitt 2.1.3).

2.1.1 Planungstheorien in den Sozialwissenschaften

Der Wunsch nach einem hierarchisch steuernden, planerisch-interventionistischen Staat wurde bereits mit der holistischen Planungstheorie von Karl Mannheim in den 1930er Jahren formuliert (vgl. Mannheim 1935). Vor dem Hintergrund der Weltwirtschaftskrise von 1929 leistete Mannheim ebenso wie sein Soziologiekollege Hans Freyer (1933) wesentliche konzeptionelle Vorarbeiten zur Planungsdebatte in den 1960er Jahren. In dieser wurden verschiedene Planungstheorien diskutiert, die allesamt einen weitgehenden Planungsoptimismus teilen, jedoch in ihrer Schwerpunktsetzung differieren.[7] Grob kann zwischen (1) herrschaftstheoretischen, (2) entscheidungstheoretischen und (3) kybernetischen Planungsansätzen unterschieden werden:

(1) In den frühen 1960er Jahren bestimmten zunächst das Buch „Planung ohne Planwirtschaft" von Alfred Plitzko (1964) sowie zahlreiche wissenschaftliche Aufsätze über generelle Aspekte demokratischer Herrschaftsausübung (zum Beispiel Abendroth 1964; Naschold et al. 1971; Offe 1973) die aufkommende Planungsdebatte in den Sozialwissenschaften. Vor dem Hintergrund des Ost-West-Konflikts und tief greifenden sozioökonomischen Wandlungsprozessen seit den 1950er Jahren waren viele dieser *herrschaftstheoretischen Planungsansätze* eng mit der Kapitalismusdebatte um das ‚bessere‘ Gesellschaftssystem verknüpft. In den teils stark marxistisch inspirierten Beiträgen stand stets die (planerische) Rolle des Staates im kapitalistischen System im Vordergrund.

(2) *Entscheidungstheoretische Planungsansätze* bezogen sich hingegen explizit auf die Möglichkeiten von politischer Entscheidungsoptimierung. Fritz W. Scharpf betonte beispielsweise als Vertreter dieses Theorieansatzes insbe-

---

[7] Die Literatur zur sozialwissenschaftlichen Planungsdebatte in den 1960er Jahren ist sehr umfangreich und kann hier nur ausschnitthaft dargestellt werden. Für einen ausführlicheren Überblick siehe Schäfers (1973), Scharpf (1973), Lau (1975) und Fürst (1998).

sondere die planungsbedingten Rationalitätsgewinne in Entscheidungsprozessen, die aus systematischer Informationsverarbeitung und Interessen-
koordination resultieren (vgl. Scharpf 1973).[8] Andere entscheidungstheore-
tisch geprägte Planungsverfechter sprachen sich für die Übernahme von be-
triebswissenschaftlichen Managementkonzepten in die Politik aus (vgl. Kaiser 1965-1972; Metzler 2005: 151 ff.) und hoben stärker auf die Instrumen-
tenebene ab. So forschte beispielsweise Carl Bohret nach neuen leistungsfä-
higeren Methoden und Techniken der Budgetisierung[9] (vgl. Bohret 1970).
Eine weitere, stark technokratisch anmutende Abhandlung über politische
Planung lieferte der ‚Zukunftsforscher‘ Helmut Klages, der auf relativ hohem Abstraktionsgrad die ‚Stückwerks‘-Mentalität der politischen Praktiker
kritisierte und sich für eine umfassende Planung gesamtpolitischer Prozesse
durch den Einsatz von Computern aussprach (vgl. Klages 1971). Mit Hilfe
von Computersimulationen sollte die komplexe Realität der modernen Gesellschaft erfasst und planerisch gestaltet werden können. Klages ging aber
noch weiter: Ihm schwebte eine „aktive“, sich selbst planende Gesellschaft
vor. Auch für Klaus Lompe, dessen Habilitationsschrift von 1971 einen
Endpunkt der planungseuphorischen Phase markiert, gehen Planung und sozialer Fortschritt Hand in Hand (vgl. Lompe 1971). Lompe erklärte Pla-
nungsdefizite nicht aus Interessendivergenzen, sondern allein aus Mentali-
tätsbarrieren.

(3) Ähnlich abstrakt und technokratisch wie die Studien von Klages und Lompe
waren auch *kybernetische Planungsansätze*. Sie bildeten einen weiteren,
stark soziologisch-systemtheoretisch geprägten, jedoch insgesamt weniger
einflussreichen Theoriestrang in der Planungsforschung. Prominenter Vertreter war Karl W. Deutsch. Dieser ging davon aus, dass Politik als ein in-
formiertes, linear lernendes und sich ständig weiterentwickelndes System
aufgefasst werden könnte. Damit sei eine weitgehende Planbarkeit politischer Prozesse grundsätzlich nicht nur möglich, sondern auch Erfolg versprechend (vgl. Deutsch 1969; Lange 2007: 179).

Insgesamt wurden die sozialwissenschaftlichen Planungstheorien ab Anfang der
1970er Jahre nach den Planungserfahrungen in der praktischen Politik zuneh-

---

[8] Ein einflussreicher Gegenspieler der Entscheidungstheoretiker war Herbert Simon. So wies Simon
die Prämissen der Entscheidungstheoretiker mit seinem Konzept der „bounded rationality“ als wirk-
lichkeitsfremd zurück (vgl. Simon 1959). Er argumentierte, dass ein politischer Akteur aufgrund von
unvollständigen Informationen, mangelnden Ressourcen und eingeschränkten Bewertungsmaßstäben
allenfalls zu begrenzter Rationalität fähig ist. Damit machte er insbesondere auf die Grenzen von
ausgefeilten Informationsverarbeitungsstrategien aufmerksam.

[9] Gemeint ist damit die Diskussion über das Planning-Programming-Budgeting-System (PPBS) und
das Zero-Base-Budgeting (ZBB).

mend kritisch gesehen. Seitdem finden umfassendere Planungsdiskussionen in den Sozialwissenschaften vor allem in der politischen Geografie im Bereich der Stadt-, Landschafts- und Raumplanung statt. Von systemischen Planungskonzeptionen auf gesellschaftlicher Ebene war angesichts einer regelrechten Planungsernüchterung in der politischen Praxis plötzlich nicht mehr die Rede.

2.1.2 Planung als Instrument der politischen Praxis

Parallel zur sozialwissenschaftlichen Debatte fand ab Mitte der 1960er Jahre auch eine politische Planungsdiskussion statt. Dabei fanden einige Planungskonzeptionen der Sozialwissenschaften Eingang in die praktische Politik. Grob lässt sich politische Planung in der bundespolitischen Praxis in vier Phasen einteilen (vgl. Abbildung 1): (I) Geburtsstunde, (II) erste Institutionalisierungsversuche, (III) Planungseuphorie und schließlich (IV) Planungsernüchterung.

Abbildung 1:   Vier Phasen politischer Planung in Deutschland

Phase I:	1966	→ Die Geburtsstunde
Phase II:	1966-69	→ Erste Institutionalisierungsversuche
Phase III:	1969-70	→ Planungseuphorie
Phase IV:	ab 1971	→ Planungsernüchterung

Quelle: Eigene Darstellung

I.   Auch wenn es unter der kurzen Kanzlerschaft des planungskritischen Ludwig Erhardts bereits einen Referenten für politische Planung gab, dominierte ordo-liberales und damit planungskritisches Denken die Politik. [10] Als eigentliche *Geburtsstunde* politischer Planung kann daher die Amtsübernahme von Kurt Georg Kiesinger bezeichnet werden (vgl. Walter 2009). Unter Kie-

---

[10] Dem klassischen Ordo-Liberalismus, dem sich Ludwig Erhardt verpflichtet fühlte, kann ein Politikverständnis unterstellt werden, das zwischen politischer und wirtschaftspolitischer Steuerung unterscheidet. Während zur politischen Steuerung von den ordo-liberalen Vertretern kaum Einwände hervorgebracht werden, wird eine weitergehende wirtschaftspolitische Steuerung durch den Staat explizit abgelehnt. Der Staat soll sich vielmehr auf die wirtschaftspolitische Rahmensetzung beschränken (vgl. Eucken 1952).

singers Wirtschaftsminister Karl Schiller wurde im Jahre 1966 die erste größere Nachkriegsrezession durch eine konjunkturpolitische Intervention erfolgreich eingedämmt. In der Rückschau kann diese 'keynesianische Wende' als auslösendes Moment der daraufhin zunehmenden Planungsbegeisterung gewertet werden (vgl. Walter 2009).

II. Dem auslösenden Moment folgten *erste Institutionalisierungsversuche* von politischer Planung in der Regierungsorganisation der großen Koalition (vgl. Schatz 1973: 25 ff.): Der planungsaffine Kanzler Kiesinger machte sich sowohl für eine gesamtwirtschaftliche Rahmenplanung als auch für eine mittelfristige Finanzplanung stark, die dem hohen Anspruch eines „Regierungsprogramms in Zahlen" gerecht werden sollte. Dafür wurden sowohl in der Regierungszentrale als auch in den einzelnen Ministerien Kapazitäten im Bereich der Ressourcenplanung geschaffen. Diese Institutionalisierungsbemühungen gipfelten 1967 im Aufbau eines eigenen Planungsstabes im Bundeskanzleramt, der mit einer enormen Aufstockung von Planungspersonal einherging. Hier zeigten sich jedoch auch die ersten handfesten Probleme: Sowohl in den Ministerien als auch in den Fachabteilungen der Regierungszentrale wurde der Aufbau von Planungskapazitäten außerhalb des eigenen Hauses beziehungsweise der eigenen Linie als Gefahr für die Ressort- beziehungsweise Abteilungsautonomie gesehen. Infolgedessen wurden die für eine ressortübergreifende Planung nötigen Informationen dem Planungsstab weitgehend vorenthalten. Retrospektiv betrachtet nahmen die neu gegründeten Planungseinheiten daher nur teilweise Planungsfunktionen wahr. Sie beschränkten sich vielmehr auf die Beilegung strittiger Fragen zwischen den Ressorts als um eine proaktive, zentralisierte Aufgabenplanung und Steuerung. Statt positiver Koordination wurde also allenfalls eine Negativ-Koordination erreicht.[11]

III. Eine regelrechte *Planungseuphorie* hielt dann schließlich in den 1970er Jahren mit Horst Ehmke als Chef des Bundeskanzleramts während der ersten sozialliberalen Regierungsperiode Willy Brandts Einzug in die bundesdeutsche Politik. Ehmke baute den Planungsstab zur Planungsabteilung aus und setzte sich dafür ein, dass jedes Ministerium einen eigenen Planungsbeauftragten auf Abteilungsleiterebene ernannte. Die Planungsbeauftragten sollten sich regelmäßig zur ressortübergreifenden Koordination aller größe-

---

[11] Die Begriffe „positive" und „negative Koordination" gehen auf Fritz W. Scharpf zurück (vgl. Scharpf 1972: 168 ff.; Scharpf 1993). Die negative Koordination lässt sich durch eine fehlende Gesamtorientierung der beteiligten Akteure charakterisieren. Diese bringen hier lediglich Bedenken und Vetopositionen aus ihrer Ressortperspektive ein. Bei der positiven Koordination hingegen leisten sie aktiv Beiträge und übernehmen gemeinsame Verantwortung zur Verbesserung eines durch Leitbilder und Zielvereinbarungen festgelegten übergeordneten Gesamtkonzepts.

ren Vorhaben treffen. Zudem wurde ein computergestütztes „Vorhabenerfassungssystem" eingeführt, das die mittel- und langfristige Aufgabenplanung der einzelnen Ressorts erfassen sollte. Bis zu 500 Einzelvorhaben der Ressorts sollten dadurch nach Sachgebieten geordnet und zu einem politischen Gesamtkonzept der Regierung gebündelt werden (vgl. Wollmann 2003: 337 ff.). Ziel war es, mit Hilfe der Aufgabenplanung einerseits eine positive Koordination zwischen den Ministerien herzustellen, andererseits aber auch dem Bundeskanzleramt zentrale Steuerungskompetenzen einzuräumen (vgl. Schatz 1973: 41). Planung wurde in der Absicht, „die weitere Ausdehnung der Zeithorizonte der verschiedenen Ressortprogramme" voranzutreiben und „ein verstärktes Denken in Systemzusammenhängen" zu fördern, „zum offiziellen Leitbild für die gesamte Politikformulierung in den Fachabteilungen" (vgl. Schatz 1973: 41).

IV. Die Euphorie wich jedoch schnell einer regelrechten *Planungsernüchterung*, wofür sowohl regierungsexterne als auch -interne Faktoren ausgemacht werden können: Zu den *regierungsexternen Faktoren* gehörte die von US-Präsident Nixon eingeleitete Entkopplung des Dollars vom Goldpreis im Jahre 1972 ebenso wie die Ölkrise in den Jahren 1973/1974. Die Folge dieser beiden Ereignisse waren unerwartet hohe Arbeitslosenzahlen und Inflationsraten sowie Steuerausfälle, die alle Planungen zur Makulatur werden ließen. Noch gewichtiger indes waren *regierungsinterne Faktoren*: Nicht nur die Bundestagsfraktion der Regierungsparteien SPD und FDP leisteten massiven Widerstand, weil sie eine planungsbedingte Parlamentsmarginalisierung fürchteten. Auch die einzelnen Ressorts sahen im Zuge von sogenannten Prioritätenlisten durch die Planungsabteilung des Bundeskanzleramtes ihre Autonomie gefährdet und opponierten gegen jegliche planerischen Zentralisierungstendenzen (vgl. Schatz 1973: 35). Daneben wurden die Informations-, Entscheidungs- und Kontrollsysteme zur Gesamtplanung aufgrund ihres Aufwandes und ihrer Störanfälligkeit unmittelbar nach ihrer Einführung für gescheitert erklärt (vgl. Gebauer 1994: 143), da eine flexible Handhabung schlicht nicht möglich war. Schatz drückt die einsetzende Ernüchterung wie folgt aus:

„[M]an wurde sich der immensen politischen, personellen und sachlichen Kosten bewusst [...] und stellte [...] die kritische Frage, ob das ganze Planungsverfahren und die damit verbundene Transparenz nicht als einziges Ergebnis zu einer ‚Abhakliste für die Opposition' führe und deshalb der Regierung mehr schade als nutze" (vgl. Schatz 1973: 36).

2.1.3 Neubewertung von politischer Planung in Wissenschaft und Praxis

Bereits 1971 war in der ZEIT vom „Zusammenbruch einer Fiktion, mit der Politiker, Publizisten und Wissenschaftler allzu lange operiert haben" die Rede, „der Fiktion nämlich, Planung sei hierzulande zwar schwierig, aber im Prinzip machbar; es bedürfe nur des guten Willens, einer Änderung des politischen Stils und einer konsequenten Regierung" (Rouge/Schmieg 1971). Der Anspruch an den Staat, gesellschaftspolitische Prozesse mit Hilfe von präzise ausgearbeiteten Zielen, Aufgaben und Instrumenten möglichst vollständig zu steuern, entsprach dem Zeitgeist einer keynesianisch geprägten Ära. Planung wurde dabei nicht nur als technisches Instrument und Methode zur Politikformulierung und Politikdurchsetzung gesehen, sondern auch als Vehikel einer gesamtgesellschaftlichen Modernisierung. Damit verbunden waren auch weitgehende Hoffnungen auf eine rationale Politikgestaltung, bei der die Sozialwissenschaften das Rüstzeug für eine vorausschauende und aktive Planung politischer Prozesse bereitstellen. Tatsächlich war die sozialwissenschaftliche Planungsdebatte in den 1960er Jahren ein wichtiger Impulsgeber für die politische Praxis. Sie stellte Planungskonzepte zur Verfügung, die dann in der praktischen Politik zum Einsatz kamen. In Folge der negativen Erfahrungen in der Praxis kam es jedoch schnell zu einer umgekehrten Beeinflussung: In der Politik setzte sich immer mehr die Erkenntnis durch, dass die Regierungszentrale in der politischen Praxis kein Planungsmonopol innehat und es durch die Planungsversuche einer Vielzahl von politisch-administrativen Akteuren zu unbeabsichtigten und weitreichenden Wechselwirkungen kommen kann. Die aus der politischen Realität resultierende Planungsernüchterung schlug dann auf die wissenschaftliche Debatte über.

Für die einsetzende Ernüchterung leistete ausgerechnet die „Projektgruppe Regierungs- und Verwaltungsreform" (PRVR) einen wesentlichen Beitrag. Die PRVR war eine interministerielle Arbeitsgruppe von hochrangigen Beamten und Sozialwissenschaftlern, die zwischen den Jahren 1968 und 1975 auf Bundesebene eingesetzt wurde, um einerseits Vorschläge zur Reorganisation der Regierungs- und Verwaltungsstruktur zu erarbeiten sowie andererseits mit Fallstudien über Politikformulierungsprozesse die Potenziale politischer Planung auszuloten (vgl. Jann/Wegrich 2003: 86). Zunächst wurde die Einrichtung dieser Projektgruppe als Höhepunkt eines wissenschaftsrationalen Politikverständnisses im Sinne Max Webers (vgl. Weber 1922) gefeiert. Politische Interessengegensätze sollten von nun an durch rationale Problemanalysen und systematisch erarbeitete Planungskonzepte aufgelöst werden können. Was zunächst einen „unbegrenzten politischen Gestaltungsoptimismus" (Messner 2004: 174) Vorschub leistete[12],

---

[12] Benz et al. haben darauf hingewiesen, dass der planerische Gestaltungsoptimismus mit der Ministerialbürokratie als zentrale, hierarchisch-etatistische Steuerungsinstanz angesichts der Systemkon-

mündete nur wenige Jahre später in einem folgenreichen Bekenntnis: Renate Mayntz, Fritz Scharpf und andere Mitglieder dieses Beratungsgremiums kamen zu dem Schluss, dass rationalen Planungskonzepten in der politischen Realität enge Grenzen gesetzt sind (vgl. Mayntz/Scharpf 1973). Auch wurde nun die Fähigkeit der politiknahen Forschung zur Prognose gesellschaftlicher und politischer Entwicklungen offen angezweifelt.

Nicht zuletzt durch die Arbeit des PRVR gelten weitreichende Planungskonzeptionen seit Anfang der 1970er Jahre vielerorts als diskreditiert. Dabei muss klar differenziert werden: Die Diskreditierung bezieht sich insbesondere auf stark systemische Ansätze von politischer Planung. So existieren im politischen System Deutschlands 40 Jahre nach Ende der Planungseuphorie noch immer Planungseinheiten in ausnahmslos allen deutschen Regierungszentralen. Jedoch – so viel sei vorweggenommen – mit einem grundlegend gewandelten Planungsverständnis: Moderner Regierungsplanung, die sich in der einschlägigen Literatur zunehmend mit dem Zusatz „strategisch" statt „systemisch" schmückt, liegt zwar nach wie vor das Ideal einer rationalen, proaktiven und zukunftsorientierten Politikgestaltung zugrunde. Ähnlich wie bei älteren Planungskonzeptionen geht es auch hier um eine zielorientierte Politikausrichtung, die weder an Ressortgrenzen Halt macht noch auf Legislaturperioden begrenzt ist. Neuere Planungsansätze unterscheiden sich aber von ihren Vorläufern dahingehend, dass sie sich von der Vorstellung einer umfassenden („systemischen") Planbarkeit gesellschaftspolitischer Prozesse im Sinne einer kompletten Landesentwicklungsplanung gelöst haben. So ist der politische Gestaltungsanspruch von Regierungsplanung sehr viel bescheidener geworden als noch zu Zeiten der Planungseuphorie.

Mit dem Ende der Planungseuphorie in den frühen 1970er Jahren wurde letztlich auch das Ideal einer ‚versozialwissenschaftlichten' Politikgestaltung beschädigt. Infolgedessen wurden die Planungsmodelle in der sozialwissenschaftlichen Debatte schrittweise durch steuerungstheoretische Ansätze ersetzt.

2.2 Die Steuerungsdebatte: Grundzüge, Kritik und Wandel

Die wissenschaftliche Auseinandersetzung mit politischen Steuerungsfragen erfolgte in Deutschland seit den 1970er Jahren oftmals im Zeichen der leidenschaftlich und bisweilen stark ideologisch geführten Debatten über das Verhältnis von Staat und Markt. Dabei ging es um die grundsätzliche Frage, ob kollektive Ziele besser durch Marktmechanismen oder staatliche Intervention zu errei-

---

kurrenz mit den sozialistischen Ostblockstaaten Ende der 1960er Jahre in der Rückschau erstaunlich ist (vgl. Benz et al. 2007: 12 ff.).

chen sind (vgl. Braun/Giraud 2003: 148). Während die Sehnsucht nach einem hierarchisch steuernden, interventionistischen Staat Ende der 1960er einen Höhepunkt erlebte (vgl. Kapitelabschnitt 2.1), schlug das Pendel zu Beginn der 1970er Jahren in die entgegen gesetzte Richtung (vgl. Braun/Giraud 2003: 159). Angesichts von wirtschaftlicher Stagnation und Massenarbeitslosigkeit nach den Jahren des sogenannten Wirtschaftswunders wurden in wirtschaftspolitischen Debatten plötzlich der *minimale Staat* und die Rückbesinnung auf den klassischen Ordo-Liberalismus gefordert. Staatliches Handeln sollte sich auf wenige Kernfunktionen wie die Rahmensetzung oder die Aufrechterhaltung von Recht und Ordnung beschränken. Die (ökonomische) Autonomie und Schaffenskraft des Individuums sollte so wenig wie möglich beeinträchtigt werden. In der politikwissenschaftlichen Debatte wurde gleichzeitig das Modell des *kooperativen Staates* konzipiert, bei dem Fragen der gesellschaftlichen Selbstorganisationen thematisiert und die Gleichrangigkeit ganz unterschiedlicher staatlicher und privater Akteure im Bemühen um gesellschaftliche Problemlösungen hervorgehoben wurde. Dies zeigt einen grundlegenden Wandel im politischen Steuerungsverständnis. Gerade der zuletzt beschriebene Paradigmenwechsel, ausgehend von einem Staat als vertikal-hierarchisch steuernde hin zu einer allenfalls horizontal steuernden und eher moderierenden und koordinierenden Instanz, soll im Folgenden näher betrachtet werden.

Dafür werden zunächst klassische Konzeptionen von politischer Steuerung vorgestellt, die Anfang der 1970er Jahre unmittelbar auf die Planungstheorien folgten (Kapitelabschnitt 2.2.1). Der wesentliche Unterschied zu Planungskonzeptionen liegt darin, dass hier der Analysefokus um Implementationsaspekte erweitert und Steuerungsadressaten als weitere Untersuchungsobjekte in den Blick genommen wurden. Dennoch ist das planerische Grundparadigma einer hierarchisch steuernden Instanz noch deutlich erkennbar. Und so wurden die klassischen Steuerungskonzeptionen durch organisationswissenschaftliche und systemtheoretische Kritik herausgefordert (Kapitelabschnitt 2.2.2). Es war nicht zuletzt diese weitgehende Steuerungskritik, die einen grundlegenden Paradigmenwechsel in der Steuerungsforschung bewirkte und letztlich zu neueren Konzeptionen von politischer Steuerung führte (Kapitelabschnitt 2.2.3). Diese neueren Steuerungskonzeptionen werden in den letzten 15 Jahren zunehmend im Rahmen der Governance-Debatte rezipiert, die abschließend aufgrund ihrer wertvollen Hinweise auf generelle Strukturbedingungen modernen Regierens diskutiert werden (Kapitelabschnitt 2.2.4).

2.2.1 Klassische Steuerungskonzeptionen als Reaktion auf die Planungsernüchterung

Zum Wechsel von der Planungs- zur Steuerungsdebatte trug insbesondere die Implementationsforschung bei. Befunde der empirischen Policy-Forschung in einzelnen Politiksektoren offenbarten nämlich einen höchst unbefriedigenden Output der Planungsmaßnahmen, der auf massive Widerstände bei den Steuerungsadressaten zurückgeführt werden konnte. Die Kooperationsbereitschaft der Steuerungsadressaten und Kontrollprobleme im Umsetzungsprozess wurden also zunehmend als Ursachen von Steuerungsversagen in die Überlegungen zur „Intelligentermachung des Apparats" im Rahmen der Politikformulierung und -durchführung einbezogen (vgl. Jann/Wegrich 2003: 92). Während nun analytisch erstmals zwischen Steuerungssubjekt und -objekt unterschieden wurde, blieb die theoretische Perspektive älterer Planungstheorien erhalten: Steuerung wurde noch immer mit der staatlichen Akteurperspektive konzeptualisiert, die auf einem streng hierarchischen Top-down-Verständnis von staatlichem Handeln beruhte. Allerdings waren die steuerungstheoretischen Ansätze wesentlich breiter und weniger statisch als ihre planungstheoretischen Vorläufer: Neben organisatorischen oder instrumentellen wurden vor allem institutionelle Faktoren („Do institutions matter?") behandelt. Letztlich

> „entwickelte sich die Theorie politischer Steuerung nach einem für die interne Dynamik der Wissenschaftsentwicklung typischen Muster, nämlich als Abfolge von Thematisierungen verschiedener Aspekte eines komplexen Phänomens. [...] So entstand eher additiv als aus einem einheitlichen Konzept systematisch abgeleitet eine Theorie, die die Voraussetzungen wirksamer politischer Steuerung thematisierte" (Mayntz 1997: 263).

Streng genommen kann daher nicht von *der* klassischen Steuerungstheorie gesprochen werden. Vielmehr gab es eine Vielzahl steuerungstheoretischer Ansätze mit ganz unterschiedlichen Schwerpunktsetzungen. Gemeinsam waren ihnen die Grundfragen nach der Effektivität staatlicher Maßnahmen und der Erhöhung der Steuerungsfähigkeit staatlicher Akteure. Diese klassischen Steuerungskonzeptionen gerieten bald in eine Krise:

> „Am Ende der Beschäftigung mit den verschiedenen Voraussetzungen staatlicher Steuerungsfähigkeit stand die Einsicht, daß [sic] es keine einfachen Rezepturen für ihre Erhöhung gibt, ja es stellte sich sogar die skeptische Frage, ob nicht eine Theorie politischer Steuerung [...] auf unrealistischen Prämissen beruht" (Mayntz 1997: 264 f.).

Mit „unrealistischen Prämissen" war die Vorstellung des Staates als zentrale gesellschaftliche Steuerungsinstanz gemeint, die angesichts sich verdichtender empirischer Hinweise auf nicht-hierarchische Regelungsmechanismen theoretisch plötzlich nicht mehr haltbar schien. Gerade der Bedeutungsgewinn von zivilgesellschaftlichem Engagement in den 1970er Jahren zeigte, dass Politikgestaltung in einer zunehmend pluralistischen und individualistischen Gesellschaft mit einer Vielzahl staatlicher und nicht-staatlicher Akteure organisiert werden muss. Insbesondere als Reaktion auf system- sowie organisationstheoretische Steuerungskritik wurde das Leitprinzip „hierarchische Steuerung" in der Steuerungsdebatte zunehmend herausgefordert.

2.2.2 Die „Unregierbarkeits"-These als steuerungskritischer Gegenentwurf

Im Zuge der aufkommenden steuerungstheoretischen (Selbst-)Zweifel Mitte der 1970er Jahren ging es statt um die Steuerungsfähigkeit politischer Akteure immer mehr um die *generelle Steuerbarkeit politischer Prozesse*, die zunehmend in Frage gestellt wurde. Der Steuerungspessimismus und mit ihm die These der „Unregierbarkeit" komplexer Gesellschaften erlebte hier seine sozialwissenschaftliche Blütezeit. Vertretern der „Unregierbarkeits"-These zufolge besteht eine Überforderung des Staats durch eine Anspruchsspirale, die aus einem Missverhältnis zwischen wachsenden Ansprüchen der Bevölkerung nach staatlichem Handeln einerseits und sinkender Handlungsfähigkeit des Staates andererseits resultiert (vgl. Guggenberger 1975: 37; Schäfer 2008: 6). Von einem „überforderten und schwachen" (Kaltenbrunner 1975; vgl. auch Crozier 1987), „semisouveränen" (Katzenstein 1987) und „entzauberten" Staat (Willke 1983) war plötzlich in vielen politikwissenschaftlichen Abhandlungen die Rede. Zwei steuerungskritische Ansätze erlebten in der Folge eine Hochkonjunktur: (1) die handlungsbezogene Organisationsforschung und (2) die Systemtheorie.

(1) In der *handlungsbezogenen Organisationsforschung* geht es insbesondere darum, die Bemühungen intentionaler Einflussnahme von Organisationen auf gesellschaftliche Zustände unter den Bedingungen von Unsicherheit und Ungewissheit in den Fokus zu nehmen (vgl. March/Olsen 1975). Organisationstheoretisch besonders einflussreich war dabei die „Garbage Can Theory of Politics" von Michael D. Cohen, James G. March und Johan P. Olsen (vgl. Cohen et al. 1972; March/Olsen 1976). Ausgangspunkt waren Beobachtungen, dass gesellschaftsrelevante Entscheidungen nicht durch einen rationalen, intentionalen und zielorientierten Auswahlprozess nach dem Muster Problemanalyse-Zielformulierung-Optionenabwägung-Entscheidung,

sondern eher zufällig und oftmals „aus Versehen" („by oversight") gefällt werden. Dies ist beispielsweise dann der Fall, wenn in einer politischen Frage der öffentliche Handlungsdruck groß ist und trotz mangelndem Problemlösungswissen ein entscheidungsbereiter Akteur auf eine konkrete Entscheidungssituation trifft. Der „Garbage Can"-Ansatz wirft damit ein Schlaglicht auf das komplexe Zusammenspiel von vier „Ereignisströmen", deren Unverbundenheit zu Insuffizienzen führt (vgl. March/Olsen 1976): Problemidentifikation und -definition, vorhandenes Problemlösungswissen, von Koinzidenzen abhängige Entscheidungsgelegenheiten und schließlich ein von Opportunitätserwägungen bestimmter Entscheidungswille der relevanten Akteure.[13] Folgt man der Logik des komplexen Zusammenspiels der vier Ereignisströme, bestehen häufig gesellschaftspolitische Herausforderungen, die unabhängig von vorhandenem Problemlösungswissen nicht auf die politische Agenda gelangen. Oder es existieren Lösungsansätze, für die jedoch keine Probleme existieren, sowie Entscheidungssituationen, die trotz mangelnder Abwägung eine finale Festlegung erzwingen. Schließlich geht es den politischen Akteuren dem Ansatz zufolge weniger um eine ernste, sachorientierte Problemlösung als um die Demonstration von politischer Handlungsfähigkeit und vermeintlicher Problemlösungskompetenz, was zu Pseudohandeln und Placebolösungen führt. „Garbage Can"-Vertreter lehnen also die Annahme, dass politische Entscheidungen vom politischen Gestaltungswillen getrieben sind, weitgehend ab. Politik wird stattdessen als machtorientierte Kunst des „Muddling Through" (Lindblom 1959) konzipiert, bei der politische Entscheidungen nicht Ziel, sondern eher Nebenprodukt politischen Engagements darstellen. Wiesenthal fasst diese Erkenntnisse der Organisationsforschung zu organisationsinternen Entscheidungsprozessen folgendermaßen zusammen:

„Entscheidungen, die dem klassischen Organisationsverständnis als Inbegriff von Intentionalität und Kontrollkompetenz gelten, gerinnen unter dem nüchternen Blick auf das tatsächliche Organisationshandeln (das "organizational behavior") zu kaum kontrollierbaren, willkürlich generierten und zufällig zusammengesetzten Interferenzprodukten [...]" (Wiesenthal 1990: 10).

Neben dem Hinweis auf Opportunitätsverhalten politischer Akteure in Entscheidungssituationen besteht die eigentliche Leistung der „Garbage Can"-Theorie darin, organisationsbedingte Dysfunktionalitäten in der Entscheidungsfindung herauszuarbeiten. Dies stellte nicht nur einige steuerungstheo-

---

[13] Als Sekundärliteratur siehe dazu auch Wiesenthal (1990: 4 ff.), Jann/Wegrich (2003: 89 ff.), Messner (2004: 177 f.) und Hassel (2004).

retische Grundprämissen wie beispielsweise das proaktive Akteurverständnis in Frage, sondern lieferte auch wesentliche Impulse für die Ausarbeitung weitergehender steuerungskritischer Überlegungen beispielsweise in systemtheoretischen Ansätzen.

(2) Die *Systemtheorie* bietet – aufbauend auf den organisationstheoretischen Schlussfolgerungen auf Meso-Ebene – einen makroperspektivischen Erklärungsansatz für die beobachtete Überforderung und ‚Unregierbarkeit' des Staates. Sie führt das Handlungs- und Steuerungsversagen des Staates auf eine zunehmende gesellschaftliche Differenzierung hin zu funktionalen Teilsystemen zurück, die jeweils eigene Rationalitäten aufweisen, sich immer weiter verselbstständigen und komplexe Interdependenzen eingehen (vgl. Lange 2007: 181 ff.). Die hierarchische Grundstruktur mit dem Staat an der Spitze löst sich somit systembedingt in der modernen Gesellschaft auf (vgl. Parsons 1976; Luhmann 1984; Schimank 1996; Fuhse 2005: 105 ff.). Besonders radikal ist die Systemtheorie Luhmannscher Prägung, da sie der Politik nicht nur die Rolle einer übergeordneten Instanz abspricht, sondern gesellschaftspolitische Prozesse aufgrund von Kommunikationsbarrieren zwischen den gesellschaftlichen Funktionssystemen für generell unsteuerbar hält. Dadurch, dass politische Realität nicht die Folge intentionaler politischer Handlung darstellt, sondern bestimmten Gesetzen und Logiken autopoietischer Funktionssysteme folgt (vgl. Luhmann 1988: 324 ff.), werden den politischen Akteuren relevante Einflussmöglichkeiten auf politische Prozesse abgesprochen. Mehr noch: Niklas Luhmann stellte den Akteurstatus von Personen und Organisationen aufgrund mangelnder Selbststeuerungsfähigkeiten grundsätzlich in Frage. Wiesenthal bezeichnet die theoretische Kritik am Akteurstatus als „schonungslose Demontage der bis dahin allgemein geteilten Akteurbegrifflichkeit", die zusammen mit organisationswissenschaftlichen Studien zu einer „Desillusionierung aller Vorstellungen beigetragen [hat], die auf rationale Selbststeuerungsfähigkeit setzten" (Wiesenthal 1990: 7).

Wie wurde nun von den Steuerungstheoretikern auf die systemtheoretische Kritik reagiert, die die kausal-intentionalen Erklärungsansätze von Akteurhandeln massiv herausforderte? Renate Mayntz erkannte zunächst keinerlei „positive Impulse" für die steuerungstheoretische Diskussion, da es der Systemtheorie zufolge nicht nur keine Möglichkeiten, sondern schlicht auch keinen Bedarf an zentraler politischer Steuerung gebe (vgl. Mayntz 1997: 272). Zwar sprach Mayntz der Systemtheorie eine gewisse Erklärungskraft für einen globalen Strukturwandel und der damit verbundenen verminderten Rolle des Staates zu, jedoch würden systemtheoretische Ansätze steuerungs-

theoretisch „in eine Sackgasse" führen, wenn nicht die „blinden Flecken er-
kannt" und durch Theoriebildung beseitigt werden (Mayntz 1997: 272). Die
blinden Flecken beziehen sich dabei insbesondere auf die Binnenstruktur der
funktionellen Teilsysteme, derer sich die Steuerungstheorie zunehmend an-
nahm. Letztlich diffundierten organisations- und systemtheoretische Elemente nach dem „Trickle-Down-Effekt" zunehmend in steuerungstheoretische Konzeptionen, auch wenn die Steuerungskritik kurzfristig zum Teil ri-
goros zurückgewiesen wurde.[14]

2.2.3 Neuere Steuerungskonzeptionen als Reaktion auf die Steuerungskritik

Es ist nicht übertrieben zu behaupten, dass das Verständnis von Steuerung durch
die organisations- und systemtheoretische Kritik zunächst stark irritiert und letztlich nachhaltig beeinflusst wurde. So wurden Erklärungsansätze zum Steuerungsversagen in neueren steuerungstheoretischen Konzeptionen immer wieder
auch auf Umweltunsicherheiten, suboptimale Entscheidungsbedingungen und
„Garbage Can"-Phänomene zurückgeführt. Auch wurde von der Annahme abge-
rückt, dass ein staatliches Steuerungszentrum hierarchisch in gesellschaftliche
Bereiche intervenieren kann (vgl. Jann/Wegrich 2003: 91). Stattdessen wurden
einige makroskopische Erkenntnisse der Systemtheorie – etwa die funktionale
Differenzierung als grundlegendes Prinzip moderner Gesellschaften – auf die
Mikro- beziehungsweise Meso-Ebene der Steuerungstheorie übertragen. Steue-
rung wurde nun als „gesellschaftliche Selbstregelungen und Verhandlungen
zwischen staatlichen und gesellschaftlichen Akteuren in neokorporatistischen
Strukturen bzw. Politiknetzwerken" konzipiert (Mayntz 1997: 283). Auch wenn
die neueren Steuerungsansätze an den grundsätzlichen Möglichkeiten staatlicher
Einflussnahme durch Steuerung festhielten, änderten sich das Akteurverständnis
sowie der Analysefokus grundlegend: Wurden zu Beginn der Steuerungsdebatte
Fragen zur Steuerungsfähigkeit einer zentralen hierarchischen Steuerungsinstanz
thematisiert, wendete man sich von nun an der Entscheidungs- und Handlungsfähigkeit ganz unterschiedlicher staatlicher und nicht-staatlicher Akteure zu, die
annahmegemäß in einer „Mischung aus Interessenkonflikten und gemeinsamen
Problemlösungsversuchen" (Mayntz 1997: 285) aufeinander treffen. Statt sich
also auf politisch-administrative Organisationen zu beschränken, ging es ver-

---

[14] Beispielsweise wirft Scharpf Luhmann einen „radikalen Steuerungspessimismus" vor, der die
Rolle von Akteuren und Akteurkonstellationen völlig unterschätze. Diese wissenschaftstheoretische
Auseinandersetzung, die im Wesentlichen in einem Streitgespräch auf dem Kongress der Deutschen
Vereinigung für Politische Wissenschaft im Jahr 1988 ausgetragen wurde, ist als „Scharpf-Luhmann-
Kontroverse" bekannt geworden (vgl. Scharpf 1989).

stärkt um Fragen nach der Binnenstruktur des gesellschaftlichen Subsystems, wo Verflechtungen, gegenseitige Beeinflussungen und Selbstregulierungstendenzen anzutreffen sind (vgl. Jann/Wegrich 2003: 92). Hauptfokus ‚neuerer' Steuerungskonzeptionen ist zwar immer noch das absichtsvolle staatliche Einwirken auf Entscheidungsprozesse, allerdings in einem veränderten Entscheidungsumfeld und lediglich als ein

> „sozialer Teilprozess, der mit vielen anderen Teilprozessen interferiert und so zum sozialen Wandel beiträgt, ohne ihn lenken zu können. Auf der Ebene des Gesamtsystems findet keine Steuerung statt, sondern lediglich Strukturbildung und Strukturwandel. Das bedeutet, dass es zwar Steuerung *in* der funktionell differenzierten Gesellschaft gibt, aber keine politische Steuerung *der* Gesellschaft. Die Theorie ist damit kein *gesellschaftstheoretisches* Paradigma mehr, sondern wird zu einer […] Theorie politischen Handelns in einer funktionell differenzierten Gesellschaft" (Mayntz 1997: 286, Hervorhebungen im Original).

Trotz dieses Paradigmenwechsels in der Steuerungstheorie von einer staatsfixierten Sicht („Erhöhung der Steuerungsfähigkeit") über eine gesamtgesellschaftliche Ausrichtung („gesamtgesellschaftliche Steuerbarkeit politischer Prozesse") hin zu komplexen Regelungssystemen in Politiknetzwerken, wird – anders als bei systemtheoretischen Ansätzen – Steuerungsversagen nicht auf die theoretisch begründete „autopoietische Geschlossenheit von Funktionssystemen" zurückgeführt. Stattdessen wird – empirisch begründet – auf die Widerstandsfähigkeit kollektiver Steuerungsadressaten rekurriert (vgl. auch Mayntz/Scharpf 2005). Akteuren des politisch-administrativen Systems werden also nach wie vor Eingriffsmöglichkeiten zugesprochen. Nach Mayntz haben wir es daher nicht

> „mit einem Rückgang, sondern mit einem *Formwandel* staatlicher Machtausübung zu tun, durch den sich das Spektrum der nebeneinander existierenden Regelungsformen verbreitert hat. Das entscheidende Element dieses Formwandels ist das Zusammenwirken, die *Kombination* von gesellschaftlicher Selbstregelung und politischer Steuerung" (Mayntz 1997: 284, Hervorhebungen im Original).

Das Modell staatlicher Steuerung wurde folglich durch Ansätze gesellschaftlicher Selbstregulierung und Verhandlungssysteme (vgl. Scharpf 1988; Benz et al. 1992; Mayntz 1993) ergänzt. Mit der Betonung von Koordination, Kooperation und Verhandlung zwischen einer Vielzahl von staatlichen und privaten Akteuren in der neueren Steuerungstheorie bildeten sich zu Beginn der 1990er Jahre schließlich auch Governance-Ansätze heraus. Mit einiger Berechtigung kann gesagt werden, dass die neueren Steuerungskonzeptionen in den Sog des Governance-Paradigmas geraten sind und seit einigen Jahren hauptsächlich darunter rezipiert werden.

2.2.4 Befunde der neueren Governance-Forschung

Die Governance-Forschung, die sich in den letzten Jahren in der Soziologie und Politikwissenschaft ebenso etabliert hat wie in den Rechts- und Wirtschaftswissenschaften, ist aufgrund ihrer Interdisziplinarität noch immer recht disparat (vgl. Benz et al. 2007: 23). Allen Governance-Ansätzen ist jedoch gemein, dass sie eine wachsende Bedeutung nicht-hierarchischer, netzwerkartiger und kooperativer Formen von Politikgestaltung diagnostizieren und das erweiterte Spektrum von Möglichkeiten kollektiven Handelns zu erfassen versuchen (vgl. Benz et al. 2007: 14).

Für eine erste Annäherung an das Governance-Paradigma ist dabei die idealtypische Unterscheidung zwischen Government und Governance sinnvoll: Government bezeichnet nach Benz et al. das eigentliche Steuerungshandeln von Regierungen und staatlicher Administration und wird als „etatistisch-hierarchische Gesellschaftssteuerung" (vgl. Benz et al. 2007: 11) verstanden. Governance hingegen zielt auf die starke Verflechtung und Interdependenz zwischen dem politischen System und anderen Funktionseinheiten ab: „Governance bedeutet Steuerung und Koordination (oder auch Regieren) mit dem Ziel des Managements von Interdependenzen zwischen (in der Regel kollektiven) Akteuren" (Benz 2004: 25). Governance nimmt also unterschiedliche Formen und Mechanismen der Koordinierung zwischen interdependenten Akteuren in den Blick, analysiert deren Funktions- und Wirkungsweisen und problematisiert Aspekte von Effektivität und Legitimität dieser dezentralen Koordinationsstrukturen. Letztlich geht es hierbei um die Rekonstruktion gesellschaftspolitischer Regelungsmechanismen. Was bedeutet dies für die Rolle des Staates?

Wie bereits oben (Kapitelabschnitt 2.2) angedeutet, folgte auf das Leitbild eines interventionistischen Staates während der Planungsdebatte das des *kooperativen Staates* in der neueren Steuerungsdebatte. Dieses Paradigma stützt sich auf die „Beobachtung, dass der moderne Staat in vielen Aufgabenbereichen nicht mehr autoritär regelnd mit Ge- und Verboten operiert, sondern auf Verhandlungen und einvernehmliche Zusammenarbeit mit gesellschaftlichen Gruppen und Organisationen angewiesen ist" (Jann/Wegrich 2003: 74). Es wird von einer Fragmentierung politischer Willensbildungs- und Entscheidungsprozesse durch zunehmende (auch internationale) Verflechtung sowie Mechanismen der gesellschaftlichen Selbstorganisation und Selbstregulierung ausgegangen. Ein wesentlicher Grund für diese Machtdezentralisierung wird in Informationsasymmetrien gesehen. Die Ministerialbürokratie verfügt im Governance-Paradigma nicht mehr über klassisches Herrschaftswissen und damit informationelle Überlegenheit. Damit ist auch eine Aussage über die Steuerungsreichweite moderner Regierungspolitik getroffen: Die Exekutive steuert im netzwerkartigen Mehrebenen-

Entscheidungsraum allenfalls als „primus inter pares" (Herzog 1992). Als Folge der zunehmenden funktionellen Differenzierung der Gesellschaft agieren staatliche Akteure statt als Entscheidungsträger eher als Kooperationspartner, Koordinatoren und Mediatoren in komplexen und offenen Aushandlungsprozessen. Die Politik kann dabei höchstens auf die Agenda, die Entscheidungsmodalitäten und die Zeithorizonte einwirken und damit Einfluss auf die Richtung politischer Prozesse nehmen. Dadurch spielen indirekt-strukturierende und suasorische Steuerungsinstrumente („Verhaltensangebote statt Verhaltensvorgaben") im Vergleich zu direkt-regulativen eine zunehmend große Rolle (vgl. Abbildung 2).

Abbildung 2:   Steuerungsinstrumente nach Politikart

Steuerungsinstrumente	Politikart
+ direkt-regulativ	Regulierungspolitik (z.B. Gesetze)
+ direkt-finanziell	Förderungspolitik (z.B. Subventionen)
+ indirekt-finanziell	Anreizpolitik (z.B. Steuervergünstigungen)
+ indirekt-strukturierend	Bereitstellungspolitik (z.B. Institutionen)
+ suasorisch	Informationspolitik (z.B. Informationskampagnen)

Quelle: Eigene Darstellung, in Anlehnung an Braun/Giraud (2003: 150 ff.)

Stark vereinfachend lassen sich die Befunde der Governance-Forschung im Kontext dieser Untersuchung folgendermaßen zusammenfassen: Die Steuerbarkeit politischer Prozesse ist angesichts einer Zunahme relevanter staatlicher und nicht-staatlicher Akteure insgesamt gesunken. Dabei besteht grundsätzlich ein gewisser Widerspruch zwischen den zu bewältigenden gesellschaftspolitischen Herausforderungen und berechtigten Gestaltungserwartungen der Bevölkerung[15] einerseits sowie den schrumpfenden Steuerungskapazitäten in einer stark zivilgesellschaftlich und korporatistisch organisierten Gesellschaft wie der deutschen andererseits. Letztlich wird Regieren damit immer komplexer und erfordert enorme Koordinations- und Verhandlungsleistungen, um erfolgreich zu sein.

---

[15] Eine schlüssige Begründung, warum die deutsche Politik trotz Europäisierung und Globalisierung fast ausschließlich Adressat für gesellschaftliche Gestaltungserwartungen der Bevölkerung bleibt, liefert Ludger Helms (2003: 66), indem er darauf hinweist, dass europäische und globale Entwicklungen nach wie vor fast ausschließlich über nationale Politiker rezipiert werden.

2.2.5 Die Steuerungsperspektive im Kontext dieser Untersuchung

Im Rahmen dieser Untersuchung wird ein Steuerungsbegriff benötigt, der explizit die Perspektive von Regierungsakteuren einnimmt, aber dennoch neuere Erkenntnisse der Steuerungsforschung berücksichtigt. Trotz der im vergangenen Kapitelabschnitt beschriebenen Einsichten über einige Grundtendenzen modernen Regierens spielen Governance-Ansätze für die konzeptionelle Ausrichtung dieser Untersuchung nur eine untergeordnete Rolle. Grund dafür ist, dass sie im Vergleich zu anderen steuerungstheoretischen Paradigmen zwei entscheidende Nachteile aufweisen: Zum Einen nehmen sie eine stark strukturalistische, makroskopische Perspektive auf Steuerungsfragen ein, die nur wenig Raum für die Betrachtung von Akteurhandeln und Akteurorientierungen lässt. Zum anderen schätzen sie die Möglichkeiten und bisweilen auch die Relevanz staatlicher Einflussnahme durch Steuerung als vergleichsweise gering ein. Im Rahmen dieser Untersuchung wird aber gerade die Ministerialbürokratie (beziehungsweise präziser: die Planungseinheiten der Regierungszentralen) als (ein) entscheidender Akteur im politischen Prozess in den Fokus genommen. Diesem politisch-administrativen Akteur wird unterstellt, dass er grundsätzlich sowohl über die Bereitschaft als auch bis zu einem gewissen Grad über Potenziale verfügt, politische Steuerungsprozesse über die entsprechenden Entscheidungsträger in Gang zu setzen.[16] Deshalb muss auf Grundlage der Fragestellung dieser Untersuchung auf andere Steuerungskonzeptionen zurückgegriffen werden.

Gesucht wird also eine steuerungstheoretische Perspektive, die die Steuerungsschwierigkeiten nicht leugnet, allerdings die Möglichkeiten eines gezielten Einwirkens auf (gesellschafts-)politische Prozesse optimistischer sieht und eine stärkere Handlungsperspektive einnimmt als die neueren Governance-Ansätze. Renate Mayntz definierte Steuerung Ende der 1980er Jahre als „konzeptionell orientierte Gestaltung der gesellschaftlichen Umwelt durch politische Instanzen" (Mayntz 1987: 92). Diese Definition, die das Konzeptionelle politischer Steuerung hervorhebt, die Sicht von staatlichen Akteuren einnimmt und diesen einen bestimmten Einfluss auf politische Prozesse zuspricht, erscheint mit der Fragestellung dieser Arbeit zunächst kompatibel. Allerdings sind im Kontext dieser Studie einige Differenzierungen und Spezifizierungen sinnvoll. So soll Steuerung in dieser Untersuchung weniger vom Ergebnis staatlichen Handelns, son-

---

[16] Die plausible und in vielen Studien empirisch bestätigte Annahme, dass jegliches Regierungshandeln in eine komplexe Governance-Struktur mit staatlichen und nicht-staatlichen Akteuren eingebettet ist und die Ministerialbürokratie keinesfalls per definitionem über Informationshoheit verfügt, wird hier nicht in Frage gestellt. Sie steht jedoch für die Fragestellung dieser Untersuchung nicht im Zentrum des Interesses und wird daher lediglich als ‚Umweltbedingung' mitgedacht.

dern eher von der Intention der jeweiligen Regierungsakteure betrachtet werden. Dies folgt gedanklich Rüder Voigt, der nicht mehr eine tatsächlich herbeigeführte Zustandsveränderung durch politisches Steuerungshandeln, sondern die Steuerungsabsicht als konstitutives Merkmal politischer Steuerung ansieht (vgl. Voigt 1996: 57). Insofern sollte Steuerung – auch um dem gesenkten Steuerungsanspruch neuer steuerungstheoretischer Konzeptionen entgegenzukommen – analytisch eher als Steuerungsbemühungen betrachtet werden. Im Rahmen dieser Untersuchung ist zudem wichtig, dass nicht nur die Sichtweise von politischen Instanzen, sondern noch expliziter eine Regierungsperspektive eingenommen wird. Deshalb soll Steuerung in diesem Kontext zunächst als *intentionale, konzeptionell orientierte Initiativen der Regierungsakteure zur Gestaltung der gesellschaftlichen Umwelt* gefasst werden. Mit dieser ersten Arbeitsdefinition ist bereits die theoretische Grundperspektive dieser Studie formuliert: Die Möglichkeiten von Politikgestaltung werden grundsätzlich bejaht und aus Sicht handelnder Akteure in den Blick genommen. Es geht dabei nicht um eine starre, an politischer Planung und ‚Durchregieren' orientierte Vorstellung von Politikgestaltung, sondern um die Nutzung vorhandener Gestaltungs- und Handlungsräume von Regierungspolitik. Diese Gestaltungs- und Handlungsräume gilt es insbesondere strategisch zu nutzen, wie im nächsten Abschnitt dargelegt wird.

2.3 Grundlagen, Perspektiven und Potenziale der Strategieanalyse

Als Pioniere der neueren deutschen Strategieforschung können Joachim Raschke und Ralf Tils bezeichnet werden. In ihren Abhandlungen zur politischen Strategieanalyse geht es insbesondere darum, das zumindest implizit in der politischen Praxis vorhandene Strategiewissen transparent zu machen und zu systematisieren, um es dann wieder in die Politik zurückzuspielen. So ist es erklärtes Anliegen der Strategieanalyse, mit Hilfe von praktikablen und anschlussfähigen Forschungsergebnissen Orientierungswissen für die politische Praxis bereitzustellen (vgl. Raschke/Tils 2007: 11 ff.). Dieser anwendungsorientierte Anspruch macht die Strategieanalyse für die vorliegende Untersuchung interessant. Darüber hinaus betont die Strategieanalyse die Bedeutung einer situations- und vor allem politikfeldübergreifenden Ausrichtung in der Politikproduktion. Auf die Regierungspolitik angewandt heißt das, dass für langfristigen Erfolg nicht einzelne Politikbereiche oder Maßnahmen isoliert zu betrachten sind, sondern dass vielmehr ein integrativer Ansatz verfolgt werden sollte. Dass sich dieser Blickwinkel generell mit dem (noch näher zu bestimmenden) Rollenprofil von Planungseinheiten innerhalb von Regierungszentralen vereinbaren lässt, liegt auf der Hand.

Trotz zahlreicher Forschungsarbeiten zur Regierungspolitik ist eine umfassende wissenschaftliche Bearbeitung, geschweige denn Durchdringung der Strategiepraxis von Akteuren innerhalb der Regierungszentrale bislang noch kaum Gegenstand politikwissenschaftlicher Forschung gewesen. In Kapitel 1 wurde Joachim Raschke daher mit dem Forschungsdesiderat zitiert, dass „wir […] fast nichts darüber [wissen], was strategische Politikakteure in strategischer Hinsicht wirklich tun und denken" (Raschke 2002: 215). Genau hier setzt die vorliegende Untersuchung an. Zur theoretischen Untermauerung werden in den folgenden Abschnitten einige Annahmen, Perspektiven und Potenziale der politischen Strategieanalyse diskutiert, die ein wichtiges begriffliches und konzeptionelles Grundgerüst für die Beantwortung der Forschungsfrage zur Verfügung stellt. Zunächst wird dargelegt, warum bei der Strategieanalyse nach Raschke/Tils von einer Neubegründung der politischen Strategieforschung gesprochen werden kann (Kapitelabschnitt 2.3.1). Im Anschluss daran werden einige grundlegende Begriffe, Prämissen und Konzeptualisierungen der Strategieanalyse vorgestellt (Kapitelabschnitt 2.3.2). Nach einer ersten Annäherung an die politische Strategie wird dabei – in Anlehnung an Raschke/Tils sowie in Abgrenzung zu älteren Planungskonzeptionen und Strategiekonzeptionen im Wahlkampf-Kontext – ein ausreichend komplexer Strategiebegriff herausgearbeitet. Auf dieser Grundlage wird politische Strategie in ihren drei Dimensionen dargelegt (Kapitelabschnitt 2.3.3), bevor im Anschluss daran der Frage nachgegangen wird, was genau unter einem strategischen Akteur im Regierungskontext zu verstehen ist (Kapitelabschnitt 2.3.4). Nachdem die Konzeptualisierung von politischer Strategie zum Zwecke dieser Untersuchung hinreichend ausgearbeitet worden ist, wird eine weitergehende Verortung der Strategieanalyse in der Politikwissenschaft vorgenommen (Kapitelabschnitt 2.3.5). Dabei wird argumentiert, dass die politische Strategieanalyse nicht isoliert als ein einzelner Forschungsstrang betrachtet, sondern als Teil der anwendungsorientierten Policy-Forschung rezipiert werden sollte. Mit dieser Subsumierungsthese soll zweierlei erreicht werden: Einerseits geht es um ein vertieftes Verständnis der wissenschaftstheoretischen Provenienz des strategischen Paradigmas, andererseits soll ein theoretischer Brückenschlag hin zu bestehenden Forschungssträngen der praktischen Politikwissenschaft vollzogen werden. Abschließend werden Möglichkeiten und Grenzen der politischen Strategieanalyse generell und insbesondere hinsichtlich der empirischen Untersuchung kritisch beleuchtet (Kapitelabschnitt 2.3.6).

2.3.1 Die Neubegründung der politischen Strategieforschung

Im Gegensatz zu den Wirtschaftswissenschaften, wo Strategisches Management in der Unternehmensführung einen großen Raum einnimmt, hat der Strategiebegriff in der Politikwissenschaft bis auf einige militärhistorische Abhandlungen (zum Beispiel Clausewitz 1937) noch bis vor wenigen Jahren wenig Beachtung gefunden. Zwar gab es Versuche, ökonomische Strategiekonzepte aus der Managementlehre auf die Politik zu übertragen (vgl. Mintzberg 1999), jedoch ohne nachhaltigen Erfolg. Der Transfer von Konzepten der Wirtschaft auf die Politik muss generell auch kritisch bewertet werden. Auch wenn beispielsweise die in der wirtschaftswissenschaftlichen Tradition stehende Vorstellung einer Wettbewerbskonstellation von sich selbst steuernden, kollektiven Akteuren auf dem (Wähler-) Markt als Grundkonstellation gewisse Einsichten für die Politikwissenschaft versprechen, ist eine Übertragung von Strategiekonzeptionen aufgrund der unterschiedlichen Strukturbedingungen und Logiken des ökonomischen und politischen Systems nicht ohne weiteres möglich. So steht die Politik nicht nur unter permanenter Beobachtung einer interessierten und kritischen medialen Öffentlichkeit, sie ist auch aus demokratietheoretischen und -faktischen Gründen bei grundlegenden Entscheidungen auf eine sehr breite Zustimmung in der Bevölkerung angewiesen und muss sich auf weitgehende Kompromisslösungen beschränken.[17] Insgesamt bildete sich durch wirtschaftswissenschaftlich inspirierte politische Strategieansätze kein einheitliches Verständnis von politischer Strategie heraus. Raschke kommentierte dies im Jahre 2002 mit folgenden Worten: „Eigenartig ist es schon, dass eine mittlerweile große, ausdifferenzierte Disziplin wie die Politikwissenschaft sich mit politischer Strategie nie systematisch befasst hat" (Raschke 2002: 207). In Strategiefragen sei Politik ein „semiprofessioneller Bereich", bei dem es „[v]erglichen mit militärischer und Unternehmensstrategie [...] an systematisiertem Wissen, Standards, Tradierung, Schulung und Legitimität" fehle (Raschke 2002: 235).

Die relative Bedeutungslosigkeit des Strategiebegriffs in der deutschen Politikwissenschaft ist sicherlich weniger auf die militärpolitische Provenienz oder eine betriebswirtschaftliche Vereinnahmung des Strategiebegriffs als vielmehr auf den seit Anfang der 1970er Jahre stark verbreiteten grundsätzlichen Steuerungspessimismus in den Sozialwissenschaften zurückzuführen (vgl. Kapitelab-

---

[17] Die Transferproblematik ist im Übrigen einer der Gründe, warum Peter Schröder mit seiner im Jahre 2000 erschienenen Monografie „Politische Strategien" (vgl. Schröder 2000) keine nachhaltige Wirkung innerhalb der Strategiedebatte entfaltete. Schröder versucht darin, eine Konzeptualisierungen politischer Strategie durch eine starke Vermischung verschiedener ökonomischer (und auch militärtheoretischer) Strategieansätze zu begründen. Dabei fehlt jedoch nicht nur ein ‚dynamisches Moment', das Strategie konzeptionell deutlich von älteren Planungsansätzen abgrenzt, sondern auch grundsätzlich eine stärkere Berücksichtigung politikspezifischer Eigengesetzlichkeiten.

schnitt 2.2.2). In Verbund mit einem gewissen ‚Fremdeln' mit praxisorientierten Fragestellungen sowie wachsenden demokratietheoretischen Vorbehalten (vgl. Kapitelabschnitt 2.3.6) gegenüber einer als Top-Down-Politik politischer Eliten verstandenen ‚Strategisierung' von Politik führte dieser Steuerungspessimismus dazu, dass sich eine strategieorientierte Perspektive auf politisches Handeln im politikwissenschaftlichen Mainstream nicht durchsetzen konnte. Wenn die Auseinandersetzung mit strategischen Fragen nicht vollends den politischen Praktikern überlassen wurde (vgl. Kuhn 2002; Schmidt-Deguelle 2002; Machnig 2002, 2008), wurden meist lediglich einzelne Mosaiksteine politischer Strategie explizit oder implizit herausgearbeitet. Diese bezogen sich auf einzelne Politikfelder wie die Umwelt- und Nachhaltigkeitspolitik (vgl. Jänicke 1996, 1997; Jänicke/Jörgens 2000) beziehungsweise auf einzelne Forschungsschwerpunkte wie politische Kommunikation (vgl. Haubner et al. 2005), Leadership (vgl. Glaab 2007), Parteien und politische Bewegungen (vgl. Nullmeier/Saretzki 2002) sowie Wahlkampf (vgl. Timm 1999; Althaus/Cecere 2003). Gerade die Wahlkampf-Forschung, die durch die Professionalisierungsdebatte der letzten Jahre eine große Beachtung erfahren hat, trug zu einer gewissen Renaissance des Strategiebegriffs in Wissenschaft und Praxis bei. Eine themenübergreifende Systematisierung von politischer Strategie mit allgemeingültigen Aussagen über Erfolgsfaktoren, beispielsweise bei Fragen der wahlkampfunabhängigen Parteien- und Regierungssteuerung, wurde damit jedoch nicht erreicht.

Eine erste Fundierung politischer Strategie gelang erst im Jahre 2007 mit einer von Joachim Raschke und Ralf Tils veröffentlichten Grundlegung zur politischen Strategieanalyse (vgl. Raschke/Tils 2007), die mit einiger Berechtigung als Neubegründung der politischen Strategieforschung bezeichnet werden kann. Die *Neubegründungsthese* lässt sich damit rechtfertigen, dass ein fragmentiertes Forschungsfeld so geordnet wurde, dass die bereits in vielen verschiedenen politikwissenschaftlichen Zusammenhängen bestehenden Begrifflichkeiten, Grundannahmen und Perspektiven zur politischen Strategie erstmals systematisch zu einem elaborierten und ausdifferenzierten Ansatz zusammengeführt wurden. Vorausgegangen waren dieser Grundlegung insbesondere erste Versuche einer Konzeptualisierung und begrifflichen Spezifizierung von politischer Strategie bei Ralf Tils (2005) sowie zahlreiche empirische Studien von Joachim Raschke und Rudolf Speth über die Strategiefähigkeit von Parteien und sozialen Bewegungen (vgl. Raschke 2001; Speth 2005, 2006). In der Retrospektive können diese Untersuchungen allesamt als konzeptionelle Vorarbeiten für die konkrete Ausarbeitung der Strategieperspektive angesehen werden, die in den folgenden Abschnitten näher beleuchtet wird.

2.3.2 Der politische Strategiebegriff

„Wenn man erst einmal als Machtmensch angesehen wird, gerinnt der Zufall zur Strategie". Dieses Bonmot von Gerhard Schröder[18] zeigt, dass „Strategie" im politischen Alltagsverständnis einen höchst ambivalenten und unpräzisen Begriff darstellt. Manches Mal wird er zur Diskreditierung des politischen Gegners genutzt, um diesen als kühl berechnenden, möglicherweise ethisch und moralisch fragwürdigen Machtmenschen darzustellen. Mindestens genauso häufig kommt es jedoch auch vor, dass eine Politik ex post gern kurzerhand mit dem Strategie-Label etikettiert wird, um den Verantwortlichen konzeptionelle Fähigkeiten sowie ausgeprägte Durchsetzungsqualitäten zuzusprechen. Hier gerieren sich Politiker dann gern als ‚gewiefte' Strategen und genießen das fast schon mystisch anmutende Antlitz eines weitblickenden, geschickten und vor allem erfolgreichen politischen Strippenziehers.

Bemüht man für eine weitere Annäherung an den Strategiebegriff das etymologische Wörterbuch der deutschen Sprache, stößt man auf die griechischen Wörter *strategia* mit der Bedeutung „Heerführung" (stratos = Heer, agein = führen) und *strategos*, was entsprechend als „Heerführer" beziehungsweise „Feldherr" übersetzt werden kann (vgl. Kluge 1995: 800, Lemma „Strategie"). Auch in den einschlägigen Universallexika findet man sehr militärlastige Definitionen vor, was auf die bereits oben erwähnte Provenienz des Strategiebegriffs zurückzuführen ist. So definiert Der große Herder aus den 1950er Jahren Strategie als „Lehre vom Gesamtplan eines Feldzugs bzw. der Führung eines Krieges durch militärische Operationen" (Der große Herder 1956: 1227, Lemma „Strategie"). Auch das neue Zeit-Lexikon verknüpft Politik und Militärwesen, indem es Strategie im engeren Sinne als „militärisches Konzept der Kriegsführung, die dem Plan zur Erreichung eines Kriegszieles entwickelt", fasst (Die Zeit 2005: 217, Lemma „Strategie"). Das Politiklexikon hingegen definiert Strategie allgemeiner als „Entwicklung und Durchführung einer Gesamtkonzeption, die auf ein langfristig angestrebtes (Gesamt-)Ziel gerichtet ist" (Schubert/Klein 2006). Daraus lassen sich bereits einige Merkmale von Strategie in Form einer Ex-negativo-Abgrenzung herauskristallisieren: Strategie ist demnach weder ein zufälliges, unintendiertes Phänomen noch die Folge einer spontanen, stimmungsgeleiteten und unüberlegten Reaktion. Vielmehr basiert sie auf einer intentionalen, rationalen, zielorientierten sowie folgenbewussten Konzipierung eines wie auch immer gearteten Vorhabens.[19] Bezieht man den Strategiebegriff explizit auf die Politik,

---

[18] Gerhard Schröder in der Wirtschaftswoche vom 19. Juli 2001.
[19] Mintzberg (1995) vertritt beispielsweise im Gegensatz dazu die Auffassung, dass auch eine Strategie bei unbewussten und unbeabsichtigten Mustern konsistenten Verhaltens vorliegen kann, also ohne dass ein Akteur explizit strategisch handeln wollte. Problem dieser Konzipierung ist eine gewis-

so kann Strategie in einem ersten Zugriff als Antonym zu dem in organisationswissenschaftlichen Arbeiten beschriebenen „Muddling Through" einer situativ-reaktiven Politik konzipiert werden. Für eine politikwissenschaftliche Strategiekonzeption ist jedoch ein komplexerer Strategiebegriff nötig, den die *politische Strategieanalyse* in den letzten Jahren herausgearbeitet hat.

Die politische Strategieanalyse setzt konzeptionell an Max Webers Idealtypus vom zweckrationalen politischen Handeln an, ergänzt diesen aber mit Ziel-Mittel-Kontext-Überlegungen und einem erforderlichen Gespür für das Relevante, Mögliche und Machbare (vgl. Tils 2005: 74 f.; Raschke/Tils 2007: 156 f.). Definiert wird politische Strategie hier als *erfolgsorientierte, politikfeld- und situationsübergreifende, dynamische Ziel-Mittel-Umwelt-Kalkulationen* (vgl. Tils 2005: 25, 157, 295; Raschke/Tils 2007: 127 ff., 249, 530).

- *Ziel-Mittel-Umwelt*: Während sich *Ziel* auf das gewünschte Ergebnis bezieht, umfassen die *Mittel* einerseits materielle und immaterielle Ressourcen wie Geld, Personal beziehungsweise Information und Expertise, andererseits aber auch Instrumente, Maßnahmen und Handlungswege, die potenziell zum jeweiligen Ziel führen. Die Zielfestlegung ist nicht nur unabdingbarer Kernbestandteil von politischer Strategie, sondern immer auch der zentrale Ausgangspunkt jeder strategischen Überlegung. Dabei wird eine möglichst effektive (wirksame) und effiziente (wirtschaftliche) Zielerreichung angestrebt. *Umwelt* bezieht sich auf eine Kontextsensitivität für diejenigen Rahmenbedingungen, die kurz- oder langfristig für eine Strategie wichtig sein können. Gemeint sind, relevante Handlungsfelder, Akteurkonstellationen und Interaktionsformen zu analysieren sowie Wechselwirkungen beziehungsweise Reaktionen anderer Akteure auf die Strategie möglichst treffsicher zu antizipieren (vgl. Tils 2005: 237 ff.). Hier lässt sich bereits ein wesentlicher Unterschied zwischen Planung und Strategie festmachen: Während sich beide Konzepte durch eine gewisse Zukunftsgerichtetheit im Sinne einer längerfristigen Zielorientierung auszeichnen und eine Ziel-Mittel-Verknüpfung vornehmen, ist Planung vom Ansatz her viel stärker instrumentengebunden als Strategie. Letztere bedient sich vielmehr eines offenen und flexiblen Mittelmixes, um sich an wandelnde Umweltfaktoren anpassen zu können.

Allerdings sind auch die strategischen Ziele letztlich nicht als invariabel anzusehen, da sie anders als der *Zweck* eventuell im laufenden Politikprozess angepasst werden müssen. Nicht zu unrecht sieht Christopher Gohl daher bei der von Raschke und Tils vorgeschlagenen Definition politischer Strate-

---

se Beliebigkeit. So kann ein bestimmtes politisches Ergebnis nachträglich kurzerhand als Strategie deklariert werden, wie das Eingangszitat von Gerhard Schröder deutlich machen sollte.

gie als „Ziel-Mittel-Umwelt"-Trias die Intentionalität strategischen Handelns als eine zentrale Komponente vernachlässigt (vgl. Gohl 2008) und fordert eine entsprechende definitorische Differenzierung. Die Unterscheidung zwischen Zweck und Ziel in der Politik geht dabei auf Carl von Clausewitz zurück, der diese anhand der Motivation zum Krieg verdeutlicht:

„Man fängt keinen Krieg an, oder man sollte vernünftigerweise keinen anfangen, ohne sich zu sagen, was man mit und was man in demselben erreichen will, das erstere ist der Zweck, das andere das Ziel. Durch diesen Hauptgedanken werden alle Richtungen gegeben, der Umfang der Mittel, das Maß der Energie bestimmt, und er äußert seinen Einfluß [sic!] bis in die kleinsten Glieder der Handlung hinab" (Clausewitz 2000: 485, zitiert nach Gohl 2008).

Es ist als sinnvoll zu erachten, die pragmatistische Frage nach dem Wozu der Ziele, also nach den Effekten beziehungsweise den übergeordneten handlungsleitenden Absichten des strategischen Handelns, in die Definition von politischer Strategie aufzunehmen. Statt des Dreiklangs „Ziel-Mittel-Umwelt" sollte Strategie demnach als „Zweck-Ziel-Mittel-Umwelt"-Vierklang gefasst werden. Während strategische Politik also einem übergreifenden und unveränderlich fortgeltenden Zweck dient, sind die Ziele ebenso wie die Mittel nicht als feststehend anzusehen, sondern können sich entsprechend den permanent ändernden Umweltbedingungen wandeln. Die nötige Anpassungsfähigkeit, die dem prozeduralen des Politischen gerecht wird, wird zusätzlich durch das „dynamische Moment" als weitere Komponente in der Definition von Raschke und Tils unterstrichen.

- *Dynamisch* bezieht sich auf eine Grundoffenheit für Neubewertungen und Nachbesserungen, die von Feinjustierungen bis hin zur kompletten Revision reichen können, wenn sich Informations- und Stimmungslagen oder Interdependenzen und Prioritäten ändern. Das dynamische Moment ist der entscheidende Unterschied zu politischer Planung: Während für Planung eine präzise zeitliche Vorbestimmung charakteristisch ist (vgl. Tils 2005: 30) und einzelne Entwicklungsschritte vorweggenommen werden, ist das Strategiekonzept seinem Anspruch nach wesentlich flexibler und anpassungsfähiger (vgl. Tils 2005: 194). Demnach herrscht hier ein Bewusstsein darüber, dass kein politisches Konzept den Kontakt mit der Realität überlebt, weshalb Strategiebildung stets einen pressuralen Charakter aufweist und letzlich niemals abgeschlossen ist. Dies allein schon deshalb nicht, weil Strategien das Feld verändern, für das sie konzipiert wurden (vgl. Hänsch 2002).
- *Erfolgsorientierte, politikfeld- und situationsübergreifende Kalkulation:* *Kalkulation* bezieht sich nicht nur auf die bereits oben skizzierte Intentionalität des Strategiebegriffs, sondern auch auf systematisierte konzeptionelle

Überlegungen, die auf (möglichst wissenschaftlich) fundierten Informationen und Annahmen basieren. Sie ist dabei nicht mit einer mechanistischen, rein handwerklichen Anwendung von Strategiewissen oder mit einer linearen Übertragung bereits erfolgreicher Konzepte gleichzusetzen. Um Strategiequalität zu erhalten, geht der Kalkulation vielmehr im Idealfall ein umfassend rational-kreativer Bewertungsprozess voraus, der sich an den Maßstäben einer wirksamen Zweck- und Zielverfolgung (*„erfolgsorientiert"*) jenseits klassischer Ressortgrenzen (*„politikfeldübergreifend"*) und eines langfristigen Erfolgs (*„situationsübergreifend"*) ausrichtet. In diesem letzten Punkt unterscheidet sich auch Strategie von Taktik. Taktik konzentriert sich eher auf kurzfristige Erfolge und bezieht sich in diesem Sinne auf situationsspezifisches Handeln. Volker Schmidt schreibt dazu:

„Strategisches Handeln beginnt dort, wo auf der Zeitachse weit über den Tag hinaus auf einen Endpunkt hin gedacht und gearbeitet wird. Notwendig ist es, erfolgreich vom Ende her zu denken" (Schmidt 2005: 145).

Doch was genau heißt (langfristiger) Erfolg im Kontext der Strategieanalyse? Entgegen der häufig im Wahlkampfkontext vorkommenden und bisweilen inflationären Verwendung des Strategiebegriffs, aus der in Teilen der politikwissenschaftlichen Community Vorbehalte gegenüber Strategie als analytische Kategorie resultieren, bezieht sich politische Strategie im Verständnis der Strategieanalyse nicht auf die ausschließliche Ausrichtung an rein machtpolitischen Aspekten wie beispielsweise der Stimmenmaximierung. Vielmehr wird die *Politics-Rationalität* in der politischen Strategieanalyse und auch im Rahmen dieser Analyse niemals isoliert von der *Policy-Rationalität* betrachtet. Beide Rationalitäten stehen als Grundkoordinaten politischen Handelns annahmegemäß in einem Spannungsverhältnis (vgl. Raschke/Tils 2007: 148 ff.): Politisches Überleben außerhalb von Wahlkampfzeiten ist in einer freiheitlich-demokratischen Gesellschaft wie der deutschen einerseits eng mit Anforderungen an konkrete Problemlösungsangebote verbunden, denen sich letztlich kein noch so machtbewusster Politiker verwehren kann. Andererseits entstehen Gestaltungspotenziale nur durch Stimmenmehrheiten, Ämter und Posten. Die Strategieanalyse sieht im Vote-, Office- und Policy-Seeking eine Zieltrias (vgl. Tils 2005: 80 ff.) und betont eben gerade einen Ausgleich von Policy- und Politics-Rationalitäten. Es wird also eine Gleichzeitigkeit von Macht- und Gestaltungsorientierung unterstellt, die letztlich gleichberechtigte Bestandteile der ‚einen' Politik darstellen (vgl. Tils 2005: 15). Daher gilt es zwischen verschiedenen Konzeptionen zu differenzieren: Strategien im Wahlkampf oder zur politischen Öffentlichkeitsarbeit sind zwar auch Handlungskonzeptionen von politischer Strategie. Diese weichen jedoch von der strategieanalytischen Konzeption dann ab, wenn beispielsweise im Strategiezusammenhang von einem relativ kurzen Zeitrahmen ausgegangen wird, kein übergeordneter strategischer Bezugsrahmen zu erkennen ist und inhaltliche Problemlösungsaspekte auf Kosten von reinen Machtaspekten (zum Beispiel Fixierung auf Wahlsieg oder Umfragewerte) vernachlässigt werden (vgl. Tils 2005: 53).

Die Gewichtung beider Rationalitäten, deren Grenzen in der politischen Praxis fließend sind, ist für die politische Strategieanalyse von hohem analytischen Wert, um Aussagen über Strategiebildungsprozesse, Strategiefähigkeit und strategische Steuerung als die drei Dimensionen von politischer Strategie treffen zu können.

2.3.3 Drei Dimensionen von politischer Strategie

Die Strategieanalyse unterscheidet drei verschiedene Dimensionen politischer Strategie: (1) Strategiebildung, (2) Strategiefähigkeit und (3) Strategische Steuerung (vgl. Abbildung 3).

Abbildung 3: Drei Dimensionen von politischer Strategie

Quelle: Eigene Darstellung

(1) Bei der *Strategiebildung* stellt die *strategische Zweck- und Zielbestimmung* den Ausgangspunkt dar. Hier werden zunächst die eigenen handlungsleitenden Absichten geklärt sowie Gestaltungs- und Machtziele abgewogen und gewichtet. Dies ist für den gesamten Strategieprozess zentral, da hier bereits die wesentlichen Weichen gestellt werden. In der darauffolgenden *strategischen Lageanalyse* geht es darum, „Information über den entscheidungserheblichen Ausschnitt längerfristiger Umweltfaktoren" (Tils 2005: 32) zu gewinnen. Konkret werden hier die relevante Akteure, Akteurkonstellationen und Entscheidungsstrukturen identifiziert und damit erste mögliche Handlungsspielräume ausgelotet. Die *strategische Kalkulation* bildet schließlich die eigentliche kreative Phase der Strategieanalyse, weil hier ohne feste Richtschnur und Rezeptwissen auf Grundlage von plausiblen Erfolgsabschätzungen, Priorisierungen und Bauchgefühl verschiedene strategische Optionen bis letztlich zur Entscheidung formuliert und abgewogen werden (vgl. Raschke/Tils 2007: 249 ff.).

(2) Die *Strategiefähigkeit* ist weniger als Dichotomie („strategiefähig vs. strategieunfähig"), sondern vielmehr als Kontinuum („mehr oder weniger strategiefähig") konzeptualisiert (vgl. Raschke 2002: 213 ff.). Sie bezieht sich auf die strategische Handlungsfähigkeit beziehungsweise, präziser gesagt, auf die generelle Kompetenz zu strategisch orientiertem politischen Denken und Handeln von individuellen, aber insbesondere auch kollektiven Akteuren. Strategische Kompetenzen bei *individuellen Akteuren* umfassen dabei

- eine generelle *Erfolgsorientierung* („vom erfolgreichen Ende her denken"),
- einen ausgeprägten *Möglichkeitssinn* („sich die Zukunft und die Wege zu ihr anders als in linearen Entwicklungen des Bestehenden vorstellen") sowie
- *strategische Intuition und Erfahrung,* zu denen ein Gespür für vorherrschende Handlungskontexte und Akteurkonstellationen sowie relevante Erfolgsfaktoren wie Timinig, Platzierung und Inszenierungserfordernissen gehören (vgl. Raschke 2002: 209).

Geschulten politischen Instinkten und analytischen Fähigkeiten wird also mindestens genauso viel Bedeutung beigemessen wie strategischem Methodenwissen beispielsweise in Instrumentierungsfragen.

Bei *Kollektivakteuren* bezieht sich Strategiefähigkeit insbesondere auf *strategische Selbststeuerung,* also auf die Fähigkeit einer Organisation zum einheitlichen strategischen Handeln sowohl nach innen hinsichtlich der einzelnen kollektiven Untereinheiten als auch nach außen im Zusammenspiel mit anderen Kollektivakteuren (vgl. Tils 2005: 38, 111 f.). Da sich kommunikative Aspekte und politische Gestaltungskraft in einer modernen Demokratie wechselseitig bedingen, gehört die *Kommunikationsfähigkeit nach innen und außen* zu einem hohen Maße zur Strategiefähigkeit dazu. Dies folgt der Annahme, dass nur derjenige kollektive Akteur langfristig handlungsfähig und erfolgreich ist, der den ständigen, und vor allem ehrlichen Dialog mit den eigenen Untereinheiten sowie den externen Anspruchsgruppen, Partnern und Konkurrenten sucht (vgl. Novy/Schwickert 2008: 4 ff.). Nur durch eine solche Rückkopplung können ‚Umweltveränderungen' im Sinne eines Frühwarnsystems identifiziert werden, sodass Zeit für eine entsprechende Reaktion bleibt. Letztlich steht Strategiefähigkeit für die Kompetenz, sich gleichermaßen systematisch an Problemlösung, Konkurrenz und Öffentlichkeit zu orientieren (vgl. Raschke/Tils 2007: 213). Dies bedeutet, dass *Policy- und Politics-Kalküle ausbalanciert* beziehungsweise auf eine der Situation angemessenen Weise gewichtet werden sollten (vgl. Novy et al. 2008: 176). Ähnlich drückt es Mathias Machnig aus, indem er Strategiefähigkeit als längerfristige strukturelle Mehrheitsfähigkeit mit gleichzeitiger Problemlösungskompetenz charakterisiert (vgl. Machnig 2002: 168).

(3) Die *strategische Steuerung*, die sich auf die Umsetzung einer vorhandenen Strategie als Ergebnis eines umfassenden Strategiebildungsprozesses durch strategiefähige Akteure bezieht, bildet in der politischen Strategieanalyse die dritte Dimension politischer Strategie (vgl. Raschke/Tils 2007: 387 ff.). Gemeint ist damit letztlich ein an festgelegten strategischen Zwecken und Zielen orientiertes Navigieren im konkreten Steuerungsprozess. Die strategische Steuerung findet dabei auf verschiedenen *Ebenen* statt, angefangen bei der *Problemsteuerung* (Suche nach problemadäquaten Lösungen) über die *Organisationssteuerung* (Disziplin und Geschlossenheit bei der Selbststeuerung) bis hin zur *Kommunikationssteuerung* (Streben nach Definitionshoheit in der öffentlichen Debatte, Erwartungsmanagement und Mobilisierung). Sie obliegt zum großen Teil den politischen Spitzenakteuren und hat daher viel mit *Leadership-Qualitäten* zu tun, sie erfordert darüber hinaus permanente *Kontroll- und Anpassungsleistungen* sowie kontinuierliche *Lernbereitschaft* (vgl. Raschke/Tils 2007: 434). Hintergrund ist, dass aufgrund der Dynamik politischer Prozesse eine Vielzahl an unvorhersehbaren Ereignissen eine politische Strategie immer wieder herausfordert, was eine hohe Flexibilität und Offenheit im Steuerungsprozess nötig macht (vgl. Kapitelabschnitt 2.3.2). Für das erfolgreiche Manövrieren haben Raschke und Tils zudem drei Steuerungsparameter herausgearbeitet, die

die „Hintergrundfolie der Strategieakteure in den Grundsituationen von Problem- und Konkurrenzpolitik im Medium der Öffentlichkeit" liefert (vgl. Raschke/Tils 2007: 20): Dazu gehören Bewertungen zur *aktuellen Machtkonstellation*, zu den *Erwartungen der Öffentlichkeit* sowie zu der *eigenen Leistungsfähigkeit*.

Was unterscheidet nun gemäß der politischen Strategieanalyse die strategische Steuerung von der im Rahmen dieser Studie präferierten strategischen Planung? Auch wenn in vielen neueren politikwissenschaftlichen Arbeiten die Begriffe der strategischen Planung und Steuerung synonym verwendet werden, kann jenseits der oben beschriebenen historischen Vorbelastung (Planungs- vs. Steuerungsdebatte) im Strategiezusammenhang ein deutlicher Unterschied zwischen dem Planungs- und dem Steuerungsbegriff ausgemacht werden: So bezieht sich strategische Planung stärker auf die konzeptionelle Komponente von strategischer Steuerung, also auf die systematische Suche nach und die Analyse von strategischen Themenfeldern, Zielen und Vorhaben, während Leistungsabgleich und politisches Controlling hier eine eher untergeordnete Rolle spielen. Vereinfachend kann man sagen, dass die Planungseinheiten der Regierungszentralen im Wesentlichen mit der innerhalb der strategieanalytischen Dimension „strategische Steuerung" beschriebenen Problemsteuerung betraut sind. Strategische Planung ist in diesem Sinne also der strategischen Steuerung vorgeschaltet und zielt letztlich eher auf die oben beschriebene Dimension „Strategiebildung" ab. In die Organisations- und Kommunikationssteuerung, die klassischerweise stärker dem Ministerpräsidenten oder dem Chef der Staats- beziehungsweise Senatskanzlei als politisches Führungspersonal obliegen, sind sie allenfalls konzeptionell-beratend involviert. Dies ist der wesentliche Grund dafür, dass im Kontext dieser Untersuchung mehr von strategischer Planung als von strategischer Steuerung die Rede ist. Der Unterschied zwischen verschiedenen Arten von Strategiearbeit wird im nächsten Abschnitt weiter verdeutlicht, wo die unterschiedlichen strategischen Akteurgruppen weiter konkretisiert werden.

2.3.4 Strategische Akteure

Im Folgenden gilt es, die strategischen Akteure im Regierungskontext in den Blick zu nehmen und hier insbesondere die im Titel dieser Studie verwendete Begrifflichkeit „strategische Planer" zu präzisieren. Unter *strategischen Politikakteuren* kann man ganz allgemein all diejenigen Akteure fassen, die in ihrem Arbeitsalltag professionell mit politischer Strategie zu tun haben. Dabei kann auf

Mesoebene zwischen verschiedenen organisationsspezifischen Planungs- und Steuerungsperspektiven und auf Mikroebene innerhalb der Organisationen sowohl zwischen strategischen Entscheidungsträgern und strategischen Beratern als auch zwischen dem strategischen Apparat und dem strategischen Zentrum unterschieden werden:

- *Organisationsspezifische Planungs- und Steuerungsperspektive:* Strategie ist nicht gleich Strategie. Die Bedingungen für Strategiekonzeption und strategische Politiksteuerung unterscheiden sich je nach Typ politischer Organisationen (zum Beispiel Nichtregierungsorganisationen, Verbände, Parteien, Regierung) und damit nach der zivilgesellschafts-, verbands-, partei- und regierungspolitischen Perspektive. Innerhalb der regierungspolitischen Planungs- und Steuerungsperspektive kann man noch einmal zwischen der Regierungszentrale und den Ressorts unterscheiden: Während Ministerien eine ressortspezifische Perspektive von Regierungsplanung und -steuerung einnehmen, handelt es sich bei der Regierungszentrale entsprechend um eine ressortübergreifende Planungs- und Steuerungsperspektive, was dem strategieanalytischen Anspruch einer politikfeldübergreifenden Strategie-ausrichtung im besonderen Maße gerecht wird. Mit den unterschiedlichen Perspektiven gehen auch unterschiedliche strategische Ausgangslagen einher. Raschke, der seit Ende der 1990er Jahre soziale Bewegungen und Parteien systematisch auf ihre Strategiefähigkeit hin analysierte (vgl. Raschke 2001), konnte so zeigen, dass deren institutionell-organisationelle Spezifika wie Heterogenität, geringer Organisationsgrad der Mitglieder sowie schwache Zentralisierung der Entscheidungskompetenzen die Strategiebildung hemmen und die Erfolgsaussichten von Strategien senken. Oftmals sei allenfalls die Implementierung von instabilen Teilstrategien möglich. Diese strukturellen ‚Nachteile' (beispielsweise von sozialen Bewegungen) können gleichsam als ‚Vorteile' einer Regierungszentrale gefasst werden: Sie zeichnet sich als politisch-administrative Organisation idealerweise durch *Homogenität,* einen relativ *starken Zentralisierungs- und Organisations-grad* sowie *hierarchische Entscheidungskompetenzen* aus. Die Annahme einer relativ günstigen strategischen Ausgangslage von Regierungszentralen gilt es, im Empirieteil genauer zu analysieren.[20]
- *Strategische Entscheidungsträger vs. strategische Berater:* Innerhalb der Organisationen (hier: Regierungsorganisationen) kann zwischen strategischen Entscheidungsträgern und Beratern unterschieden werden. Die poli-

---

[20] In Kapitel 6 wird auf die von Raschke herausgearbeiteten institutionell-organisationellen Ausgangsbedingungen, die sich günstig oder ungünstig auf die Strategiefähigkeit kollektiver Akteure auswirken können, explizit Bezug genommen.

tisch legitimierten Entscheidungsträger geben in strategischen Fragen die Marschrichtung vor und steuern politische Prozesse im engeren Sinne (vgl. Kapitelabschnitt 2.3.3). Obwohl sie hauptsächlich auf dem taktisch geprägten Parkett der Tagespolitik agieren, sind letztlich sie es, die über die Strategien entscheiden und diese verantworten müssen. Die strategischen Berater sind hingegen diejenigen, die politische Prozesse planen und Strategien konzipieren, nicht aber darüber entscheiden und auch regierungsextern dafür keinerlei Verantwortung übernehmen.[21] Gemeinhin kann zwischen persönlichen, parteipolitischen und administrativen Beratern der Regierungschefs unterschieden werden (vgl. Grunden 2008; Müller/Walter 2004). In dieser Untersuchung wird jedoch der Analysefokus allein auf die administrativen Berater gelegt, die mit Strategiefragen betraut sind. Hinsichtlich strategischer Beratung aus dem administrativen Apparat hat Raschke darauf hingewiesen, dass

„[a]uf Strategiefragen spezialisierte organisationsinterne Subsysteme […] schwer zu identifizieren [sind] – soweit sie überhaupt existieren. […] Im normalen Organisationsbetrieb […] sind strategische Arbeitspotenziale am ehesten bei Grundsatz- und Planungsreferaten […] zu finden." (Raschke 2002: 229 f.).

- *Strategischer Apparat vs. strategisches Zentrum:* Die politischen Planungsakteure bilden den strategischen Apparat, der als ein „Ort für professionellmethodische Strategiearbeit und die Vorbereitung von Strategieentscheidungen" (Raschke 2002: 214) beschrieben werden kann und sich gemäß der Strategieanalyse durch eine gewisse Entschleunigung und Entkopplung auszeichnet. Das konzeptionelle Gegenstück dazu ist das strategische Zentrum (vgl. Raschke/Tils 2007: 282 ff.). Über Strategien im Zentrum der Macht wird meist in kleinen, informellen Runden diskutiert und entschieden. Die Zusammensetzung eines derartigen ‚Küchenkabinetts' stellt das Ergebnis einer nicht delegierbaren Führungsentscheidung des politischen Spitzenakteurs dar (vgl. Hänsch 2002). In diesem meist auf drei bis fünf Personen beschränkten informellen Netzwerk von persönlichen Vertrauten des Spitzenakteurs sind strategiefähige und hochloyale Personen vertreten, die zwar eine formale Spitzenposition innerhalb der Organisation innehaben[22], aber

---

[21] Selbstverständlich können politische Entscheidungsträger auch selbst Strategieentwickler sein. Wie bereits in Kapitel 1 angedeutet, kann dieser Fall jedoch aufgrund von Termindruck und Zeitmangel der Spitzenakteure vernachlässigt werden.

[22] Zu den formalen Spitzenpositionen innerhalb der Regierungszentrale gehören neben dem Ministerpräsidenten der Chef der Staats- beziehungsweise Senatskanzlei, der Büroleiter des Ministerpräsidenten sowie die Abteilungsleiter. Daneben können weitere, organisationsexterne Spitzenakteure Teil des strategischen Zentrums sein, so beispielsweise die Fraktionsvorsitzenden, der Finanzminister

selbst machtpolitisch meist so wenig ambitioniert sind, dass sie dem jeweiligen politischen Spitzenakteur nicht gefährlich werden können (vgl. Raschke 2002: 217 ff.). Zur Unterscheidung der Arbeitsweise des strategischen Zentrums und dem strategischen Apparat stellt Klaus Hänsch fest, dass der Entwurf einer Strategie stets eine intellektuelle Leistung darstellt, der meist komplexe Such-, Abwägungs- und Auswahlprozesse vorausgehen, während die konkrete Entscheidung für eine Strategie immer auf Erfahrung, Intuition und politischem Bauchgefühl beruht (vgl. Hänsch 2002).

Nachdem politische Strategie nun umfassend definiert, in ihre drei Dimensionen und nach ihren relevanten Akteuren aufgeschlüsselt wurde, ist eine weiterführende Verortung der politischen Strategieanalyse innerhalb der politikwissenschaftlichen Forschung sinnvoll und notwendig. Aufbauend auf den vorgestellten grundlegenden Begriffen, Prämissen und Konzeptualisierungen der Strategieanalyse wird daher im folgenden Abschnitt der Versuch eines theoretischen Brückenschlags zur Policy-Forschung unternommen.

2.3.5 Verortung in der anwendungsorientierten Policy-Forschung

Anders als der Name „Policy-Forschung" vermuten lässt, begrenzt sich diese nicht ausschließlich auf inhaltliche Fragestellungen in konkreten Politikfeldern, sondern beschäftigt sich auch explizit mit Kontingenzen, Erfolgsfaktoren und Lernprozessen politischen Handelns. So wird in diesem politikwissenschaftlichen Zweig der gesamte Politikzyklus in den Blick genommen – angefangen beim Agenda Setting über die Politikformulierung, Politikentscheidung und Politikimplementation bis hin zur Evaluation der entsprechenden Politikergebnisse. Ausgangspunkt bilden die Handlungsorientierungen der politischen Akteure, die entsprechenden Entscheidungsstrukturen sowie weitere, für das Politikfeld relevante institutionelle Kontexte. Ein besonderer Fokus liegt auch auf den Wechselwirkungen politischer Maßnahmen in verschiedenen Politikfeldern. Grundsätzlich lassen sich im Hinblick auf das Erkenntnisinteresse zwei Hauptströme innerhalb der Policy-Forschung unterscheiden (vgl. Schubert/Bandelow 2003: 13 ff.): Einerseits der grundlagenorientierte Zweig der Politikfeldforschung, der sich theoretischen Fragen wie beispielsweise der Rekonstruktion von Normen und Werten verschrieben hat, und andererseits der anwendungsorientierte Zweig der Politikfeldforschung, der seinen Fokus auf konkrete Problemlagen

---

sowie die Vorsitzenden und Generalsekretäre der Regierungsparteien. Planungsakteure sind zumindest auf Referatsleiterebene selten Teil dieses exklusiven Zirkels.

in der praktischen Politik legt und entsprechende Lösungsansätze als wissenschaftliche Beratungsleistung anbietet.

Die *anwendungsorientierte Politikfeldanalyse* hat im deutschsprachigen Raum in den vergangenen Jahren als Teildisziplin der praktischen Politikwissenschaft stark an Bedeutung zugenommen. Ihr liegt die Vorstellung zugrunde, dass „Theorien [...] in der Lage sein [müssen], in der faktischen Welt etwas zu bewirken" (Schubert 2003: 46). Indem politische Ergebnisse nicht nur rekonstruiert und analysiert, sondern konkrete Erfolgsfaktoren für künftiges Akteurverhalten identifiziert werden sollen, ist die Policy-Analyse ihrem Anspruch nach nicht nur erklärend, sondern prospektiv und im offenen Sinne präskriptiv. Schubert drückt den doppelten Anspruch so aus: „Die Politikfeldanalyse will beides, Wissenschaft und Problemlösung, Analyse (des Gegebenen) und konstruktive Mitarbeit an ,in die Zukunft gerichteten und die Zukunft gestaltenden politischen Entscheidungen'" (Schubert 2003: 38, Hervorhebungen im Original). Dafür bedient sich die anwendungsorientierte Politikfeldforschung je nach Fragestellung und Zielsetzung unterschiedlichen theoretischen und methodischen Ansätzen. Mit diesem pragmatischen Wissenschafts- und Theorieverständnis, der explizit handlungstheoretischen Perspektive sowie der Betonung von politischen Gestaltungsmöglichkeiten bewegt sich die Politikfeldforschung wie auch die Strategieanalyse an der Schnittstelle zwischen Theorie und Praxis. Ähnlich wie bei der Strategieanalyse wird bei der anwendungsorientierten Politikfeldforschung eine ausreichende organisationelle Binnendifferenzierung vorgenommen. Und auch hier wird die Notwendigkeit steter Neubewertungen der (strategischen) Lage hervorgehoben und eine Anpassung der (strategischen) Ausrichtung nach gewissenhafter Abwägung der Erfolg versprechenden Handlungsoptionen empfohlen. Erklärtes Ziel ist somit bei beiden die Bereitstellung von Orientierungs- und prozeduralem Anwendungswissen für die Entscheidungsträger in konkreten politischen Handlungssituationen.

Letztlich ist Strategie in der Policy-Forschung eine teils implizit, teils explizit verwendete Begrifflichkeit, die jedoch – darauf verweist Ralf Tils – wenig analytisch spezifiziert ist (vgl. Tils 2005: 51). Hier kann die politische Strategieanalyse eine wichtige Lücke schließen, indem sie Politics-Kalküle noch minutiöser herausarbeitet sowie die Bedeutung von situations- und politikfeldübergreifenden Konzeptionen hervorhebt, die in der Policy-Forschung „regelmäßig unterschätzt" werden (Tils 2005: 110). Aus Sicht der Strategieforschung liegt die Betonung der Policy-Forschung noch immer zu stark auf der Produktion von Policy-Wissen, „das die Praxisreife allerdings oft verfehlt" (Raschke/Tils 2007: 34) und damit ohne angemessenem Impact bleibt. Zwar gab es in der Policy-Forschung bereits seit Mitte der 1980er Jahre Versuche einer stärkeren Verklammerung der Policy- und Politics-Perspektive, jedoch ohne strategische Fragen zu berücksichtigen (vgl. Hartwich 1985, zitiert nach Tils 2005: 16). Schubert stimmt dem indirekt zu, wenn er schreibt, dass die Policy-Forschung am meisten von Forschungen profitiert, „die unterhalb des logischen Anspruchs von Theorien bleiben" (Schubert/Bandelow 2003: 13) und stattdessen eher nutzenorientiert die praktischen Folgen politischen Handelns beleuchten (vgl. Schubert 2003: 40). Auf der anderen Seite ist die Strategieanalyse auf die Befunde der Policy-Forschung angewiesen, um nicht entkoppelt von konkreten inhaltlichen Problemlagen als Meta-Ansatz abgestempelt zu werden, sondern stattdessen auch einen tatsächlich Mehrwert für die politische Praxis zu generieren.

Aus dieser Feststellung gegenseitiger Befruchtungspotenziale kann die Subsumierungsthese abgeleitet werden, wonach die politische Strategieanalyse aus theoretischen, insbesondere jedoch aus forschungspragmatischen Gründen als ein elaborierter Ansatz mit einer spezifischen Perspektive innerhalb der Policy-Forschung rezipiert werden sollte. Abbildung 4 fasst noch einmal die wesentlichen Anknüpfungspunkte zusammen.

Abbildung 4:   Anknüpfungspunkte der Strategieanalyse an die Policy-Forschung

+ Theorie- und Methodenmix

+ handlungstheoretische Perspektive

+ Schnittstelle zwischen Theorie und Praxis

+ pragmatisches Wissenschafts- und Theorieverständnis

+ Bereitstellung von Orientierungswissen als Forschungsziel

+ Betonung genereller politischer Gestaltungsmöglichkeiten

+ multidisziplinäre, interaktions- und problemlösungsorientierte Ausrichtung

Quelle: Eigene Darstellung

2.3.6   *Strategie in der Politik: Reichweite und demokratietheoretische Bedenken*

Als ein wesentlicher Verdienst der Strategieanalyse kann angeführt werden, dass es Raschke und Tils gelang, aus der Ambivalenz und Vielschichtigkeit des Strategiebegriffs im politischen Alltagsgebrauch und der Vielzahl an Bedeutungsvarianten in der politikwissenschaftlichen Auseinandersetzung ein präzises und ausdifferenziertes Konzept zu entwickeln. Die grundsätzliche Eignung der Strategieanalyse sowie die wertvollen Impulse, die von ihr für die Strategiedebatte ausgingen, wurden in den vergangenen Abschnitten bereits herausgearbeitet. Der abschließende Abschnitt dieses Strategiekapitels enthält nun einige weiterführende Überlegungen zu Fragen nach den Grenzen einer strategischen Politikausrichtung in der politischen Realität sowie der grundsätzlichen Vereinbarkeit mit demokratischen Legitimitätsanforderungen.

Angesichts bestehender Umweltunsicherheiten und Mehrdeutigkeiten sowie mangelnder Kalkulierbarkeit politischer Prozesse ist insgesamt Vorsicht bei überzeichneten Erwartungen an politische Strategie geboten. Nicht zuletzt die Befunde der Governance-Forschung haben staatliche Steuerungsverluste und damit auch die *Grenzen einer strategischen Politikausrichtung* aufgezeigt. Gerade weil es in der politischen Realität zu einem permanenten Aufeinandertreffen zahlreicher strategischer Akteure mit verschiedenen Interessen und Kalkülen kommt, darf politische Strategie nicht der Illusion einer vollständigen Steuerbarkeit politischer Prozesse unterliegen. Die politische Strategieanalyse ist also gut beraten, den eigenen Anspruch nicht zu hoch anzusetzen. So weist Raschke explizit auf die Gefahr hin, politische Strategie als Konzeption zu überfrachten:

> „Strategie ist *eine* Variable im politischen Prozess, nicht mehr, nicht weniger. Auch gelten abgestufte Wirkungsannahmen – nicht in allen Arenen beispielsweise greifen Strategien gleich gut. […] Wegen des begrenzten Stellenwertes des Strategieansatzes kann man ihn ad absurdum führen, wenn man ihn überfrachtet, zum Beispiel mit übertriebenen Rationalitäts- […] und Wirkungsannahmen" (Raschke 2002: 233 f., Hervorhebungen im Original).

Strategie ist folglich kein (Allheil-)Mittel, um die grundlegenden Handlungsprobleme politischer Kollektivakteure zu beseitigen, sondern allenfalls um sie abzumildern (Raschke 2002: 234). Indem sie den politischen Akteuren strategische Empfehlungen für die Politikgestaltung an die Hand gibt, kann die strategische Ausrichtung dennoch bis zu einem gewissen Grad zur Rationalisierung von Politik beitragen – gerade in Anbetracht der in Kapitel 1 und Kapitelabschnitt 2.2.4 beschriebenen gewachsenen Anforderungen an modernes Regieren. Wenn man also nicht die Extremposition vertritt, dass sich Politik und Steuerung beziehungsweise Strategie in jeglicher Hinsicht ausschließen, hält die politische Strategieanalyse einige wichtige Erkenntnisse über Erfolgspotenziale im politischen Prozess bereit. Fraglich ist bloß noch, ob die Strategieperspektive mit demokratietheoretischen Ansprüchen vereinbar ist.

Überspitzt formuliert nimmt die Strategieanalyse die Perspektive eines zentralen politischen Akteurs ein, der auf Grundlage bestimmter Kalküle nach Top-Down-Manier politischen Einfluss ausübt. Dies ruft – gerade in einer politikwissenschaftlichen Arbeit – die grundsätzliche Frage nach der *Vereinbarkeit mit demokratischen Legitimitätsanforderungen* auf den Plan. Gerade angesichts der Tatsache, dass die Strategiedebatte immer wieder auf Vorbehalte sowohl in Teilen der politikwissenschaftlichen Community als auch der Öffentlichkeit stößt, ist eine zufriedenstellende Antwort auf die Frage nach der generellen Vereinbarkeit von Demokratie und Strategie von großer Bedeutung. Raschke konzediert, dass die Frage nach der Demokratieverträglichkeit legitim ist, betont aber auch, dass ein offener Umgang mit strategischen Fragen ihrem Anspruch und Zweck zuwiderlaufen würde:

> „Auffällig ist, dass der strategische Ansatz vor allem in zwei Bereichen etabliert wurde, die hierarchisch und nicht-demokratisch strukturiert sind, dem Militär und dem Wirtschaftsunternehmen. [...] Transparenz bzw. Öffentlichkeit ist ein grundlegendes Problem bei Strategieprozessen. Strategiefragen sind in ihrem Kern Geheimfragen, schon deshalb, weil strategische Absichten den Gegner [...] überraschen sollen, ihr Bekannt werden [sic] aber die Gefahr erhöht, dass sie durchkreuzt werden" (Raschke 2002: 223 f.).

Analytisch teilt die Strategieanalyse Planungs- und Steuerungsversuche politischer Akteure trotz weitgehender Überschneidungen in der politischen Realität in einen demokratischen und einen strategischen Sektor auf: Der *demokratische Sektor*, bei dem Öffentlichkeit, Diskurs und Mehrheitsentscheidung im Vordergrund stehen, liefert dabei annahmegemäß Entscheidungen über die grundlegende Richtung und über die personelle Besetzung der Spitzenpositionen. Im *strategischen Sektor* hingegen, in dem Geheimhaltung und Hierarchie im Vordergrund stehen, geht es um erfolgsorientierte „Zweck-Ziel-Mittel-Kontext"-Entscheidungen, mit denen konkrete politische Ergebnisse erreicht werden sollen (Raschke 2002: 223). Der Rechtfertigungsversuch zielt also auf die Output-Legitimation ab, die auch Fritz W. Scharpf in seinen Untersuchungen immer wieder hervorhebt (vgl. Scharpf 1999). Scharpf argumentiert, dass neben beispielsweise partizipativen Elementen im politischen Prozess (Input-Legitimation) auch effektives Regieren im Sinne von problemlösenden Politikergebnissen Regierungshandeln legitimieren kann („Legitimation qua Erfolg"). Nach dieser Logik – und entgegen mancher Vorbehalte, die politische Strategie als reines Machterhaltungsstreben verkürzen – ist es das Ziel strategischer Politikgestaltung, auf Grundlage durchdachter Konzepte langfristig bestmögliche Politikergebnisse zu produzieren. Zum demokratietheoretischen Spannungsverhältnis resümiert Raschke:

> „[A]m Ende [steht] das Paradox: Strategie ist zur Bewältigung von Problemen des demokratischen Prozesses notwendig, in ihrem Kern sind Strategieentscheidungen

kaum demokratisierbar und können als demokratieunverträglich angefochten werden. Wer diesen Widerspruch nicht aushält, geht an den aktuellen Herausforderungen der Demokratie vorbei" (Raschke 2002: 240).

Als politischer Praktiker betont auch Fritz Kuhn das Problem der Nicht-Kommunizierbarkeit von Strategien und die Notwendigkeit der Verschwiegenheit im politischen Wettbewerb: „Man kann eigentlich nicht öffentlich über seine Strategie reden – es sei denn, man hat nicht verstanden, was eine Strategie ausmacht" (vgl. Kuhn 2002: 86). Neuere Ansätze sehen politische Strategie und demokratische Teilhabe jedoch nicht mehr als derart unvereinbare Gegensätze und zielen stattdessen auf einen konzeptionellen Brückenschlag zwischen beiden „Sphären" (vgl. Gohl 2010; Schwickert/Collet 2010). Im Vordergrund des im Wesentlichen von der Bertelsmann Stiftung initiierten Ideenaustauschs zur Verknüpfung von Strategie und Teilhabe steht die Frage, an welchen Stellen der Politikgestaltung die bisher separat gedachten Prozesse strategischer Regierungssteuerung sowie deliberativer Teilhabe zusammenfließen und Synergien bilden können (Bertelsmann Stiftung 2010a). Dass ein gewisses Spannungsverhältnis zwischen einer strategischen Politikgestaltung einerseits und dem Bedürfnis nach Transparenz, Dialog und Beteiligung andererseits besteht, wird dabei nicht angezweifelt. Es wird jedoch davon ausgegangen, dass ein strategischer Regierungsstil angesichts der gestiegenen Zahl zivilgesellschaftlicher Akteure mit politikrelevantem Problemlösungswissen einerseits und weitgehenden Mitspracheansprüchen andererseits immer stärker der parallelen Ergänzung moderner Beteiligungsformen bedarf. Vor diesem kooperativen Politikverständnis baut eine erfolgreiche strategische Regierungspolitik auf Dialog und Beteiligung auf, um zum einen Zustimmung für politische Entscheidungen zu generieren sowie zum anderen die dezentralen Wissensressourcen verstärkt auszuschöpfen:

> „[E]ine strategieorientierte Politik [ist] immer auch wissensbasiert und profitiert von der intensiven Auseinandersetzung mit gesellschaftlichen Kontexten und Akteuren. [...] Ziel sollte daher sein, den Bürger auf Basis strategischer Überlegungen mit Hilfe von unterschiedlichen Techniken und Verfahren in verschiedenen Phasen des politischen Prozesses angemessen einzubeziehen [...] sowie Nutzen aus kollaborativen Formen der Wissensgenese zu schöpfen. [...] Die strategische Ausrichtung ist dabei Voraussetzung, damit die aus kollaborativen Formen der Wissensgenese gewonnene Expertise anschlussfähig in politische Entscheidungsprozesse eingebunden wird" (Schwickert/Collet 2010: 17).

Bislang existieren jedoch lediglich erste konzeptionelle Überlegungen eines gleichermaßen theoretisch begründeten und vor allem praxistauglichen Strategie-Teilhabe-Konzepts.

2.4 Zwischenfazit: Planung, Steuerung und Strategie im Kontext der vorliegenden Analyse

Mit der Diskussion von Planungs-, Steuerungs- und Strategiekonzeptionen zielte Kapitel 2 im Wesentlichen auf eine grobe Verortung der vorliegenden Untersuchung in der sozialwissenschaftlichen Forschung. Weiterhin standen die Aufarbeitung bestehender theoretischer Erkenntnisse von strategischer Planung und Steuerung sowie die Identifizierung weiterer struktureller Rahmenbedingungen modernen Regierens, die Auswirkungen auf die konkrete Planungsarbeit in den Regierungszentralen haben können, im Vordergrund des Kapitels.

Zur ersten theoretischen Annäherung an die Frage nach strategischer Planung wurde zunächst auf die sozialwissenschaftliche Steuerungsdebatte der vergangenen Jahrzehnte Bezug genommen. Im Zeitverlauf lässt sich dabei vereinfachend ein *Dreischritt von Planung über Steuerung zu Governance* feststellen. Der Paradigmenwechsel vom Leitbild eines planerisch-intervenierenden, vertikal steuernden Staates hin zum Leitbild eines kooperativ-koordinierenden, eher horizontal steuernden Staates spiegelt dabei den grundlegenden Wandel des Planungs- und Steuerungsverständnisses wider. Hintergrund ist ein nach den Erfahrungen der späten 1960er Jahre aufkommender *Steuerungspessimismus* in der sozialwissenschaftlichen Community, der auch bei neueren steuerungstheoretischen Konzeptionen zu einigen Relativierungen führte: Steuerungssubjekte werden seit den 1980er Jahren so modelliert, dass sie – eingebunden in ein komplexes Netz von Akteurkonstellationen und Teilsystemen – politische Prozesse aufgrund der vorherrschenden Dynamiken und Interdependenzen allenfalls bedingt kausal beeinflussen können. Dieses Paradigma wurde schließlich in den letzten 15 Jahren von der Governance-Forschung kontinuierlich weiterentwickelt. Governance-Ansätze fokussieren sich auf Politiknetzwerke und Verhandlungskonstellationen zwischen einer Vielzahl von staatlichen und nicht-staatlichen Akteuren. Damit liefern sie wertvolle Hinweise für die Identifizierung grundsätzlicher Strukturbedingungen modernen Regierens: Statt durch Führungs- und Entscheidungsstärke als „Herrschaftsmonopolisten" müssen sich Regierungsakteure heute eher durch Koordinations-, Delegation- und Moderationsfähigkeiten im Sinne von „Herrschaftsmanagern" (Genschel/Zangl 2008) beweisen. Dabei geht es vor allem um weiche Steuerung(sinstrumente). Gemeint sind damit prozedurale Einflussmöglichkeiten wie das Einwirken auf Verfahrensmechanismen und Verhandlungsmodi oder auch die gezielte Förderung von gesellschaftlicher Selbstorganisation zur Entlastung des Staates.

Angesichts der Tatsache, dass Steuerung in der sozialwissenschaftlichen Debatte zunehmend durch „Governance" substituiert wird, stellt sich die Frage, ob der Steuerungsbegriff überhaupt noch zeitgemäß ist und falls ja, wie er konkret ausgestaltet sein soll. Es wurde argumentiert, dass die Governance-Forschung als jüngste Ausprägung der Steuerungsdebatte mit ihrem makroskopischen Schwerpunkt auf komplexe Aushandlungsprozesse im Mehrebenensystem nicht zur Herleitung eines angemessenen Steuerungsbegriffs im Rahmen dieser Untersuchung geeignet ist. Stattdessen wird dem traditionellen Steuerungsbegriff auch jenseits des Governance-Paradigmas noch immer ein empirischer Wert beigemessen – allerdings in etwas abgeschwächter Form. Daher wird im Folgenden auf eine andere Konzeptionalisierung von politischer Steuerung zurückgegriffen, die stärker auf planerisch-konzeptionelle Aspekte abzielt und mit der Forschungsfrage vereinbar ist: In Anlehnung an Renate Mayntz wird politische Steuerung als *intentionale, konzeptionell orientierte Initiativen der Regierungsakteure zur Gestaltung der gesellschaftlichen Umwelt* definiert. Kompatibel dazu ist die Konzeption von politischer Strategie, die nach einer geringfügigen Erweiterung der Definition von Raschke und Tils als *situations- und politikfeldübergreifende, erfolgsorientierte, dynamische Zweck-Ziel-Mittel-Umwelt-Kalkulationen* gefasst werden kann.

Auch wenn in der Steuerungsliteratur stets auf den Dreischritt Planung-Steuerung-Governance verwiesen wird, kann also im Hinblick auf strategische Planung zusätzlich von einem *Dreischritt Planung-Steuerung-Strategie* gesprochen werden. Bis zu einem gewissen Grad ist dieser Dreischritt klassisch chronologisch zu rechtfertigen: Planungsfragen wurden bereits seit den späten 1960er Jahren zunächst von der Planungs-, später von der Steuerungsforschung breit diskutiert. Strategische Überlegungen kamen in der Steuerungsdebatte zwar implizit vor, eine ausdifferenzierte Konzeptualisierung leistete aber erst die Strategieanalyse in den vergangenen Jahren. Darüber hinaus kann der Dreischritt auch dialektisch mit den zahlreichen Verknüpfungen zwischen diesen drei Konzeptionen begründet werden. Dass die Steuerungsforschung auf die Planungsforschung reagierte und sich daraus entwickelt hat, ist oben bereits beschrieben worden. Was noch expliziter herausgestellt werden soll, ist der Konnex zwischen Strategie und Steuerung beziehungsweise Strategie und Planung:

- *Konnex zwischen Strategie und Steuerung:* Die Anschlussfähigkeit zwischen der Steuerungs- und der Strategieforschung wird bereits durch einen Blick auf das Erkenntnisinteresse deutlich. Während die Steuerungsforschung nach der Steuerungsfähigkeit politischer Akteure und der Steuerbarkeit politischer Prozesse fragt, konzentriert sich die Strategieanalyse entsprechend auf Fragen der Strategiefähigkeit und der strategischen Steuerbarkeit. Der konkrete Unterschied zwischen Steuerung und strategischer Steuerung ist im Wesentlichen auf drei Schlagwörter zu bringen: *Macht, Interaktion und Zeit.* So hebt das Strategische die Notwendigkeit hervor, die aktuelle Machtkonstellation, die Erwartungen der Öffentlichkeit sowie die eigene Leistungsfähigkeit bei der Auswahl zwischen verschiedenen Handlungsoptionen in den Fokus zu nehmen. Neben der stärkeren Betonung der Machtkalküle, der Suche nach Erfolgspotenzialen und dem Zusammendenken von Politics- und Policy-Rationalitäten zeichnet sich strategische Steuerung durch konsequente Rückkopplungsschleifen mit der Umwelt aus. Dafür sind eine kontinuierliche Lernbereitschaft sowie Kontroll- und Anpassungsmaßnahmen nötig. Der konsequente Zukunftsbezug ist ein weiteres eindeutiges Charakteristikum des Strategischen. So geht es darum, frühzeitig Einfluss auf gesellschaftspolitische Herausforderungen zu nehmen und die Zeitachse des politischen Handelns weiter in die Zukunft zu legen. So gesehen spezifiziert die Strategieperspektive die Steuerungsperspektive.

- *Konnex zwischen Strategie und Planung:* Kontrastiert man Steuerung und Strategie in der Weise, wird aber auch die Anschlussfähigkeit der Strategieanalyse zu älteren Planungskonzeptionen deutlich. In einem gewissen Sinne kann man die Strategieanalyse als eine Weiterentwicklung von älteren Planungskonzeptionen betrachten. Dann nämlich, wenn das Streben nach einem höheren Rationalitätsgrad politischer Prozesse und das Ideal von situations- und politikfeldübergreifend denkenden und handelnden politischen Akteuren zugrunde gelegt wird. Ähnlich wie bei Planungskonzeptionen geht es auch in der Strategieanalyse um intentionales, rationales und proaktives Handeln sowie um ein auf Längerfristigkeit ausgerichtetes Politikverständnis. Emanzipiert hat sich die Strategieanalyse allerdings von älteren Planungskonzeptionen insofern, als dass sie sich von der naiven Vorstellung einer umfassenden Plan- und Beherrschbarkeit gesellschaftspolitischer Prozesse gelöst hat. Im Strategieparadigma zeichnet sich ein politischer Akteur dadurch aus, dass er unter sich permanent verändernden Umweltbedingungen bereit und fähig ist, ‚nachzujustieren' und kurzfristig Kurskorrekturen vorzunehmen.

In dieser Logik gedacht, bildet die Strategieperspektive letztlich eine *Synthese* aus älteren Planungs- und jüngeren Steuerungskonzeptionen. Erstere gelten aufgrund der negativen Erfahrungen in der politischen Praxis zumindest bei systemischer Ausrichtung politikwissenschaftlich als weitgehend diskreditiert. Letztere haben sich – indem sie sich insbesondere in den vergangenen Jahren vermehrt theoretisch-abstrakten Governance-Fragestellungen zugewandt haben – allzu weit von einer proaktiven Akteurperspektive entfernt und sich bisweilen in eine

Art akademischen Meta-Diskurs erschöpft. Die aufklaffende Lücke hat die Strategieanalyse besetzt, indem sie auf einige planerische Elemente zurückgreift, diese in die heutige Zeit ,übersetzt' und dergestalt ergänzt, dass sie mit den Eigengesetzlichkeiten moderner Politikprozesse kompatibel sind. Überspitzt formuliert bildet die Strategieanalyse eine von der Steuerungsforschung wesentlich inspirierte Fortentwicklung planerischer Konzeptionen.

In ihrer anwendungsorientierten Ausprägung werden steuerungstheoretische Konzeptionen im Wesentlichen im Rahmen der Policy-Forschung diskutiert, die eine wichtige Teildisziplin der (praktischen) Politikwissenschaft darstellt. Fragt man hingegen nach der politikwissenschaftlichen Einbettung der politischen Strategieanalyse, der als Untersuchungsperspektive im Rahmen dieser Analyse weitreichendes analytisches Potenzial zugesprochen wird, so muss festgestellt werden, dass eine Verortung noch weitgehend offen geblieben ist. Dieses Grundproblem einer fehlenden ,Beheimatung' der neueren Strategieforschung hat zur Folge, dass strategieanalytische Erkenntnisse in anderen politikwissenschaftlichen Disziplinen höchstens punktuell aufgegriffen werden. Um diese Verortungs- und Rezeptionslücke zu schließen, wird sich in dieser Untersuchung dafür ausgesprochen, die neuere Strategieforschung als Teil der anwendungsorientierten Policy-Forschung zu rezipieren. Anknüpfungspunkte sind gerade aufgrund der oben beschriebenen Anschlussfähigkeit der Strategieanalyse zu steuerungstheoretischen Ansätzen ausreichend vorhanden. Dabei wird argumentiert, dass ein theoretischer Brückenschlag neben den zahlreichen theoretischen Berührungspunkten angemessen und insbesondere aufgrund der reziproken Lernpotenziale zweckmäßig erscheint. Auf der einen Seite lässt sich Strategie nicht ohne Inhalte denken: Um auch tatsächlich einen praktischen Nutzen für die Politik zu generieren, sollte daher im Rahmen der Strategieanalyse auf die Befunde der Policy-Forschung zurückgegriffen werden. Auf der anderen Seite kann die Strategieperspektive die Policy-Forschung bereichern, indem sie in ihrer zukunftsgerichteten Prozess- und Machtorientierung weitere wertvolle Hinweise auf praktische Fragen politischen Handelns liefert. Letztlich wurde durch die Subsumierungsthese zusammen mit der Neubegründungsthese für eine größere Wertschätzung und breitere Berücksichtigung der Strategieforschung in der Politikwissenschaft geworben.

Mit der Aufarbeitung des Forschungsstandes zur strategischen Planung ist bereits die theoretische Perspektive grob umrissen, die dieser Analyse zugrunde liegt: Die Möglichkeiten von Politikgestaltung werden grundsätzlich bejaht und aus Sicht politisch-administrativer Akteure in den Blick genommen. Letztlich wird von einer Vielzahl zweck- und zielgerichtet sowie bisweilen strategisch handelnder staatlicher Akteure ausgegangen, die innerhalb eines bestimmten Settings Handlungskorridore zur Politikgestaltung zu nutzen versuchen. Für diese groben theoretischen Eckpunkte wird nun im Sinne des Erkenntnisinteresses dieser Untersuchung ein konkretes Modell benötigt, welches den einzelnen politischen Akteur mit seinen vom strukturell-institutionellen Kontext bestimmten Handlungsressourcen und Handlungsorientierungen in den Mittelpunkt rückt. Der akteurzentrierte Institutionalismus von Fritz W. Scharpf und Renate Mayntz ist dafür prädestiniert. Das Modell, das zur Strategieanalyse hochgradig kompatibel ist, hat einige wesentliche Erkenntnisse der neueren Steuerungsforschung aufgegriffen und zu einem elaborierten analytischen Modell verdichtet.

3 Der akteurzentrierte Institutionalismus als theoretisches Paradigma und Forschungsheuristik

Die theoretische Einbettung des Untersuchungsgegenstandes in die Steuerungs- und Strategieforschung bildet eine wichtige Grundlage und den ersten Schritt zur Operationalisierung[23] der Forschungsfrage. Da ohne begriffliche Differenzierungen keine empirischen Aussagen möglich sind, lag der Schwerpunkt im vergangenen Kapitel 2 auf der theoretischen Fundierung wesentlicher Grundbegriffe, die für die empirische Analyse von Bedeutung sind. So wurden zur ersten Annäherung an das Handlungsfeld „Strategische Regierungsplanung" aus dem politikwissenschaftlichen Forschungsstand ein Steuerungs- und Strategiebegriff sowie weitere Grundbegriffe extrahiert, die theoretisch relevante Differenzen markieren: Planung vs. Steuerung, Strategie vs. Planung, Steuerung vs. strategische Steuerung, strategische Entscheider vs. strategische Berater, strategischer Apparat vs. strategisches Zentrum, Policy- vs. Politics-Rationalität, ressortpolitische vs. ressortübergreifende Planungs- und Steuerungsperspektive. Offen geblieben ist jedoch die Frage, wie die empirischen Daten auf Grundlage theoretischer Überlegungen zu erheben und auszuwerten sind. Ziel des Kapitels 3 ist es daher, eine Antwort auf die Frage nach dem theoretischen Paradigma und der Forschungsheuristik zu geben, die als Filter zur Reduzierung der vorgefundenen Komplexität fungieren. Dadurch können dann relevante Aspekte des Forschungsgegenstandes systematisch identifiziert werden, was sowohl bei der ersten Annäherung an das Forschungsfeld als auch bei der konkreten Auswertung der Daten von Bedeutung ist. Als analytische Perspektive und Orientierungsraster wird dieser Untersuchung der akteurzentrierte Institutionalismus zugrunde gelegt.

Ausgangspunkt des akteurzentrierten Institutionalismus, der Mitte der 1990er Jahre von Fritz W. Scharpf und Renate Mayntz am Kölner Max-Planck-Institut für Gesellschaftsforschung entwickelt wurde, ist die Beobachtung, dass „die Analyse von Strukturen ohne Bezug auf Akteure [...] genauso defizitär [bleibt] wie die Analyse von Akteurhandeln ohne Bezug auf Strukturen"

---

[23] Mit Operationalisierung ist hier nicht ein ‚Messbarmachen' von vorab festgelegten Variablen gemeint, das sich an den quantitativen Qualitätskriterien Objektivität, Validität und Reliabilität orientiert. Stattdessen geht es um die Entwicklung einer Heuristik im qualitativen Sinne, die den Forschungsprozess zwar strukturiert und anleitet, die Ergebnisse dabei aber nicht determiniert (siehe dazu ausführlich Kapitel 4).

(Mayntz/Scharpf 1995: 46). Durch die Verknüpfung von handlungstheoretischen und strukturalistischen Ansätzen zugunsten einer Doppelperspektive auf Akteure *und* Institutionen soll die in der Politikwissenschaft vorherrschende analytische „Agent-Structure"-Dichotomie aufgehoben werden. Stark vereinfacht lässt sich diese Dichotomie zwischen Akteur und Struktur als ein Dualismus zwischen Mikro- und Makro-Perspektive erfassen: Auf der einen Seite des Kontinuums gibt es eine Vielzahl handlungstheoretischer Ansätze, die die einzelnen individuellen, kollektiven oder korporativen Akteure ins Zentrum der Betrachtung rücken. Dazu gehören beispielsweise die Steuerungs- und Strategieforschung sowie die mit beiden eng verbundene anwendungsorientierte Policy-Forschung (vgl. Kapitelabschnitt 2.3.5). Möglichkeiten von Politikgestaltung werden hier grundsätzlich bejaht und aus Sicht handelnder Akteure in den Blick genommen. Auf der anderen Seite des Kontinuums gibt es strukturalistische Ansätze, die für die Erklärung politischer Prozesse hauptsächlich strukturelle und systemische Faktoren heranziehen. Darunter sind neben der stark makrosoziologischen Systemtheorie als Extremposition auch klassische institutionalistische sowie neuere Governance-Ansätze zu subsumieren (vgl. Kapitelabschnitte 2.2.2 und 2.2.4). Dem einzelnen Akteur werden hier nur äußerst begrenzte Einflussmöglichkeiten zugesprochen. Indem der akteurzentrierte Institutionalismus Perspektiven beider Ansätze unter einem neuen handlungstheoretischen Dach integriert, stellt er eine „Paradigmenfusion" (Scharpf 2000: 74) und damit einen eklektischen Ansatz dar. Für die Verknüpfung von handlungstheoretischen und strukturalistischen Ansätzen wurden einige neuere Erkenntnisse der Steuerungsdebatte zusammen mit verschiedenen neo-institutionalistischen Grundannahmen zu einem eigenen Modell verbunden. Der akteurzentrierte Institutionalismus ist also nicht als eine „gegenstandsbezogene inhaltliche Theorie" (Scharpf 2000: 39) misszuverstehen, die auf kausale Aussagen im positivistischen Wenn-dann-Sinne abzielt (vgl. Schubert/Bandelow 2003: 10). Indem er zweckorientierte Um-zu-Fragen in den Vordergrund rückt, liegt ihm stattdessen ein pragmatisches Wissenschaftsverständnis zugrunde, das auf die Genese von Orientierungswissen für die praktische Politik abzielt.

Zunächst wird im Folgenden der institutionelle Kontext vorgestellt, der im akteurzentrierten Institutionalismus die maßgebliche Determinante für jegliches Akteurhandeln darstellt (Kapitelabschnitt 3.1). Hier werden insbesondere Schnittmengen und Abgrenzungen zu rein institutionalistischen Ansätzen herausgearbeitet. Im Anschluss daran wird auf akteurspezifische Handlungsorientierungen eingegangen, die im Modell verschiedene Dimensionen umfassen und zusammen mit akteurspezifischen Handlungsressourcen als handlungsrelevante Bedingungen konzeptualisiert werden (Kapitelabschnitt 3.2). Nachdem die Grundzüge des Modells diskutiert wurden, wird der Frage nachgegangen, wie die akteurspezifischen Handlungsorientierungen und -ressourcen im Kontext dieser Untersuchung operationalisiert werden können (Kapitelabschnitt 3.3). Ziel ist es, aus dem akteurzentrierten Institutionalismus heraus Analysefokusse und handlungsrelevante Bedingungen zu entwickeln, die auf die Planungseinheiten in Regierungszentralen spezifiziert sind. Mit ihrer Hilfe sollen in einem weiteren Schritt konkrete Themenkomplexe, handlungsrelevante Faktoren und Leitfragen abgeleitet werden. Abschließend wird der mit Hilfe des akteurzentrierten Institutionalismus abgesteckte theoretische Rahmen der Untersuchung noch einmal eingehend einer kritischen Reflexion unterzogen (Kapitelabschnitt 3.4).

3.1 Der institutionelle Kontext als maßgebliche handlungstheoretische Determinante

Aufbauend auf dem neo-institutionalistischen Paradigma werden im akteurzentrierten Institutionalismus Ergebnisse von Politikprozessen als Produkt von Interaktionen zwischen einer Vielzahl von Akteuren innerhalb eines bestimmten institutionellen Settings verstanden. In der konkreten Analyse wird daher bei den *handlungsrelevanten Bedingungen* empirisch identifizierbarer Akteure[24] angesetzt, die dem Modell zufolge maßgeblich vom institutionellen Kontext bestimmt werden. Der institutionelle Kontext kann dabei als Sammelbegriff für die wichtigsten strukturellen Einflüsse angesehen werden, die als formelle und informelle Regelsysteme auf die Akteure einwirken (vgl. Scharpf 2000: 77). Beispiele dafür sind die in der Verfassung, in Gesetzen und Verordnungen festgelegten Verfahren, aber auch nicht-schriftlich fixierte soziale Normen und Umgangsformen. Letztlich konstituiert der institutionelle Kontext das Verhalten der kollektiven Akteure, indem er ihnen einerseits materielle, personelle und rechtliche *Handlungsressourcen* zur Verfügung stellt und andererseits deren kognitiven, motivationalen und relationalen *Handlungsorientierungen* strukturiert. So stehen politische Akteure in einem vom institutionellen Kontext definierten Verhältnis zueinander, das in konkreten Handlungssituationen normierte Abläufe garantiert. Dadurch wird eine gewisse wechselseitige Erwartungssicherheit geschaffen, die „soziales Handeln über die Grenzen persönlicher Beziehungen hinaus überhaupt erst möglich" macht (Mayntz/Scharpf 1995: 47).

Anders jedoch als viele institutionalistische Ansätze, die das Handeln der Akteure allzu „krypto-deterministisch" (Mayntz/Scharpf 1995: 44) fassen und

---

[24] Denkbar sind hier individuelle Akteure („der Ministerpräsident") und kollektive Akteure („die Regierungszentrale"). Im Rahmen dieser Untersuchung geht es jedoch ausschließlich um kollektive Akteure. Konkret stehen die Planungseinheiten im Vordergrund, die als ein kollektiver Akteur innerhalb der Regierungszentrale modelliert werden (siehe dazu Kapitelabschnitt 3.3.1).

Handlungsspielräume weitgehend negieren, stellen Institutionen im akteurzentrierten Institutionalismus zwar die maßgebliche, keinesfalls aber die einzige handlungstheoretische Determinante dar. Dies fußt auf der Grundannahme, dass Institutionen zwar legitimes Handeln in Routinen und Standardprozeduren konstituieren, institutionelle Prägungen jedoch nicht allumfassend sein können. Keine Institution verfügt über vorab festgelegte Regelungen und Mechanismen für alle Handlungssituationen, sodass auch faktische Spielräume für informelle, nichtinstitutionelle Interaktionsformen bestehen (vgl. Mayntz/Scharpf 1995: 48 ff.). Zudem werden im Modell „Institutionen nicht einfach als Ergebnis evolutionärer Entwicklung interpretiert und als gegeben genommen, sondern [...] können ihrerseits absichtsvoll gestaltet und durch das Handeln angebbarer Akteure verändert werden" (Mayntz/Scharpf 1995: 45). So beeinflussen Institutionen einerseits das Verhalten der politischen Akteure, indem sie Handlungsoptionen und Handlungsrestriktionen schaffen. Andererseits wird dem Modell zufolge denselben Akteuren auch ein gewisser Spielraum zugestanden, den institutionellen Kontext bis zu einem gewissen Grad zu verändern (vgl. Mayntz/Scharpf 1995: 43). Die Wahl zwischen verschiedenen Handlungsalternativen ist also größtenteils, aber nicht ausschließlich vom institutionellen Kontext geprägt. Damit stehen institutionalistische und handlungstheoretische Ansätze weniger in einem Konkurrenz- als vielmehr in einem Komplementaritätsverhältnis zueinander. Letztlich kann der institutionelle Kontext damit sowohl als abhängige als auch als unabhängige Variable herangezogen werden. Abbildung 5 fasst den Zusammenhang zwischen institutionellem Kontext und den Ergebnissen von Politikprozessen noch einmal modellhaft zusammen.

Abbildung 5:   Das Modell des akteurzentrierten Institutionalismus

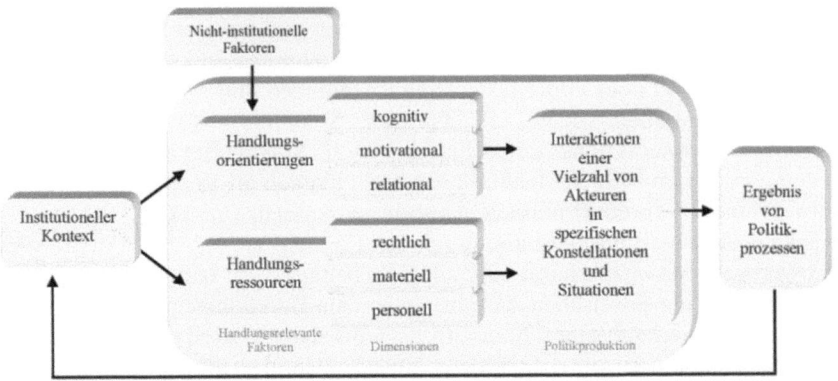

Quelle: Eigene Darstellung, in Anlehnung an Scharpf (2000: 85) und Mayntz/Scharpf (1995)

3.2 Mehrdimensionalität von akteurspezifischen Ressourcen und Orientierungen

Im akteurzentrierten Institutionalismus setzen sich die handlungsrelevanten Bedingungen aus dem Zusammenspiel von Handlungsressourcen und -orientie-
rungen zusammen, die sich ihrerseits wiederum in verschiedene Dimensionen
teilen lassen. Während sich die rechtlichen, materiellen und personellen Handlungsressourcen (zum Beispiel Kompetenzen, Budget, Personalstock) relativ
leicht in einem quasi-objektiven Sinne erheben lassen, ist die Bestimmung der
Handlungsorientierungen kollektiver Akteure empirisch sehr viel anspruchsvol-
ler. Im Hinblick auf die Handlungsorientierungen basiert der akteurzentrierte Institutionalismus auf der im Rational Choice-Ansatz modellierten Grundannahme
des methodologischen Individualismus. Danach sind in politischen Prozessen
letztlich keine Institutionen, sondern nur Individuen zu intentionalem Handeln in
der Lage (vgl. Scharpf 2000: 35). Da individuelle Akteure durch die vorhandenen Organisationsstrukturen eine nicht unerhebliche institutionelle Vorprägung
erfahren haben und „im Rahmen sozialer und organisatorischer Rollen mit klar
definierten Verantwortlichkeiten und Kompetenzen sowie zugewiesenen Ressourcen" interagieren (Scharpf 2000: 51), können institutionelle Faktoren im

akteurzentrierten Institutionalismus über die Individuen erfasst werden.[25] Anders ausgedrückt: Beim akteurzentrierten Institutionalismus werden individuelle Akteure in Organisationen als Repräsentanten ihrer Einheiten angesehen und deren Sichtweisen und Rationalitäten als Handlungsorientierungen des kollektiven Akteurs modelliert. Letztlich geht dieser auf akteurspezifische Handlungsorientierungen gelegte Fokus auf die konstruktivistische Grundannahme zurück, dass Menschen nicht auf Basis einer objektiven, sondern einer wahrgenommenen Realität und auf Grundlage von sozial konstruierten Interessen, Überzeugungen und Präferenzen handeln. Dem Modell zufolge können diese als stabil angesehen werden, sodass sie einer empirischen Analyse trotz ihres subjektiven Charakters grundsätzlich zugänglich sind (vgl. Scharpf 2000: 48). Durch die Betonung sozial konstruierter und institutionell geprägter Wahrnehmungen weicht der akteurzentrierte Institutionalismus vom klassischen Rational Choice-Ansatz ab, der von rein eigennutzmaximierenden, individuellen Präferenzen der handelnden Akteure ausgeht. Laut Helmut Wiesenthal unterliegt die Theorie des rationalen Handelns „immer noch einem fatalen Vereinfachungssog, in welchem Handlungen wie Handelnde axiomatisch atomisiert und in eine sozialstrukturell evakuierte Laborsituation projiziert werden" (Wiesenthal 1990: 9). Durch eine absolute Rationalitätsunterstellung können institutionelle Prägungen sowie handlungsrelevante Orientierungen und Kalkulationen also nicht adäquat konzeptionell erfasst werden. Die Annahmen von ausschließlich individuell-eigennutzmaximierenden Präferenzen der handelnden Akteure werden daher in der Grundform des akteurzentrierten Institutionalismus als übersimplifiziert abgelehnt (vgl. Scharpf 2000: 42).[26]

Um dem komplexen Zusammenspiel unterschiedlicher Rationalitäten gerecht zu werden, sind die akteurspezifischen Handlungsorientierungen in drei sich wechselseitig bedingenden *Dimensionen* ausdifferenziert (vgl. Schimank 1996: 170 f.; Scharpf 2000: 111; Mayntz/Scharpf 1995: 53 ff.): kognitiv, motivational und relational. *Kognitive Orientierungen* beziehen sich auf Erwartungen

---

[25] Auf individuelle Faktoren im engeren Sinne (z.B. persönliche Animositäten zwischen zwei Akteuren) wird im Modell daher nur zurückgegriffen, „wenn es empirisch notwendig ist" (Scharpf 2000: 35) und sich keine institutionellen Faktoren zur Erklärung eines sozialen Phänomens anbieten.

[26] Im Kontext dieser Arbeit steht die Grundform des Modells im Vordergrund. In weitergehenden Modellierungen des akteurzentrierten Institutionalismus stützt sich Scharpf (z.B. 2000) bisweilen stärker auf spieltheoretische Ansätze. Zur Komplexitätsreduzierung geht er dabei von individuell eigennutzmaximierenden Akteuren mit einer perfekten Informationsverarbeitung aus. So sollen mit Hilfe einer begrenzten Anzahl von Standardkonstellationen das Akteurverhalten bestimmt und Aussagen über die potenziellen Ergebnisse von Verhandlungs- und Entscheidungsprozessen zwischen kollektiven Akteuren generiert werden. Da neben grundsätzlichen theoretisch-methodischen Bedenken in dieser Arbeit keinerlei Verhandlungs- oder Entscheidungssituation logisch widerspruchsfrei mit Hilfe von spieltheoretischen Ansätzen rekonstruiert werden soll, wird im Rahmen dieser Untersuchung ausschließlich auf die Grundzüge des Modells Bezug genommen.

an beziehungsweise Wahrnehmungen und Deutungen von Handlungssituationen, Handlungsoptionen und -interaktionen. Hintergrund ist die Annahme einer durch den institutionellen Kontext geprägten einheitlichen Weltsicht. *Motivationale Orientierungen* betreffen hingegen generelle Antriebsfaktoren der Akteure sowie die akteurspezifischen Kriterien bei der Auswahl verschiedener Handlungsalternativen. Hier stehen stabile Akteurpräferenzen im Vordergrund, die sich mit Eigeninteressen, Normen und Identitäten konzeptionell weiter in drei verschiedene Komponenten aufteilen lassen:

- *Eigeninteressen* beziehen sich auf die Präferenzen der kollektiven Akteure hinsichtlich Profilierung, Autonomie sowie Akkumulation von Handlungsressourcen. Da die institutionellen Eigeninteressen für den Forscher relativ leicht zugänglich sind, können sie dem Modell nach in einem quasiobjektiven Sinne erfasst werden (vgl. Mayntz/Scharpf 1995: 54).
- *Normen* hingegen betreffen institutionelle Verhaltensgebote, deren Befolgung meist auf geteilte normative Rollenerwartungen im Hinblick auf angemessenes Verhalten und somit auf eine eigenständige „Logic of Appropriateness" (March/Olsen 1989) zurückgeführt werden kann (vgl. Mayntz/ Scharpf 1995: 45). Dabei werden sie im Modell in zeitlicher und räumlicher Sicht als variabel, aber innerhalb eines bestimmten Bereichs als recht stabil angesehen (vgl. Scharpf 2000: 42).
- *Identitätsbezogene Präferenzen* beziehen sich schließlich auf bestimmte selektierte Aspekte institutioneller Eigeninteressen und Normen. Daraus können sich dann beispielsweise eine Organisationskultur oder eine „corporate identity" bilden, die in konkreten Situationen handlungsleitend sein können (vgl. Mayntz/Scharpf 1995: 57).

Neben kognitiven und motivationalen Orientierungen stellen auch *relationale Orientierungen* eine eigene Bestimmungsgröße von Akteurhandeln dar. Dies folgt der Annahme, dass die Bearbeitung von Problemen fast nie nur Sache eines einzelnen Akteurs, sondern „Gegenstand von Interaktionen in einer Konstellation mehrerer Akteure mit interdependenten Handlungsoptionen" (Mayntz/Scharpf 1995: 59) darstellt (vgl. Abbildung 5). Dazu kommen akteurspezifische Fähigkeiten, Bewertungen und Präferenzen in Bezug auf die möglichen Ergebnisse (vgl. Scharpf 2000: 123 ff.). Um empirische Aussagen treffen zu können, werden die Akteure also dem Modell zufolge nicht isoliert, sondern in ihren Beziehungsinterpretationen und konkreten Austauschbeziehungen mit anderen relevanten Akteuren betrachtet (vgl. Scharpf 2000: 148 ff.; Mayntz/Scharpf 1995: 57; Schimank 1996: 170 f.). Das *Beziehungsmuster* der relevanten Akteure bewegt sich dem Modell nach zwischen feindselig (Verluste der anderen als eigene Gewinne), kooperativ (Streben nach gemeinsamen Gewinnen), kompetitiv (Differenz zwischen eigenen und fremden Gewinnen) und eigennutzmaximiert (Fokus einzig auf eigenem Gewinn). Letztlich werden hier potenzielle Konfliktlinien beziehungsweise Umgangsformen mit diesen Konfliktlinien erfasst. Als *Interaktionformen* kommen dabei nach Scharpf beispielsweise einseitiges Handeln, hierarchische Steuerung, Verhandlung und Abstimmung in Betracht (vgl. Scharpf 2000: 128 ff.). Bei den Interaktionsformen werden dem Modell nach auch informelle Austauschbeziehungen wie faktische Abhängigkeiten, Interessenlage und Erfahrungen gegenseitiger Verlässlichkeit (vgl. Mayntz/Scharpf 1995: 63) erfasst. Damit ist der kollektive Akteur mit einer Vielzahl von koexistierenden Handlungsorientierungen konzeptualisiert, die jeweils zu unterschiedlichem Handeln führen können (vgl. Mayntz/Scharpf 1995: 57). Welche Orientierungen in einer spezifischen Situation konkret handlungsrelevant werden, hängt – neben situationsspezifischen Faktoren – insbesondere von der Gewichtung der einzelnen Orientierungen ab, die es empirisch zu bestimmen gilt. Abbildung 6 fasst die verschiedenen handlungsrelevanten Orientierungen zusammen, die neben den Handlungsressourcen eine Schlüsselrolle im Modell des akteurzentrierten Institutionalismus einnehmen.

Abbildung 6:   Drei Dimensionen von Handlungsorientierungen

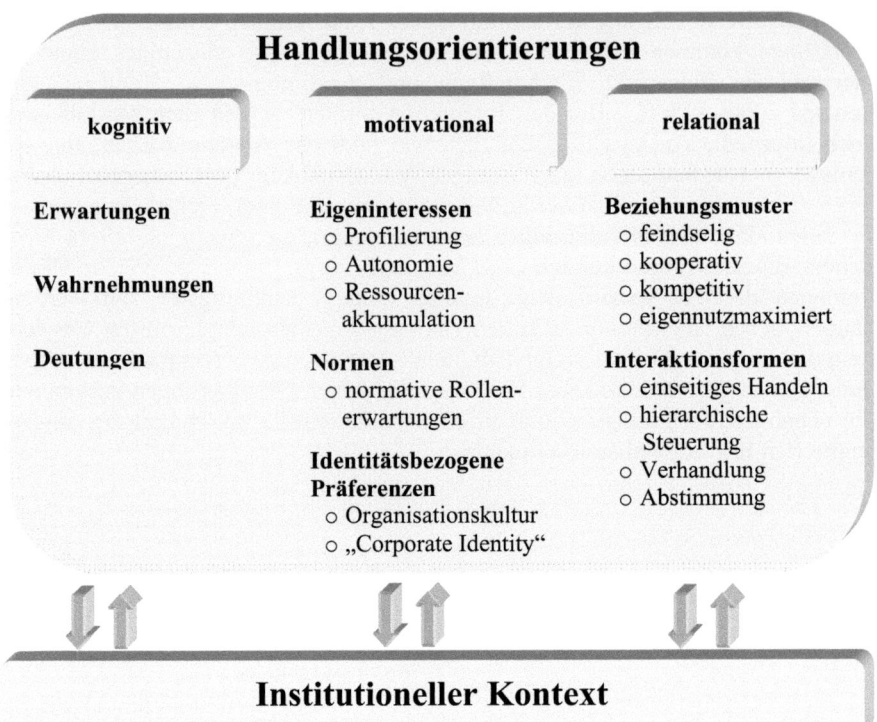

Quelle: Eigene Darstellung

3.3 Operationalisierung der Forschungsfrage

Vor der Operationalisierung ist es sinnvoll, sich zunächst noch einmal Forschungsgegenstand, Forschungsobjekt und -subjekt sowie die konkrete Fragestellung dieser Untersuchung zu vergegenwärtigen: Forschungsgegenstand ist die strategische Planung und Beratung in den Regierungszentralen deutscher Bundesländer. Die Planungseinheiten der Staats- und Senatskanzleien stellen dabei die Forschungsobjekte und deren jeweilige Leiter entsprechend die Forschungssubjekte dar. Forschungsleitend ist die Frage, wie die Planungseinheiten als strategische Berater der Ministerpräsidenten das Spannungsfeld zwischen Tagesgeschäft und Langfristorientierung austarieren. Diese Forschungsfrage soll durch die Analyse handlungsrelevanter Faktoren der Planungsakteure beantwortet werden, die es anhand eines theoretischen Grundrasters vorab festzulegen gilt.

Wie im vergangenen Abschnitt dargelegt, werden im akteurzentrierten Institutionalismus die zur Verfügung stehenden Handlungsressourcen der Akteure sowie deren Handlungsorientierungen als handlungsrelevante Bedingungen gefasst. Damit bietet das Modell ein komplexitätsreduzierendes Grundgerüst sowie eine grobe Analyseperspektive mit Hinweisen auf relevante theoretische Aspekte und deren Beziehung zueinander. Eine feste Anzahl vorgeschriebener Analysefokusse gibt das Modell jedoch nicht vor. Daher muss das in den vergangenen Abschnitten vorgestellte analytische Grundgerüst auf den konkreten Untersuchungsgegenstand übertragen und ausgearbeitet werden. Um diesen Transfer soll es im Folgenden gehen. Dafür werden in einem ersten Operationalisierungsschritt zunächst einige paradigmatische Grundzüge des Modells auf den Forschungsgegenstand angewandt (Kapitelabschnitt 3.3.1). In einem zweiten Operationalisierungsschritt werden daraufhin mit Hilfe der drei grundlegenden Analyseebenen des akteurzentrierten Institutionalismus (Struktur, Akteur und Interaktion) fünf Analysefokusse und handlungsrelevante Bedingungen herausgearbeitet, die auf das Erkenntnisinteresse dieser Untersuchung spezifiziert sind (Kapitelabschnitt 3.3.2). Auf dieser Grundlage werden dann in einem dritten Operationalisierungsschritt entsprechend Themenkomplexe, handlungsrelevante Faktoren und Leitfragen abgeleitet, die das Spektrum an inhaltlichen Aspekten zur Beantwortung der Forschungsfrage umreißen (Kapitelabschnitt 3.3.3).

3.3.1 Analyseperspektive

Überträgt man in einem ersten Operationalisierungsschritt einige paradigmatische Grundzüge des Modells auf den Forschungsgegenstand, heißt das zunächst, dass eine Regierungszentrale keine homogene Einheit und keine ‚Black Box' darstellt. Stattdessen wird sie als heterogener und damit ‚komplexer' Akteur mit einer Vielzahl organisationsinterner, parallel agierender Akteure angesehen, deren Handeln größtenteils von institutionellen Normen und Regeln geprägt sind. Diese organisationellen Untereinheiten verfügen aufgrund des Arbeitsteilungsprinzips über spezifische Handlungsressourcen und situationsübergreifende Handlungsorientierungen, die als stabil angesehen werden können. Dies basiert auf der Annahme, dass es durch kontinuierliche Austauschprozesse innerhalb der Einheiten und in Abgrenzung zu anderen Einheiten zur Ausbildung und Stabilisierung eines relativ einheitlichen Referenzsystems kommt. Damit können die Planungseinheiten als kollektive Akteure konzeptualisiert werden. Um strategische Planungsarbeit innerhalb der Regierungszentrale analytisch fassen zu können, wird daher die entsprechende Planungseinheit als *ein* kollektiver Akteur innerhalb der Regierungsorganisation betrachtet. Zur weiteren Komplexitätsreduktion werden in dieser Untersuchung die Leiter der Planungseinheiten mit dem kollektiven Akteur gleichgesetzt. Dies lässt sich ebenfalls aus dem Modell ableiten: Die Planungsleiter verlieren dadurch ihren individuellen Charakter, dass sie als funktionaler Rollenträger in die Organisationsstruktur integriert sind und sowohl ihre Einheiten als auch generell eine planerische Perspektive auf Problemlagen und Lösungsansätze repräsentieren. Damit ist zunächst eine grundlegende theoretische Perspektive auf den Forschungsgegenstand skizziert, die einige der in den vergangenen Abschnitten vorgestellten Prämissen widerspiegelt.

3.3.2 Analyseebenen, Analysefokusse und handlungsrelevante Bedingungen

Auf dieser Basis lassen sich in einem zweiten Operationalisierungsschritt aus dem Modell drei grobe Analyseebenen herausarbeiten, die die wissenschaftliche Aufmerksamkeit auf bestimmte, theoretisch relevante Aspekte und deren Beziehungen zueinander lenken: Struktur, Akteur und Interaktion. Diese drei Analyseebenen gilt es nun, auf den Forschungsgegenstand anzuwenden:

- Auf *Strukturebene* geht es darum, die *systemischen Rahmenbedingungen* und *institutionellen Arrangements* zu bestimmen, die Einfluss auf das konkrete Handeln des kollektiven Akteurs ausüben. Im Kontext dieser Studie gehören dazu die übergreifenden makroskopischen Strukturbedingungen modernen Regierens einerseits sowie insbesondere die inter- und innerorganisationellen Bedingungen strategisch-planerischer Tätigkeiten andererseits. Letztere beziehen sich auf die Mesoebene und damit auf den institutionellen Handlungskontext im engeren Sinne. Im Vordergrund stehen dabei die rechtlichen, materiellen und personellen Handlungsressourcen der Planungsakteure, die wiederum Einfluss auf die Handlungsorientierungen ausüben. Damit können die *strukturell-systemischen* und die *organisationsstrukturellen Bedingungen* als erster und zweiter handlungsrelevanter Einflussfaktor gefasst werden.

- Auf *Akteursebene* stehen neben der alltäglichen Handlungspraxis insbesondere die Wahrnehmungen, Deutungen und Erwartungen (kognitive Handlungsorientierung) sowie die Eigeninteressen, Normen und identitätsbezogenen Präferenzen (motivationale Handlungsorientierung) kollektiver Akteure im Vordergrund. Im Rahmen dieser Arbeit sind dafür Fragen nach dem *Arbeitsprofil* und dem *Selbstverständnis* von Bedeutung. Damit können die *arbeitstechnischen* und *autopoietischen Bedingungen* als dritter und vierter handlungsrelevanter Einflussfaktor gefasst werden.

- Die *Interaktionsebene* bezieht sich schließlich auf *Austauschbeziehungen* und damit auf die relationale Dimension der im akteurzentrierten Institutionalismus herausgearbeiteten Handlungsorientierungen. Der inhaltliche Schwerpunkt dieses Analysefokus liegt auf den vorhandenen Akteurkonstellationen, den Beziehungsmustern sowie konkreten Interaktionsformen. Von Interesse sind im Rahmen dieser Untersuchung das Verhältnis von und der Austausch zwischen den Planungseinheiten und der Haussspitze beziehungsweise anderen Einheiten innerhalb der Regierung.[27] Neben spezifischen Konfliktlinien und Konfliktlösungsansätzen geht es hier auch um die generelle Organisationskultur innerhalb der Regierungszentralen. Einen fünften handlungsrelevanten Einflussfaktor stellen demnach die *interaktionalen Bedingungen* dar.

Damit sind aus dem akteurzentrierten Institutionalismus heraus fünf handlungsrelevante Einflussfaktoren bestimmt worden, die eine auf das Erkenntnisinteresse dieser Untersuchung zugeschnittene Kombination von planerisch-strategischen Handlungsressourcen und Handlungsorientierungen darstellen. Zwischen diesen herausgearbeiteten Analysefokussen beziehungsweise handlungsrelevanten Bedingungen, die für sich genommen einzelne Bausteine hinsichtlich eines differenzierten Verständnisses des Handlungsfeldes „Strategische Regierungsplanung" darstellen, gibt es zwangsweise starke Berührungspunkte und bisweilen Überschneidungen. Dies betrifft beispielsweise die Frage nach der Organisationsstruktur, die sich sowohl aus organisationsstrukturellen als auch aus interaktionalen Einflussfaktoren zusammensetzt. Besonders deutlich wird die starke Verflechtung bei institutionell-organisatorischen Fragen: Diese spielen beispielsweise nicht nur bei den organisationsstrukturellen, sondern auch bei den arbeitstechnischen, autopoietischen und interaktionalen Bedingungen eine wichtige Rolle.[28] Dennoch ist bei der Operationalisierung eine derartige Unterteilung sowohl zur ersten Identifizierung relevanter Aspekte als auch hinsichtlich der Entwicklung und Priorisierung von Auswertungskategorien von hohem analytischem Wert. Es hilft dabei, die vorab angestellten theoretischen Überlegungen

---

[27] Denkbar wäre auch ein Fokus auf die Austauschbeziehungen zu externen Experten und damit zum Verhältnis von interner und externer Beratung. Dies könnte der Untersuchungsgegenstand weiterer Forschungsarbeiten zum Thema „Strategisches Regieren" sein.

[28] Gerade der institutionelle Kontext bildet als maßgebliche handlungstheoretische Determinante letztlich die zentrale Bestimmungsgröße im Modell (vgl. Kapitelabschnitt 3.1) und wirkt in alle fünf handlungsrelevanten Faktoren hinein. Sinn und Zweck eines eigenen organisationsstrukturellen Faktors ist es, die übergreifenden institutionellen Eckwerte an einer spezifischen Stelle gebündelt darzulegen.

sowie die empirischen Ergebnisse zu strukturieren und relevante Zusammenhänge systematisch herauszuarbeiten. Abbildung 7 fasst die grundlegenden Analyseebenen sowie die auf die Untersuchung zugeschnittenen Analysefokusse und handlungsrelevanten Bedingungen noch einmal zusammen.

Abbildung 7:   Analyseebenen, Analysefokusse und handlungsrelevante
Bedingungen

Analyseebene	Analysefokus	Handlungsrelevante Bedingung
+ Struktur	+ systemische Rahmenbed. + instit. Arrangement	+ strukturell-systemisch + organisationsstrukturell
+ Akteur	+ Arbeitsprofil + Selbstverständnis	+ arbeitstechnisch + autopoietisch
+ Interaktion	+ Austauschbeziehungen	+ interaktional

Quelle: Eigene Darstellung

3.3.3   Themenkomplexe, handlungsrelevante Faktoren und Leitfragen

Auf Grundlage der im letzten Abschnitt herausgearbeiteten Analysefokusse und handlungsrelevanten Bedingungen können nun in einem dritten Operationalisierungsschritt konkrete Leitfragen abgeleitet werden. Zu diesem Zweck werden die Analysefokusse als Themenkomplexe und die handlungsrelevanten Bedingungen als handlungsrelevante Faktoren gefasst. Auf dieser Grundlage kann das analytische Gerüst mit konkreten thematischen Aspekten angereichert und im Sinne des Erkenntnisinteresses dieser Arbeit weiter inhaltlich ausgestaltet werden (siehe nachfolgende Tabelle 1):

I.   Im ersten Themenkomplex geht es um die *systemischen Rahmenbedingungen* und somit um *strukturell-systemische Faktoren*. Die entsprechende Leitfrage bezieht sich auf wichtige *Strukturmerkmale in der Regierungspolitik auf Länderebene*. Der Themenkomplex zielt letztlich auf allgemeine makroskopische Handlungskontexte im politischen System Deutschland, die die Handlungsspielräume von Regierungsakteuren wesentlich beeinflussen.

II. Der zweite Themenkomplex widmet sich dem *institutionellen Arrangement* in der Landesregierung. Damit stehen hier *organisationsstrukturelle Faktoren* im Vordergrund. Die beiden Leitfragen beziehen sich dabei auf die *generelle Rolle der Regierungszentrale im Gesamtgefüge der Landesregierung* sowie auf die *organisationelle Einbettung der Planungseinheiten innerhalb der Regierungszentrale*. Inhaltlich werden die angestrebte und die tatsächliche Rolle der Regierungszentrale im Zusammenspiel mit den Ministerien sowie Aufhängung, Zuschnitt und Ressourcenausstattung der Planungseinheit in den Blick genommen.

III. Im dritten Themenkomplex stehen das *Arbeitsprofil* der Planungseinheiten und damit *arbeitstechnische Faktoren* im Zentrum der Betrachtung. Die drei Leitfragen beziehen sich hier auf *die Personalpolitik*, auf *Arbeits- und Themenschwerpunkte* sowie auf *Arbeitsweisen und -prozesse*. Dabei geht es zum einen um die Rekrutierungsmodi, Berufsbiografien und Kompetenzen der Mitarbeiter. Zum anderen stehen Fragen nach Wunsch und Wirklichkeit im Hinblick auf aktuelle und typische Kernthemen und Aufgabenbereiche der strategischen Planung im Vordergrund. Die übergeordnete Leitfrage nach den konkreten Arbeitsabläufen reicht schließlich inhaltlich von der Frage nach den Impulsen für die eigene Arbeit über das Informationsmanagement der Planungseinheit bis hin zum Präsentationsformat und -setting der Arbeitsergebnisse.

IV. Der vierte Themenkomplex nimmt das *Selbstverständnis* der strategischen Planer in den Fokus und zielt damit auf *autopoietische Faktoren*. Entsprechend bezieht sich die Leitfrage auf die *Selbstwahrnehmung und -einschätzung* der Planungseinheiten. Hier geht es um das Verständnis der tatsächlichen und angestrebten Rolle und Funktion der Planungseinheiten innerhalb der Regierungszentrale, insbesondere in Abgrenzung zu anderen Einheiten. Auch wird hier nach einer Bewertung der eigenen Stärken und Schwächen sowie dem Nutzen und Mehrwert der eigenen Arbeit für das Regierungsgeschäft gefragt.

V. Im fünften Themenkomplex stehen die *Austauschbeziehungen* und damit *interaktionale Faktoren* im Vordergrund. Die Leitfragen drehen sich entsprechend um das *Verhältnis und den Austausch zwischen der Planungseinheit und anderen Einheiten beziehungsweise der Hausspitze*. Konkret geht es hier um die Qualität und Quantität des Kontakts sowie spezifische Konfliktlinien und -lösungsansätze. Eine weitere Leitfrage widmet sich explizit der schon in anderen Leifragen implizit berührten *Organisationskultur* in der Regierungszentrale. Die Frage nach der Organisationskultur bezieht sich auf organisationsinterne Interaktions- und Kommunikationsmuster. Sie umfasst den Umgang mit Hierarchie und die Rolle von Informalität und Dialog im alltäglichen Politikmanagement. Auch ist hier die grundlegende Frage, wie stark ein Bewusstsein und eine Bereitschaft für langfristiges und politikfeldübergreifendes Denken und Handeln in der Regierungszentrale verankert ist, von großem Interesse. Dieser Aspekt ist für die Beantwortung der Forschungsfrage besonders relevant.

Letztlich werden aus den fünf identifizierten Themenkomplexen beziehungsweise handlungsrelevanten Faktoren zehn Leitfragen gebildet, die sich in Auswahl und Ausdifferenzierung an den theoretischen Vorüberlegungen orientieren.[29] Die Leitfragen stellen gleichzeitig eine Heuristik dar, die im Forschungsprozess als Orientierungs- und Strukturierungshilfe bei der Suche nach relevanten Aspekten dient und die Lesart der empirischen Befunde wesentlich beeinflusst. In Tabelle 1 ist dieser dritte Operationalisierungsschritt noch einmal zusammengefasst.

---

[29] Die identifizierten Themenkomplexe und Leitfragen bilden auch die inhaltlich-thematische Grundlage für den Interviewleitfaden (vgl. Kapitelabschnitt 4.3.2 und Anhang).

Tabelle 1: Themenkomplexe, handlungsrelevante Faktoren und Leitfragen

	Themen-komplex	Handlungs-relevanter Faktor	Leitfrage(n)	
I.	Systemische Rahmenbedingungen	strukturell-systemisch	1.	Wichtige Strukturmerkmale in der Regierungspolitik auf Länderebene?
II.	Institutionelles Arrangement	organisations-strukturell	2.	Generelle Rolle der Regierungszentrale im Gesamtgefüge der Landesregierung?
			3.	Einbettung von Planungseinheiten im Gesamtgefüge der Regierungszentrale?
III.	Arbeitsprofil	arbeitstechnisch	4.	Personalpolitik?
			5.	Arbeits- und Themenschwerpunkte?
			6.	Arbeitsweisen und -prozesse?
IV.	Selbstverständnis	autopoietisch	7.	Selbstwahrnehmung und -einschätzung?
V.	Austauschbeziehungen	interaktional	8.	Verhältnis und Austausch zu anderen Einheiten?
			9.	Verhältnis und Austausch zur Hausspitze?
			10.	Organisationskultur?

Quelle: Eigene Darstellung

3.4 Zwischenfazit: Das theoretische Grundgerüst der empirischen Analyse

In der sozialwissenschaftlichen Forschung gibt es eine Vielzahl von Modellen, die die Handlungsorientierungen von und das Zusammenspiel zwischen kollektiven Akteuren in den Blick nehmen. Das Paradigma des akteurzentrierten Institutionalismus, das dieser Untersuchung zugrunde liegt, hat dabei gegenüber konkurrierenden theoretischen Ansätzen zwei wesentliche Vorteile: Zum einen wird konsequent die Akteurperspektive eingenommen, was besonders praxisnahe Forschungsergebnisse erwarten lässt. Zum anderen können institutionell bedingte Einflussfaktoren einerseits und akteurbedingte Einflussfaktoren andererseits auf elegante Weise modellhaft miteinander verknüpft werden. Ähnlich wie die Strategieanalyse geht der akteurzentrierte Institutionalismus davon aus, dass systemische und institutionelle Kontexte die politischen Gestaltungsmöglichkeiten zwar einerseits begrenzen, dass steuerungs- beziehungsweise strategiefähige Akteure aber andererseits innerhalb der bestehenden Strukturen vorhandene Spielräume geschickt nutzen und ihre Handlungen somit eine gewisse Wirkungsmächtigkeit entfalten können.[30] Dies ist die eigentliche Stärke des Modells: Dadurch, dass Handlungen und Interaktionen dieselbe Bedeutung beigemessen wird wie den „ermöglichenden, beschränkenden und prägenden Effekten gegebener (aber veränderbarer) institutioneller Strukturen und institutionalisierter Normen" (Scharpf 2000: 72), werden handlungstheoretische und strukturalistische Ansätze zusammengeführt, die eigentlich als unvereinbar gelten. Damit vermag der akteurzentrierte Institutionalismus wie kaum ein anderes Modell, die Mikro-, Meso- und Makroebene miteinander zu verbinden und auf mögliche Wechselwirkungen zwischen Akteur und Struktur hinzuweisen. Um in der Forschungspraxis der Gefahr zu entgehen, dass die Akteuranalyse durch die Integration institutionalistischer und handlungstheoretischer Perspektiven überkomplex wird, gilt beim akteurzentrierten Institutionalismus eine analytische Hierarchisierung als forschungspragmatische Grundregel: Zuerst wird auf institutioneller Ebene angesetzt, bevor weitere handlungsrelevante Faktoren in Erwägung gezo-

---

[30] Eine Verknüpfung beider Ansätze kann als problemlos angesehen werden, da die Strategieanalyse und der akteurzentrierte Institutionalismus in ihrer paradigmatischen Grundausrichtung viele Gemeinsamkeiten haben. Die Strategieanalyse geht jedoch in ihrer akteurzentrierten und interaktionistischen Ausrichtung insofern noch einen Schritt weiter, als dass sie noch expliziter die politische Handlungsperspektive eines gestaltungswilligen und erfolgsorientierten kollektiven Akteurs einnimmt und sich noch stärker auf seine konkreten strategischen Optionen fokussiert. So wird die Machtdimension politischen Handelns in der politischen Strategieanalyse konsequenter mitgedacht als beim akteurzentrierten Institutionalismus. Aus diesem Grund sind auch einige strategieanalytische Leitgedanken in die konkrete Ausgestaltung der wesentlich vom akteurzentrierten Institutionalismus geprägten Forschungsheuristik eingeflossen.

gen werden (vgl. Mayntz/Scharpf 1995: 63). Damit soll eine empirische Handhabbarkeit gewahrt bleiben.

In den vergangenen Abschnitten ist allerdings auch eines deutlich geworden: Der akteurzentrierte Institutionalismus zeichnet sich durch einen hohen Abstraktionsgrad aus, was nicht nur einen breiten empirischen Anwendungsbereich und eine hohe Reichweite des Modells bedingt, sondern zwingend mit einer niedrigen Spezifizität einhergeht. Präzise ausgearbeitete Indikatoren und eine feste Anzahl von zu operationalisierenden Variablen gibt das Modell nicht vor. So bietet es vielmehr ein analytisches Grundgerüst mit einem bestimmten Paradigma und wertvollen komplexitätsreduzierenden Prämissen, die jedoch auf den jeweiligen Untersuchungsgegenstand transferiert werden müssen. Konkret setzt der akteurzentrierte Institutionalismus bei den spezifischen Handlungsressourcen und -orientierungen einzelner am politischen Prozess beteiligter Akteure an, die es als handlungsrelevante Faktoren empirisch zu bestimmen und zu explizieren gilt. Auf die vorliegende Untersuchung übertragen heißt das: Statt die Regierungszentrale als ‚Black Box' zu betrachten, werden Problemwahrnehmung, Selbstverständnis sowie Interaktionsverhalten der einzelnen Untereinheiten in den Fokus genommen. Jede Untereinheit verfügt dabei dem Modell nach als kollektiver Akteur über bestimmte Spielräume, die vom institutionellen Kontext vorgegeben, aber nicht abschließend determiniert werden. Ziel der empirischen Analyse ist es also, die sich aus den handlungsrelevanten Faktoren der Planungseinheiten ergebenden Spielräume strategischer Planung zu erfassen. Zu diesem Zweck wurden in diesem Kapitel in verschiedenen Operationalisierungsschritten Analysefokusse und handlungsrelevante Bedingungen entwickelt und darauf aufbauend konkrete Themenkomplexe, handlungsrelevante Faktoren und Leitfragen abgeleitet.

4 Empirisches Forschungsdesign

Nachdem in Kapitel 1 einige grundsätzliche Beobachtungen zu den Rahmenbedingungen modernen Regierens vorgestellt, in Kapitel 2 verschiedene politikwissenschaftliche Planungs-, Steuerungs- und Strategiekonzeptionen diskutiert und in Kapitel 3 ein konkreter handlungstheoretischer Rahmen abgesteckt wurden, leitet dieses Methodenkapitel zum empirischen Teil der Arbeit über. Die methodische Positionierung und die Transparenz der im Forschungsprozess getroffenen Entscheidungen stellt ein wichtiges Gütekriterium in der empirischen Sozialforschung dar (vgl. Stier 1999: 17; Przyborski/Wohlrab-Sahr 2008: 20 ff.). Hintergrund ist, dass die Wahl von Fallgruppe, Leitfadenstruktur, Gesprächsführungsstil und Analyseverfahren großen Einfluss auf die Forschungsergebnisse haben kann. Um die nötige intersubjektive Nachvollziehbarkeit der empirischen Befunde zu gewährleisten, werden im folgenden Kapitel einige konkrete Ziele, Prämissen und Vorgehensweisen im Forschungsprozess dieser Untersuchung offen gelegt. Zunächst wird dabei dargelegt, warum ein qualitativer Ansatz zur Beantwortung der Forschungsfrage gewählt wurde und welche Implikationen damit verbunden sind (Kapitelabschnitt 4.1). Aus einigen erkenntnistheoretischen Grundannahmen qualitativer Forschung werden dabei konkrete Verfahrensprinzipien abgeleitet, deren Einhaltung letztlich die Güte der erzielten Ergebnisse determinieren. Darauf aufbauend wird das konkrete Sampling der Untersuchung beschrieben (Kapitelabschnitt 4.2), bevor die Entwicklung und der Aufbau des Leitfadens sowie die Art und Weise der konkreten Interviewdurchführung vorgestellt werden (Kapitelabschnitt 4.3). Im Anschluss daran wird ein Auswertungsansatz vorgestellt, der sowohl Elemente von inhaltsanalytischen als auch von hermeneutisch-rekonstruktiven Verfahren verbindet (Kapitelabschnitt 4.4). Zudem wird der konkrete Ablauf des Auswertungsprozesses von der Transkription über die Kategorisierung und Paraphrasierung bis hin zur Hypothesenbildung transparent gemacht. In einem letzten Schritt werden schließlich noch einmal einige wesentliche Eckpunkte des Forschungsdesigns zusammengefasst und kritisch reflektiert (Kapitelabschnitt 4.5).

4.1 Der Untersuchungsansatz

Bei der vorliegenden Untersuchung wurde ein qualitativer Ansatz gewählt. Innerhalb der empirischen Sozialforschung kann die qualitative Sozialforschung seit Mitte der 1980er Jahre als anerkannter Methodenzweig angesehen werden (vgl. Lamnek 2005: 28). Entgegen mancher Kritik von Vertretern standardisierter Forschungsmethoden sind qualitative Interviews methodisch äußerst voraussetzungsvoll: Als „hochkomplexe Kommunikationssituationen" (Helfferich 2005: 7) verlangen sie nicht nur eine intensive Auseinandersetzung mit grundlegenden erkenntnistheoretischen und methodischen Fragen zu Beginn der Untersuchung, sondern erfordern ein stetiges Nachdenken über das eigene Forschen im laufenden Prozess (vgl. Przyborski/Wohlrab-Sahr 2008: 17). Da zudem häufig erst im Feld relevante Informationen über den Forschungsgegenstand erworben werden können, entsteht eine gewisse Gleichzeitigkeit von Datenerhebung und Datenanalyse. Diese Gleichzeitigkeit macht die kontinuierliche Fortentwicklung des Untersuchungsansatzes im Sinne eines iterativen Prozesses von Revision und Adaption nötig.[31] Für den gesamten Forschungsprozess lässt sich sagen, dass empirische Beobachtungen immer im Wechselspiel von Theorie, Methode und Empirie erfolgen. Im Folgenden werden die Beweggründe für die Wahl eines qualitativen Zugangs beschrieben (Kapitelabschnitt 4.1.1), bevor die sich daraus ergebenen methodischen Implikationen in Form von Prämissen, Verfahrensprinzipien und Gütekriterien herausgearbeitet werden (Kapitelabschnitt 4.1.2).

4.1.1 Begründung des qualitativen Zugangs

Qualitative Sozialforschung vertritt ebenso wie ihr quantitatives Pendant den Anspruch, vorhandene Strukturen, Prozesse und soziale Handlungen in der realen Welt systematisch, methodisch kontrolliert und theoretisch reflektiert zu erfassen und zu deuten (vgl. Stegmaier 2006). Während jedoch quantitative Ansätze danach streben, mit Hilfe von standardisierten Erhebungsmethoden eine objektive Wirklichkeit abzubilden und zu *erklären*, versuchen qualitative Ansätze komplexe soziale Zusammenhänge durch Rekonstruktion subjektiver Deutungsmuster herauszuarbeiten und zu *verstehen*. Ausgehend von der Forschungsfrage dieser Arbeit wird ein qualitativer Zugang gewählt. Gegen einen quantitativen Zugang sprechen im Wesentlichen das Forschungsziel sowie das Erkennt-

---

[31] Adaptionsprozesse werden also im qualitativen Paradigma nicht nur als methodisch unproblematisch betrachtet, sondern sind sowohl bei der Datenerhebung (vgl. Flick 2002: 73) als auch bei der Datenauswertung (vgl. Mayring 2000: 11) explizit vorgesehen. Damit hat qualitative Forschung etwas stark Prozesshaftes, weshalb in der einschlägigen Methodenliteratur auch von einer „prozessualen Datenorganisation" gesprochen wird (vgl. Lamnek 2005: 37; Kleining 1995).

nisinteresse und der Anspruch dieser Untersuchung.[32] So sollen im Rahmen dieser Arbeit Hypothesen generiert (statt getestet) sowie die Perspektive der Planungsakteure in ihrer Kontextbezogenheit erfasst werden:

- Aus empirischen Vorarbeiten generierte und zu überprüfende Hypothesen über strategische Planung in deutschen Regierungszentralen sind nicht vorhanden. Daher müssen grundlegende Strukturen und Prozesse strategischer Planungsarbeit zunächst einmal *explorativ* erschlossen werden, um darauf aufbauend erste *Hypothesen zu generieren*. Dafür bietet sich eine systematische Akteuranalyse an, die die Perspektive der strategischen Planer einnimmt. Ein *akteurperspektivischer Ansatz* impliziert, dass sich der forschungsleitenden Fragestellung über die Rekonstruktion des subjektiven Akteurhorizonts angenähert wird.

- Während bei standardisierten Erhebungsmethoden Sinnzuschreibungen und Interpretationsangebote zwangsläufig ex ante vorgegeben werden müssen, eignen sich qualitative Methoden eher zu einer Annäherung an die facettenreiche Perspektive der Planungsakteure mit ihren individuellen Relevanzsetzungen und Akzentuierungen. Statt der Beschränkung auf statistische Momentaufnahmen kann die strategische Regierungsplanung mit Hilfe der qualitativen Interviewforschung in seiner *Kontextbezogenheit* analysiert werden. Grund dafür ist, dass qualitative Interviews einen größeren Raum für eine hohe Erzählaktivität und damit eine erzählende Selbstbestimmung des Gesprächspartners bieten. Durch konsequente Erzählaufforderungen und konkrete Nachfragen kann dabei auch zu sensiblen Fragen der Selbstwahrnehmung vorgedrungen werden.

4.1.2 Implikationen qualitativer Interviewforschung

In der Methodenliteratur wird die qualitative Interviewsituation häufig als eine kontingente und somit komplexe soziale Interaktion zwischen Dialogpartnern beschrieben, die dennoch qualitativ verlässliche Ergebnisse liefern kann. Dafür müssen einige Voraussetzungen erfüllt sein, die von der reflexiven Kontrolle des eigenen Vorwissens über eine adäquate Interviewerhaltung bei der Interviewführung bis zur methodisch geleiteten Interviewauswertung reicht. Qualitative Forschungsmethoden beruhen dabei auf (1) gemeinsamen erkenntnistheoretischen

---

[32] Die Gründe für die Wahl des qualitativen Zugangs dürfen nicht als generelles Gebot für rein qualitative Methoden in der empirischen Sozialforschung missverstanden werden, sondern sind ausschließlich aufgrund des spezifischen Erkenntnisinteresses gewählt worden.

Grundannahmen, aus denen sich (2) Verfahrensprinzipien ableiten lassen, die letztlich wiederum die (3) Gütekriterien qualitativer Forschung konstituieren.

(1) Gemeinhin lassen sich zwei wesentliche *erkenntnistheoretische Grundannahmen* der qualitativen Sozialforschung identifizieren, die auf zwei eng miteinander korrelierende Schlagwörter gebracht werden können: *Subjektivität* und *Fremdverstehen*. Qualitative Forschungsmethoden basieren mehr oder weniger explizit auf den Annahmen des Sozialkonstruktivismus, wonach die den Menschen umgebende Wirklichkeit keine objektiv gegebene, sondern eine sozial konstruierte, subjektive Wirklichkeit darstellt (vgl. Kruse 2008: 10). *Subjektivität* bedeutet, dass die wahrgenommene Wirklichkeit kontextabhängig, situational und interaktionell ist (vgl. Kruse 2008: 163). Dabei wird den subjektiven Sichtweisen, Einstellungen und Problemsichten der Akteure stets eine *implizite Sinnhaftigkeit* unterstellt. Dennoch wird nach dem qualitativen Paradigma letztlich kein objektiver Sinn erhoben. Vielmehr wird kommunikativer Sinn diskursiv und interaktiv produziert und damit Wirklichkeit in der Interviewsituation selbst konstruiert. Diese kommunikativ hergestellte, 'konstruierte' Wirklichkeit gilt es im Forschungsprozess auszulegen und zu 'rekonstruieren'. Das stellt ein komplexes Unterfangen dar, da die Interviewperson auf Basis seines jeweiligen Relevanzsystems kommuniziert, das zunächst einmal grundsätzlich fremd ist (vgl. Kruse 2008: 17). Kognitionspsychologisch gesprochen ist also alles Verstehen im Forschungsprozess *Fremdverstehen*[33], da ein Zurückstellen des eigenen Relevanzsystems aus erkenntnistheoretischer Sicht ausgeschlossen ist. Allerdings ist es möglich, dass „man sich auf sein eigenes Relevanzsystems selbstreflexiv sensibilisiert, sich also auf seine Akte der Selbstauslegung beim Fremdverstehen gerade auch theoretisch sensibilisiert" (vgl. Kruse 2008: 18).

(2) Ausgehend von der erkenntnistheoretischen Prämisse der Subjektivität sowie des Fremdverstehens können einige wesentliche *Verfahrensprinzipien* qualitativer Sozialforschung abgeleitet werden, die sich stets im *Spannungsfeld von Offenheit und Strukturierung* bewegen. Als methodisches Herzstück qualitativer Forschung ist das *Offenheitsprinzip* sowohl in der Interview- als auch in der Analysephase von Bedeutung:

„Die Fragestellung soll [...] möglichst offen sein, so dass die Befragten die Kommunikation weitestgehend selbst strukturieren und damit auch die Möglichkeiten

---

[33] Die Fremdheitsannahme wurde maßgeblich in der Ethnografie entwickelt (vgl. Hirschauer/Ammann 1997; Reichertz 1999: 327 ff.). Zum Fremdverstehen siehe auch Kleining (1995: 266), Przyborski/Wohlrab-Sahr (2008: 30) und Kurt (2004: 213 ff.).

haben, zu dokumentieren, ob sie die Fragestellung überhaupt interessiert, ob sie in ihrer Lebenswelt – man sagt auch: ihrem Relevanzsystem – einen Platz hat und wenn ja, unter welchem Aspekt sie für sie Bedeutung gewinnt. Die Befragten sollen selbst offen legen, wie sie die Fragestellung interpretieren, damit die Art und Weise, wie sie die Frage übersetzen, erkennbar wird; und zugleich wird ihnen die Gelegenheit gegeben, das Thema in ihrer eigenen Sprache zu entfalten. Je umfassender dies geschieht, desto geringer ist die Gefahr, dass die Interviewenden oder auch diejenigen, die das Interview auswerten, die Befragten missverstehen" (Bohnsack 2000: 20 f., zitiert nach Kruse 2008: 91).

In der Erhebungsphase geht es also zunächst einmal darum, die Datenerhebung als einen vielseitigen und komplexen kommunikativen Prozess zu begreifen, den es methodisch zu kontrollieren gilt. Dabei sollen das eigene Hintergrundwissen und Vorverständnis sowie eigene Vorannahmen, getroffene Entscheidungen und aufkommende Deutungsimpulse konsequent reflektiert und kritisch hinterfragt werden (*Prinzip der Prozessualität* und *Prinzip der Selbstreflexivität*). Nur so kann gewährleistet werden, „dass die soziale Wirklichkeit nicht durch eine fiktive, nicht existierende Welt ersetzt wird, die irgendein wissenschaftlicher Beobachter konstruiert hat" (Schütz/ Parsons 1977: 65 f.). Darüber hinaus gehört zur Offenheit auch die Offenlegung und Dokumentation der einzelnen Forschungsschritte (*Prinzip der Transparenz*).

In der Auswertungsphase gilt der interpretative Grundsatz, dass Sinn nicht in den Text hineingelegt, sondern aus ihm heraus gewonnen werden soll (vgl. Kruse 2008: 92). Aufbauend auf der Grundannahme des Fremdverstehens schließen sich hier einige Prinzipien an: So ist Fremdverstehen als eine regelgeleitete und systematische Verfahrensweise (vgl. Kruse 2008: 12) letztlich nur durch die Bereitschaft möglich, sich konsequent irritieren zu lassen (*Prinzip der Selbstüberraschung*), damit nicht nur bereits Bekanntes abgefragt wird (vgl. Devereux 1973). Daneben sollte das (Vor-)Verständnis vom Gegenstand modifiziert werden, wenn es mit der Datenlage nicht mehr übereinstimmt (*Prinzip der Adaption*). Erst durch die permanente Kontrolle, ob das Fremdverstandene wirklich annäherungsweise so rezipiert wurde, wie es von der Interviewperson gemeint war, kann das Fremdverstehen systematisch kontrolliert und explizit gemacht werden. Dazu gehören eine gewisse Zurückhaltung und Entschleunigung, weswegen das *Prinzip der Suspension* als weitere methodische Verfahrensregel hinzugezählt werden kann. In Abbildung 8 ist das Offenheitsprinzip als zentrales Verfahrensprinzip qualitativer Forschung mit seinen entsprechenden, teilweise stark miteinander korrespondierenden Unterprinzipien zusammenfassend dargestellt.

Abbildung 8:   Offenheit vs. Strukturierung im qualitativen Forschungsprozess

Quelle: Eigene Darstellung

Anders als es das Offenheitsprinzip suggeriert, sind qualitative Ansätze jedoch nie völlig voraussetzungs- und theorielos (vgl. Stier 1999: 13). Somit
kann es auch kein rein induktives Vorgehen ohne theoretische Vorüberlegungen geben.[34] In der qualitativen Sozialforschung besteht mittlerweile
weitgehender Konsens darüber, dass jede empirische Untersuchung letztlich
bis zu einem gewissen Grad auf theoretische Vorannahmen aufbaut, die als
Filter die vorgefundene Komplexität reduzieren und den Forschungsprozess
bis zu einem gewissen Grad steuern. Kluge und Kelle begründen dies damit,
dass sich trotz suspensiver Grundhaltung im qualitativen Forschungsprozess
(vgl. auch Kapitelabschnitt 4.4.1) kein Forscher von seinen theoretischen
Annahmen und erkenntnisleitenden Interessen „wegsuspendieren" kann
(Kluge/Kelle 1999: 12). Zu dem grundlegenden erkenntnistheoretischen
Argument kommt hinzu, dass theoretische Vorüberlegungen außerordent-
lich hilfreich dabei sein können, sowohl bei der Erhebung als auch bei der
Auswertung der gesammelten Daten möglichst relevante Gesichtspunkte
des Forschungsgegenstandes überhaupt zu identifizieren. An dieser Stelle
ist wieder eine Abgrenzung zu quantitativen Ansätzen hilfreich: Anders als
bei standardisierten Verfahren handelt es sich bei diesen theoretischen Vorüberlegungen in qualitativen Ansätzen nicht um Hypothesen im Popper-
schen „Wenn-dann"-Sinne, sondern um grundlegende *Heuristiken* oder *for-*

---

[34] Glaser und Strauss, die sich in ihrem Grundlagenwerk zur „Grounded Theory" ganz der Theorie-
entwicklung aus gesammelten Daten verschrieben haben, warnten Ende der 1960er noch vor einer
‚Kontaminierung' durch theoretische Vorüberlegungen und sprachen sich dafür aus, den bestehenden
Forschungsstand zum Untersuchungsgegenstand bewusst zu ignorieren (vgl. Glaser/Strauss 1967:
47). Dieses Forschungsparadigma eines „induktiven Purismus" gilt heute jedoch als überholt (vgl.
Strauss 1998; Meinefeld 2007).

schungsleitende Annahmen. Analyseheuristiken dürfen den Forschungsprozess daher nicht determinieren, sondern dienen vielmehr als *Interpretationsleitpfade* (vgl. Kruse 2008: 88) und *sensibilisierende Konzepte* (vgl. Strauss/Corbin 1990, 1997; Kelle/Kluge 1999: 25 ff.), durch die Interpretationsräume eröffnet werden.

(3) Werden *Gütekriterien* und damit die Validität qualitativer Ergebnisse in den Blick genommen, so taucht die Gretchenfrage auf, welche Gültigkeit Erkenntnisse aus qualitativen Untersuchungen vor dem Hintergrund des konstruktivistischen Wirklichkeits- und Forschungsverständnisses überhaupt beanspruchen können. Eine erste intuitive Antwort wäre die Feststellung, dass zwischen einer angemessenen und weniger angemessenen Annäherung an eine konstruierte Wirklichkeit unterschieden werden kann. Danach würde die Plausibilität den Maßstab für die Rekonstruktionen der Realität bilden („mehr oder weniger plausibel"). Darüber hinaus kann aus den Verfahrensprinzipien abgeleitet werden, dass sich qualitative Validität auf eine konsequent offene Haltung im laufenden Forschungsprozess der Datengewinnung und -auswertung bezieht.

Um das Validitätserfordernis qualitativer Forschung leichter handhaben zu können, ist auch hier eine Abgrenzung zu quantitativen Ansätzen hilfreich. So kann die strukturanaloge Übertragung zentraler Gütekriterien der quantitativen Forschung wie Objektivität, Reliabilität sowie interne und externe Validität zur Klärung der Validitätsfrage beitragen (vgl. Lamnek 2005: 138 ff.; Steinke 2007: 319 ff.). Beispielsweise kann der im deduktiv-nomologischen Paradigma geforderten *Objektivität,* die mit den erkenntnistheoretischen Prämissen des Konstruktivismus nicht vereinbar ist, die *intersubjektive Nachvollziehbarkeit* als entsprechendes Äquivalent der qualitativen Forschung entgegengesetzt werden (vgl. Titscher et al. 1998: 95 f.). Dies wird durch *Explikation* und *Dokumentation* aller Forschungsschritte und forschungsleitenden Annahmen realisiert. Der methodischen Replizierbarkeit der Forschungsergebnisse (*Reliabilität)* und der Kontrolle von Störfaktoren bei der Datengewinnung und -auswertung (*interne Validität*) als weitere Gütekriterien standardisierter Ansätze kann aufgrund des situativen und kontextspezifischen Charakters der qualitativen Datenerhebung nicht entsprochen werden. Ihnen kann aber die *Konsistenzregel* entgegengehalten werden. Danach können die Lesart eines Textes sowie die herausgearbeiteten Deutungsmuster und Motive dann als valid angesehen werden, wenn sie sich konsistent und nachvollziehbar durch das Datenmaterial ziehen (vgl. Soeffner/Hitzler 1994: 45 ff.). Ein letzter Anspruch standardisierter Verfahren besteht darin, repräsentative Aussagen zu generieren. Dies soll dadurch erreicht werden, dass möglichst die Grundgesamtheit erfasst wird oder –

falls dies nicht möglich ist – per Zufallsstichprobe die Verteilungsmerkmale der Grundgesamtheit strukturanalog verkleinert abgebildet werden. Dem quantitativen Anspruch auf Verallgemeinerbarkeit der Forschungsergebnisse (*externe Validität*) entspricht schließlich die *qualitative Repräsentation* (vgl. Helfferich 2005: 153). Sie wird dadurch erreicht, dass durch die maximale strukturelle Variation der Fallauswahl die Heterogenität des Feldes bestmöglich abgebildet wird. Auch ohne vorhandenes Messinstrumentarium ist es im weitesten Sinne erklärtes Ziel qualitativer Forschung, über die untersuchten Fälle hinweg einen gewissen Grad der Verallgemeinerung zu erreichen (vgl. Helfferich 2005: 152). Dieser Verallgemeinerungsgrad kann jedoch niemals an die *statistische Repräsentativität* quantitativer Forschung heranreichen. Letztlich lässt sich also nicht leugnen, dass sich die Gütekriterien qualitativer Forschung im Vergleich zu standardisierten Verfahren auf ‚weichere‘ Kriterien beziehen müssen, da sie nicht in einem metrischen Sinne bestimmt werden können. Dennoch ist die Güte qualitativer Daten deshalb nicht als niedriger einzuschätzen. Vielmehr werden durch einen qualitativen Zugang qualitative Erkenntnisse generiert, die auch qualitativ überprüft werden müssen. Zum besseren Verständnis sind die grundsätzlich verschiedenen Forschungslogiken beider Ansätze in Abbildung 9 noch einmal kontrastierend dargestellt.

Abbildung 9:   Abgrenzung qualitative und quantitative Ansätze

Quelle: Eigene Darstellung, in Anlehnung an Kruse (2008: 13)

4.2 Fallauswahl

Wie der vergangene Abschnitt gezeigt hat, geht es bei einem qualitativen Forschungsdesign nicht um statistische Repräsentativität, sondern um die qualitative
Repräsentation der untersuchten Fälle. Diese misst sich an der „theoretische[n]
Relevanz des jeweils ausgesuchten Falls, welche nur nach Maßgabe von theoretischen Überlegungen bestimmt werden kann" (Kelle/Kluge 1999: 37). So erfolgt die Wahl der zu befragenden Personen bei einem qualitativen Sampling als
bewusste und kriteriengesteuerte Fallauswahl, bei der die für die forschungsleitende Frage und das Forschungsfeld relevanten Fälle einbezogen werden (vgl.
Kelle/Kluge 1999: 38 ff.; Lamnek 2005: 313.). Dabei muss im Vorfeld der Untersuchung auf eine größtmögliche Heterogenität des Samples geachtet werden,
was in der Methodenliteratur auch als *Prinzip der maximalen strukturellen Variation* (vgl. Lamnek 2005: 375) bezeichnet wird. Es dient dazu, eine breite
Spanne von unterschiedlichen Falltypen abzudecken und die „denkbare Einsei-
tigkeit qualitativer Sozialforschung in Auswahl, Erhebung und Interpretationen,
also deren Güte hinsichtlich Zuverlässigkeit und Gültigkeit zu sichern" (Lamnek
2005: 375).

Idealtypisch kann zwischen theoretischem und selektivem Sampling unterschieden werden (vgl. Lamnek 1995: 191 f.). Beide Verfahren verbindet der Anspruch einer systematischen Suche nach relevanten Merkmalen für die Auswahl der Fälle. Während das *selektive Sampling* jedoch weitgehende Arbeitshypothesen vor der Datenerhebung entwickelt und festlegt (vgl. Kelle/Kluge 1999: 46), sieht das *theoretische Sampling* das Ineinandergreifen von Erhebung und Auswertung vor (vgl. Glaser/Strauss 1998: 53 ff.). Für die konkrete Fallauswahl in dieser Studie wurden diese Idealtypen zusammengeführt: Einerseits wurden mögliche relevante Einflussfaktoren vor Untersuchungsbeginn umfassend gegeneinander abgewogen, was dem selektiven Sampling entspricht. Andererseits wurde nach den ersten Erfahrungen im Feld und damit im Verlauf des Datenerhebungsprozesses die Fallzahl, Fallauswahl und Fallbegründung modifiziert.[35]

Unbeschadet der methodischen Kategorisierung wurden vorab und im laufenden Prozess insbesondere diejenigen (sozial-)strukturellen Faktoren berücksichtigt, bei denen von einem wesentlichen Einfluss auf den Forschungsgegenstand ausgegangen werden kann. Dabei wurde ein Sample ausgewählt, das eine bestimmte Bandbreite fallspezifischer Besonderheiten abdeckt. Konkret heißt das, dass zur Fallkontrastierung immer auch entsprechende Gegenbeispiele herangezogen wurden, um auf dieser Grundlage die handlungsrelevanten Faktoren der Planungseinheiten fallübergreifend herausarbeiten zu können.

Insgesamt wurden zur Beantwortung der Forschungsfrage in dieser Untersuchung mit Baden-Württemberg (BW), Bayern (BY), Berlin (BE), Brandenburg (BB), Bremen (HB), Hessen (HE), Niedersachsen (NS), Rheinland-Pfalz (RP), Sachsen (SA) und Schleswig-Holstein (SH) zehn verschiedene Bundesländer betrachtet (vgl. Abbildung 10). Pro Bundesland wurde jeweils ein Experteninterview geführt.[36] Dabei wurde stets die gleiche Akteurgruppe (politische Planer in den Regierungszentralen)[37] auf gleicher Hierarchieebene (Leiter der Planungsre-

---

[35] Bei der Modifizierung im laufenden Erhebungsverfahren wurde die Fallzahl von n=6 um vier Bundesländer auf n=10 erweitert. Grund für die Erweiterung waren insbesondere Hinweise einiger Interviewpartner, dass die Aufnahme der beiden „in vielerlei Hinsicht erfolgreichen und erfolgsverwöhnten Südstaaten" Bayern und Baden-Württemberg sowie des großen norddeutschen Flächenstaats Niedersachsen für eine erste Bestandsaufnahme der strategischen Regierungsplanung der Länder „fast unabdingbar" sei. Gerade wegen des dadurch entstandenen Übergewichts an großen, unionsgeführten Bundesländern im Westen Deutschlands fiel die Wahl des zehnten Falls auf das sozialdemokratisch geführte, mittelgroße Bundesland Brandenburg im Osten Deutschlands.

[36] Im Staatsministerium Baden-Württemberg erfolgte zusätzlich zum Interview mit dem Planungschef Thomas Wagenblast ein Hintergrundgespräch mit dem damaligen Planungsreferenten, Dr. Udo Zolleis.

[37] Eine Ausnahme bildet Prof. Dr. Gerd Mielke. Herr Mielke war von 1992 bis 2004 Leiter der Abteilung „Grundsatzfragen und Regierungsplanung" beziehungsweise der „Stabsstelle Grundsatzfragen" in der rheinland-pfälzischen Staatskanzlei und ist seit 2004 Honorar-Professor an der Uni Mainz. Er war für die vorliegende Untersuchung ein besonders spannender Gesprächspartner, da er die Prakti-

ferate)[38] in Einzelinterviews befragt. Die entsprechenden Leiter der Planungsein-heiten wurden aus den Organigrammen der Regierungszentralen recherchiert. Die Kontaktaufnahme erfolgte per E-Mail. Bis auf die Referatsleiterin Planung der Staatskanzlei Nordrhein-Westfalen, die eine Interviewanfrage ablehnte, er-klärten sich alle angeschriebenen Personen unmittelbar zu einem Gespräch be-reit. Um Verzerrungen in der direkten Gegenüberstellung der Interviews zu ver-meiden und Muster der strategischen Regierungsplanung auf Länderebene he-rausarbeiten zu können, wurde auf Ebene der Interviewpartner letztlich eine *minimale Varianz* gewählt.

Abbildung 10: Untersuchte Bundesländer

Quelle: eigene Darstellung

Auf Ebene der Bundesländer wurde auf eine *maximale Variation* geachtet (vgl. Abbildung 11): Zunächst unterscheiden sich die betrachteten Bundesländer in ihrer *geografischen Lage* (Nord-, Süd-, West- und Ostdeutschland) sowie in ihrer

---

kersicht mit der kritischen Distanz eines Wissenschaftlers vereint. Gerade die Tatsache, dass Herr Mielke seit einigen Jahren nicht mehr im operativen Geschäft der Staatskanzlei tätig ist, erlaubt es ihm, besonders offen über planerisch-strategische „Constraints" in einer Regierungszentrale zu berichten.
[38] In Bremen hat der Leiter des Planungsreferats zugleich die Leitung der Abteilung Koordinierung und Planung inne. Dieser Umstand, der auf die Größe des Bundeslandes zurückgeführt werden kann, verzerrt jedoch nicht das Ergebnis und ist somit für die Untersuchung unerheblich. Der Frage, warum bei der Untersuchung auf der Referatsleiterebene angesetzt wurde, wird in Kapitelabschnitt 4.3 nachgegangen.

Größe nach Einwohnerzahl (zum Beispiel BY mit 12.520.000 vs. HB mit 663.000 Einwohnern) und *Fläche* (zum Beispiel BY mit 70.552 km² vs. HB mit 404 km²) stark voneinander (vgl. Statistisches Bundesamt 2008). Dazu kommen Differenzen zwischen den einzelnen Bundesländern in sozioökonomischen Kennzahlen wie dem Bruttoinlandsprodukt *(BIP) pro Kopf* (zum Beispiel HB von 39.758 Euro vs. BB von 20.665 Euro), den *Schulden pro Kopf* (zum Beispiel BY mit 1.850 Euro vs. HB mit 20.200 Euro) und der *Arbeitslosenquote* (zum Beispiel BY mit 3,8 Prozent vs. BE mit 13,7 Prozent) (vgl. Arbeitskreis Volkswirtschaftliche Gesamtrechnungen der Länder 2007). Es ist einsichtig, dass Länder wie Bayern oder Baden-Württemberg allein aufgrund ihrer Größe und relativen wirtschaftlichen Prosperität[39] über größere finanzielle Spielräume verfügen als eher strukturschwache und stark verschuldete Länder wie Schleswig-Holstein, Berlin oder Bremen. Dies dürfte die Ausgangsbedingungen von strategischer Planung ebenso beeinflussen wie die Unterscheidung zwischen *Stadt- und Flächenstaat*: Neben den Flächenstaaten wurden mit Berlin und Bremen auch zwei Stadtstaaten in die Untersuchung aufgenommen, sodass sich das übergeordnete Forschungsobjekt Regierungszentrale aus acht Staats- und zwei Senatskanzleien zusammensetzt, was auch grob dem föderalen Verhältnis von Flächenstaat zu Stadtstaat entspricht. In Berlin und Bremen kommt im Unterschied zu allen anderen Bundesländern noch eine weitere Besonderheit dazu: Die im politischen System Deutschlands übliche *Richtlinienkompetenz des Regierungschefs* (vgl. Kapitelabschnitt 5.1.1) ist beim Bremer Bürgermeister nicht und beim Regierenden Berliner Bürgermeister erst seit 2007 vorhanden. Es ist plausibel, dass dieser Mangel an formalen Kompetenzen die Möglichkeiten einer Senatskanzlei bezüglich der strategischen Planung einschränkt.

In Berlin ist die Planungseinheit zudem – anders als bei allen anderen 15 Staats- und Senatskanzleien – als Stab direkt beim Regierenden Bürgermeister angesiedelt. Insofern lassen sich die oben als Untersuchungsfälle festgelegten Planungseinheiten weiter in *Planungsreferate und Planungsstäbe* unterteilen. Vor der Datenerhebung wurde bei der Abwägung möglicher relevanter Auswahlmerkmale angenommen, dass es einen Unterschied für die Planungsarbeit machen könnte, ob die Planungseinheit organisationell als Stab direkt beim Regierungschef aufgehängt oder als ein Referat neben anderen Referaten in eine Abteilung eingebunden ist.

Ein weiterer Faktor bei der Fallauswahl war die *parteipolitische Zusammensetzung* der jeweiligen Regierung. Hier sollten mögliche Unterschiede hinsich-

---

[39] Baden-Württemberg und Bayern belegen im Hinblick auf die Wirtschaftsstärke im europäischen Vergleich regelmäßig Spitzenpositionen. So gehören beide Länder nach dem EU-weiten Innovationsranking zu einer der wirtschaftlich wettbewerbsfähigsten Regionen Europas (vgl. Statistisches Landesamt Baden-Württemberg 2006: 24 ff.).

tlich der Planungsaffinität der jeweils den Regierungschef stellenden und damit in der Regierungszentrale vertretenen Partei ebenso Rechnung getragen werden wie den Auswirkungen verschiedener Koalitionskonstellationen auf die Planung der Regierungszentrale. Entsprechend wurden sowohl schwarz-gelbe (BY, BW, NS), schwarz-rote (SH, SA) als auch rot-schwarze (BB), rot-grüne (HB) und rot-rote Koalitionen (BE) betrachtet (Stand: August 2009). Rheinland-Pfalz ist das einzige Bundesland, bei dem nach Jahren einer rot-gelben Koalition (1991 bis 2006) seit 2006 eine sozialdemokratische Regierung ohne Koalitionspartner im Amt ist.

Abbildung 11: Prinzip der maximalen strukturellen Variation bei der Fallauswahl

BW: Baden-Württemberg, BY: Bayern
BE: Berlin, BB: Brandenburg
HB: Bremen, HE: Hessen
NS: Niedersachsen, RP: Rheinland-Pfalz
SA: Sachsen, SH: Schleswig-Holstein

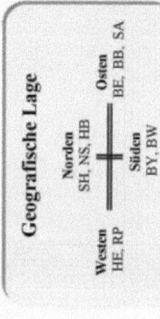

Fallauswahl

Größe des Bundeslandes

	Groß	Mittel	Klein
Fläche (in km²)**	BY, NS, BW (> 35.000)	BB, HE, RP, SA, SH (> 15.000)	BE, HB (< 15.000)
Bevölkerung (in Mio.)**	BY, BW, NS, HE (> 6)	SA, RP, BE (> 3)	BB, SH, HB (< 3)

Planungseinheit im Organigramm

Linie	Stab
BY, BW, BB, H, SH, RP, SA, NS, HB	BE

Sozioökonomische Kennzahlen

	Hoch	Mittel	niedrig
BIP pro Kopf (in €)*	HB, HE, BY, BW (> 30.000)	NS, RP, SH, BE (> 24.000)	SA, BB (< 24.000)
Schulden pro Kopf (in €)*	HB, BE (> 17.000)	SH, RP, BB, NS (> 6.000)	HE, BW, SA, BY (<6.000)
Arbeitslosenquote*	BE, BB, SA, HB (> 11%)	NS, SH, HE (> 6%)	RP, BW, BY (< 6%)

Geografische Lage

Norden: SH, NS, HB

Westen: HE, RP

Osten: BE, BB, SA

Süden: BY, BW

Flächen- vs. Stadtstaat

Staatskanzlei	Senatskanzlei
BB, BW, BY, HE, NS, RP, SA, SH	BE, HB

Regierungskoalition (Stand: Juni 2009)

schwarz-gelb	schwarz-rot	rot-schwarz	rot-grün	rot-rot	rot
HE, NS, BW, BY	SH, S	BB	HB	BE	RP

Richtlinienkompetenz des Ministerpräsidenten

vorhanden	nicht vorhanden	eingeschränkt
BY, BW, BB, HE, SH, RP, SA, NS	HB	BE

* Quelle: Arbeitskreis Volkswirtschaftliche Gesamtrechnungen der Länder (2007)
** Quelle: Statistisches Bundesamt (2008)

Quelle: eigene Darstellung

4.3 Interviewform

Grundlage dieser Untersuchung sind *teilstrukturierte Experteninterviews* mit strategischen Planungsakteuren der Staats- und Senatskanzleien. *Teilstrukturiert* bedeutet, dass ein Leitfragebogen, der in der tatsächlichen Interviewsituation flexibel gehandhabt wird, das Grundgerüst des Interviews bildet (vgl. Abbildung 12). Die offene Grundhaltung ist dabei dem theoretischen Paradigma und den dahinter liegenden Prämissen geschuldet, während eine gewisse Strukturierung der Interviews zur Kontrolle der Datenerhebungssituation und zur späteren Vergleichbarkeit der erhobenen Daten nötig ist (vgl. Friebertshäuser 1997: 375). Durch die Teilstrukturierung ist eine teils explorative, teils systematische Informationsgenerierung möglich.

Abbildung 12: Grad der Interviewsteuerung im Strukturierungs- bzw. Offenheitskontinuum

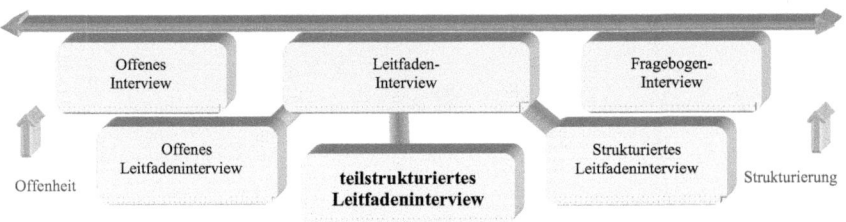

Quelle: Eigene Darstellung

Wesentlich mehr Schwierigkeiten bereitet eine erste Annäherung an den Begriff *Experteninterview*. Das Experteninterview ist in der qualitativen Sozialforschung anders als das narrative oder fokussierte Interview nicht allgemein als eigenständige Erhebungsmethode anerkannt (vgl. Bogner/Menz 2005a: 19). Dies liegt daran, dass Experteninterviews „unterschiedlich stark vorstrukturiert, unterschiedlich offen geführt, verschieden aufbereitet, ausgewertet und interpretiert" werden können (Bogner/Menz 2005b: 34). Es handelt sich also um einen „Methoden-Hybrid" (Kruse 2008: 169), der meist eine mittlere Variante zwischen Strukturierung und Offenheit einnimmt (vgl. Bochardt/Göthlich 2007: 38). Dies führt zu den Fragen, was den Expertenstatus eigentlich ausmacht und warum Experteninterviews im Rahmen dieser Untersuchung die Grundlage bilden.

Der Expertenstatus ergibt sich aus der Tatsache, dass es sich um Träger spezifischen und bisweilen exklusiven Wissens handelt: Ein Experte verfügt als Angehöriger einer Funktionselite über privilegierte Informationszugänge und damit über „Sonderwissen" (vgl. Meuser/Nagel 2005: 75 f.), das ihm „in einem bestimmten organisationalen Funktionskontext [...] die Möglichkeit zur (zumindest partiellen) Durchsetzung seiner Orientierungen" gibt (Bogner/Menz 2005b: 46). Neben dem exklusiven Wissen über Entscheidungsstrukturen, Organisationsabläufe und Spezifika eines Handlungsfeldes ist es also auch die soziale Wirkungsmacht des Expertenwissens, die Experten zu relevanten Interviewpersonen machen. Dies war der Grund dafür, dass der Zugang zum Forschungsfeld über die Referatsleiterebene gewählt wurde. Auch wenn Planungsreferenten möglicherweise über ähnliche planerisch-strategische Expertise verfügen wie ihre Vorgesetzten, kann man bei den Referatsleitern vermuten, dass sich diese Expertise mit der Chance verbindet, in bestimmten Funktionskontexten innerhalb und außerhalb der Organisation „hegemonial" zu werden (Bogner/Menz 2005b: 46).[40]

Vor diesem Hintergrund wurde auch der Leitfaden konzipiert und das Interview durchgeführt. Im Folgenden wird zunächst die Leitfadenentwicklung nach der sogenannten SPSS-Methode (Sammeln, Prüfen, Sortieren, Subsumieren) nach Helfferich beschrieben (Kapitelabschnitt 4.3.1), bevor der Aufbau des Leitfadens nach Themenkomplexen und nach Frageformen vorgestellt (Kapitelabschnitt 4.3.2) sowie schließlich die Interviewdurchführung diskutiert wird (Kapitelabschnitt 4.3.3).

4.3.1 Leitfadenentwicklung: Die SPSS-Methode nach Helfferich

Sinn und Zweck eines Leitfadens ist es, die Erhebungssituation zu kontrollieren und die thematische Vergleichbarkeit der Interviews zu sichern (vgl. Lamnek 2005: 202). Forschungspraktisch gesehen bildet ein Leitfaden gleichzeitig eine erste Analyseheuristik für die Auswertung der Interviews, da mit der Entwicklung von Fragen bereits erste Auswertungskategorien identifiziert werden können. Die hier angewandte SPSS-Methodik sieht als methodisches Aufbau- beziehungsweise Strukturprinzip vier zentralen Arbeitsphasen bei der Leitfadenentwicklung vor (vgl. Helfferich 2005: 158 ff.): **S**ammeln, **P**rüfen, **S**ortieren und **S**ubsumieren (vgl. Abbildung 13).

---

[40] Genauso gut hätte auch auf Ebene der Abteilungsleiter angesetzt werden können. Zwar stellen die entsprechenden Abteilungsleiter ohne Zweifel wichtige Planungs- und Strategieakteure innerhalb der Regierungsorganisation dar, jedoch ist davon auszugehen, dass sie aufgrund ihrer starken Einbindung ins politische Tagesgeschäft sowie ihrer Verantwortung für verschiedene andere Referate neben dem Planungsreferat in der Hauptsache mit klassischem Politikmanagement beschäftigt sind. Da die Planungseinheiten mit Ausnahme von Berlin in allen untersuchten Fällen auf Referatsebene angesiedelt sind, betreiben die entsprechenden Referatsleiter strategische Planung im engeren Sinne (vgl. Kapitelabschnitt 2.3.4).

Abbildung 13: Vier Phasen der Leitfadenentwicklung nach der SPSS-Methode

Phase I:	Sammeln	→ Fragengenese
Phase II:	Prüfen	→ Fragenselektion
Phase III:	Sortieren	→ Fragenzuordnung
Phase IV:	Subsumieren	→ Fragenarrangement

Quelle: Eigene Darstellung

Bei der ersten Phase wird durch offenes und umfangreiches Brainstorming zunächst eine Vielzahl an Fragen generiert und gesammelt. Hier geht es darum, die vorhandenen Vorkenntnisse und Vorannahmen über das Forschungsfeld zu systematisieren, die der konkreten Ausgestaltung einer empirischen Untersuchung vorausgehen. Konkret wurde bei dieser Untersuchung auf Vorannahmen und Beobachtungen aufgebaut, die aus der Medienberichterstattung über das deutsche Regierungsgeschäft, aus der Lektüre der Literaturlage zur neueren Steuerungs- und Strategieforschung sowie aus Hintergrundgesprächen mit Praktikern aus Regierungszentralen und Ministerien der Bundesländer resultieren. Dieser ‚Blumenstrauß' an ersten Eindrücken zu Beginn des Forschungsprozesses gab nicht nur eine erste Orientierung und wichtige Denkanstöße, sondern half auch bei dem Versuch, völlig unterschiedliche Perspektiven sowie Denk- und Fragestile zu entwickeln. In der zweiten Phase werden das Fragesammelsurium geprüft und die angemessenen Fragen ausgewählt, bevor diese dann in einer dritten Phase nach inhaltlichen Kriterien (Zuordnung zu spezifischen Themenkomplexen) sortiert und schließlich in einer vierten Phase nach Fragearten (vgl. Kapitelabschnitt 4.3.2) in den Leitfaden subsumiert werden. Im letzten Schritt werden die Fragen so arrangiert, dass sie sich zu einem stimmigen Ganzen zusammenführen.[41]

---

[41] Insgesamt ist die SPSS-Methode nicht als statisches Modell zu verstehen, denn die unterschiedlichen Phasen greifen ineinander und laufen nicht streng chronologisch und trennscharf voneinander abgekoppelt ab. Dies ist auch der Grund dafür, dass beispielsweise auch noch vor dem zehnten und letzten Experteninterview der Leitfaden, der im Anhang ausführlich dokumentiert ist, in Nuancen verfeinert wurde.

4.3.2 Aufbau des Interviewleitfadens

Neben der inhaltlichen Gliederung nach Themenkomplexen (vgl. Kapitelabschnitt 3.3.3) lässt sich der Leitfaden auch nach verschiedenen *Frageformen* unterscheiden, die einen unterschiedlichen Strukturierungsgrad aufweisen und damit eine entsprechende Wirkung auf die Erzählproduktion ausüben. Die Unterteilung des Leitfadens in *Leitfragen, Basisfragen, konkrete Nachfragen* und *Aufrechterhaltungsfragen,* die auf Helfferich (2005: 166 ff.) zurückgeht, ist in Tabelle 2 beispielhaft dargestellt. Sinn und Zweck dieses spezifischen Arrangements der Fragen ist es, das Spannungsverhältnis von Offenheitsgebot und Strukturierungserfordernis auszutarieren. Neben der weitgehenden inhaltlichen Abdeckung des Themenkomplexes wird durch das breite Fragespektrum insbesondere eine flexible Handhabung der Interviewsituation gewährleistet. Alle vier Frageformen konnten in den Experteninterviews erfolgreich verwendet werden.

Tabelle 2: Leitfadengliederung nach Frageformen (Beispiel)

Leitfrage: Wie würden Sie die institutionelle und organisationelle Einbettung Ihrer Einheit in das Gesamtgefüge der Regierungszentrale beschreiben?

Basisfragen	Konkrete Nachfragen	Aufrechterhaltungsfragen
▪ Bezeichnung und Stellung im Organigramm	▪ Welche Vorzüge hat die Aufhängung als Stab/Abteilung?	▪ Was geht Ihnen bezüglich der Stellung Ihrer Einheit noch durch den Kopf?
▪ Zuschnitt, zugewiesene Kompetenzen, Abgrenzung	▪ Wie lässt sich Ihre Einheit von anderen Einheiten im Haus abgrenzen?	▪ Das ist interessant. Können Sie noch etwas mehr dazu sagen?
▪ Ressourcenausstattung: finanziell und personell	▪ Haben Sie Haushaltstitel, um zum Beispiel Expertisen in Auftrag zu geben?	▪ Gibt es sonst noch etwas?
▪ Weitere strukturelle Rahmenbedingungen politischer Planung	▪ Wie gehen Sie mit den strukturellen Rahmenbedingungen politischer Planung um?	▪ Fällt Ihnen sonst noch etwas zu den strukturellen Rahmenbedingungen ein?

Quelle: Eigene Darstellung, in Anlehnung an Helfferich (2005)

Als übergeordnete Fragen innerhalb der Themenkomplexe dienen die sogenannten *Leitfragen*, die relativ allgemein gehalten sind („Wie würden Sie ... beschreiben?") und in Form von Stimuli zunächst einmal eine längere Erzählung der Interviewperson evozieren sollen. Alle Relevanzsetzungen hinsichtlich inhaltlicher Schwerpunkte und der Art der Versprachlichung sollen dabei von den Interviewpersonen soweit wie möglich selbst vorgenommen werden (vgl. Kruse 2008: 38). So wird bei den Leitfragen weitgehend auf Deutungsangebote und Erwartungsandeutungen verzichtet. Zu jeder Leitfrage sieht der Fragebogen sogenannte *Basisfragen* vor, die einen höheren Konkretisierungsgrad aufweisen und die Aufmerksamkeit auf unterschiedliche inhaltliche Aspekte richten. Dies gewährleistet, dass möglichst viele Facetten der Leitfrage in der Interviewsituation abgedeckt werden. Dadurch, dass die Basisfragen im Leitfragebogen mit Schlagworten angedeutet sind, können diese flexibel in der Interviewsituation angewandt werden, sofern die thematischen Punkte nicht bereits durch den Erzählstimulus der Leitfrage ausreichend angesprochen wurden. Auf einer zweiten Ebene unterhalb der Leitfragen sind die konkreten Nachfragen angesiedelt. Diese vergleichsweise spezifischen und geschlossenen Fragen („Wie gehen Sie mit … um?") streben eine Ad-hoc-Einschätzung und Positionierung zu Problemlagen an, die während der theoretischen Vorarbeit identifiziert und durch die Erfahrungen im Feld präzisiert wurden. Die konkreten Nachfragen ermöglichen somit eine thematische Fokussierung, ohne den Raum für die subjektiven Relevanzsetzungen der Interviewpersonen einzuschränken. Dabei ist intendiert, dass der Strukturierungsgrad ausgehend von den erzählgenerierenden Leitfragen über den ihnen direkt zugeordneten Basisfragen bis hin zu den konkreten Nachfragen kontinuierlich zunimmt. Auf einer dritten Unterebene werden die Leitfragen um Aufrechterhaltungsfragen („Was bringen Sie mit … gedanklich noch in Verbindung?") ergänzt, deren einzige Aufgabe es ist, das Thema zu vertiefen beziehungsweise die Erzählung aufrechtzuerhalten.

4.3.3 Interviewdurchführung

Auch bei der konkreten Interviewsituation muss das Spannungsfeld zwischen Offenheit und Strukturierung beachtet werden: Eine „Pseudo-Exploration" (Hopf 1978) in der Interviewdurchführung wäre dann gegeben, wenn die Interviewsituation einen übersteigerten Strukturierungsgrad aufweisen würde, der der Interviewperson keinen Raum für sein subjektives Relevanzsystem ließe (vgl. Kruse 2008: 38). Für eine erzählgenerierende und hörerorientierte Grundhaltung spielt dabei gerade auch ein elaborierter Leitfaden eine große Rolle:

> „Auch wenn dies paradox klingen mag, es ist gerade der Leitfaden, der die Offenheit des Interviewverlaufs gewährleistet. Durch die Arbeit am Leitfaden macht sich die Forscherin mit den anzusprechenden Themen vertraut, und dies bildet die Voraussetzung für eine ‚lockere', unbürokratische Führung des Interviews. Erfüllungsbedingung ist allerdings, dass […] der Leitfaden nicht als zwingendes Ablaufmodell des Diskurses gehandhabt wird" (Meuser/Nagel: 2005: 78).

Zu einer offenen Interviewdurchführung gehört demnach auch ein flexibler Umgang mit den Leitfragen. So sind einerseits weder die genaue Anzahl noch die Abfolge der Fragen festgelegt. Andererseits werden die von den Interviewpersonen vorgenommenen Schwerpunktsetzungen gegenüber den Leitfragen in der jeweiligen Interviewsituation in jedem Fall prioritär behandelt. Schließlich kann es aber auch zu Interventionen in Form von konkreten Nachfragen kommen, falls Unklarheiten auftreten oder Aussagen der Interviewpersonen weiterer Explikation bedürfen. Beides gewährleistet, dass auch unvorhergesehene Wendungen des Interviews bis zu einem gewissen Grad möglich sind. Eine für beide Seiten angenehme Gesprächsituation, die für ein offenes Interview nötig ist, entwickelt sich zudem nur dadurch, dass kein strenges Frage-Antwort-Schema angewandt wird.

Durchgeführt wurden die Interviews, die jeweils zwischen 90 und 120 Minuten dauerten, ausnahmslos in den Büros der jeweiligen Planungsakteure. Jedes Interview schloss mit einer offenen Ausstiegsfrage, die die Interviewperson am Schluss des Gesprächs noch einmal die Möglichkeit geben soll, letzte Akzentuierungen vorzunehmen und Kritik zu üben (vgl. Leitfaden im Anhang). Die Interviewsituation endete schließlich mit der Unterschrift der Einverständniserklärung zur Interviewnutzung. Da auch der spezifische interaktionelle Kontext der Interviewsituation, das heißt die Beziehungsebene zwischen Interviewer und Interviewten, gemäß dem Offenheitsprinzip ausreichend reflektiert werden sollte, wurde unmittelbar nach jedem Interview ein sogenanntes *Postskriptum* erstellt. Darin wurden gesprächsspezifische Besonderheiten der Interviewsituation wie Einstiegsinteraktion, Gesprächsatmosphäre und Gesprächsdynamik, Missverständnisse, Störungen und Ausstiegsinteraktion erfasst.

4.4 Auswertungsverfahren

Ziel der Auswertung ist es, bei den gesammelten Daten Muster in Form von strukturellen Gemeinsamkeiten oder Ähnlichkeiten herauszuarbeiten. Dazu kommen verschiedene texthermeneutische Verfahren in Frage, die die Analyse methodisch anleiten und strukturieren. Die Unterschiede zwischen eher deduktiven auf der einen und betont induktiven Auswertungen auf der anderen Seite wird im Folgenden anhand der idealtypischen Gegenüberstellung von inhaltsanalytischen und hermeneutisch-rekonstruktiven Verfahren problematisiert (Kapitelabschnitt 4.4.1). Im Anschluss daran werden das Zustandekommen des gewählten Auswertungsansatzes (Kapitelabschnitt 4.4.2) sowie der Ablauf des konkreten Auswertungsprozesses (Kapitelabschnitt 4.4.3) dargelegt.

4.4.1 Inhaltsanalytische vs. hermeneutisch-rekonstruktive Verfahren

In der qualitativen Sozialforschung herrscht seit Jahrzehnten ein wissenschaftstheoretischer Streit zwischen kategorisierenden Verfahren auf der einen Seite und rekonstruktiven Verfahren auf der anderen Seite um die angemessene hermeneutische Herangehensweise an die Daten. Texthermeneutische Verfahren unterscheiden sich im Wesentlichen hinsichtlich der Form der Erkenntnisgewinnung (vgl. Abbildung 14): Indem vorab ein fixes Kategorisierungsschema entwickelt wird, nähern sich *inhaltsanalytische Verfahren* dem Datenmaterial stärker *deduktiv* und *top-down* an. Dagegen werden die Kategorien bei *rekonstruktiv-hermeneutischen Verfahren* induktiv und *bottom-up* in Auseinandersetzung mit den Daten entwickelt. Bei letzteren dient das methodologische Paradigma der Grounded Theory von Glaser und Strauss (1967) als zentrale methodische Grundlage für eine Vielzahl von qualitativen Auswertungsverfahren. Es handelt sich bei der Grounded Theory um eine umfassend offene und prozessgeleitete Methode, die auf eine *gegenstandsbegründete Theoriebildung* abzielt. Hier sollen also dem Anspruch nach durch eine rein induktive Herangehensweise Hypothesen aus dem Datenmaterial generiert werden. An der völligen Negation jeglicher theoretischer Ausgangsüberlegungen insbesondere früherer Arbeiten von Glaser und Strauss entzündete sich jedoch harsche Kritik: Die Auswertungsergebnisse seien, so die Kritiker, als spekulativ und subjektivistisch zurückzuweisen, da deduktive Erkenntnisprozesse konsequent ausgeblendet und verborgene, den Interpretationsprozess steuernde Vorannahmen nicht explizit gemacht würden. Doch auch die klassische Inhaltsanalyse musste sich methodologischer Kritik stellen: Ein gängiger Vorwurf lautete, dass die stark theoriegeleitete, deduktive Herangehensweise an qualitative Daten einem teilstandardisierten Verfahren mit kleinen Fallzahlen gleicht und lediglich auf die selektive Bestätigung für bestehende theoretische Modelle abzielt. Die empirische Robustheit dieser Auswertungsform, die sich – überspitzt gesagt – auf die Suche nach geeigneten O-Tönen begibt, sei demnach begrenzt (vgl. Kruse 2008: 142).

Abbildung 14: Klassische Auswertungsverfahren in der empirischen Sozialforschung

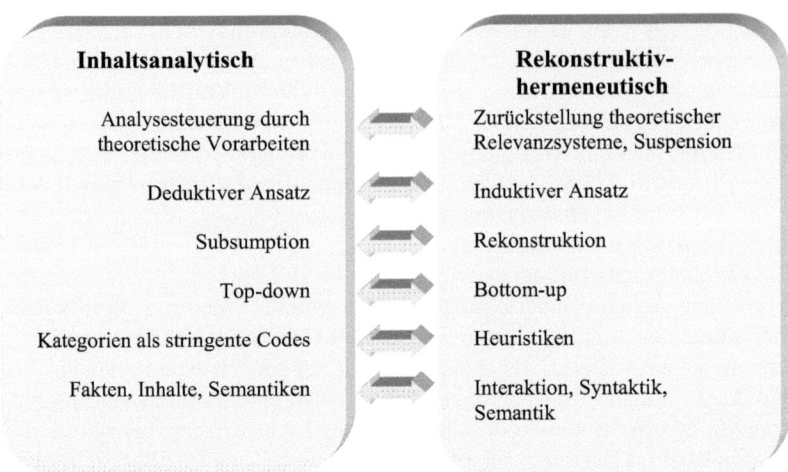

Inhaltsanalytisch	**Rekonstruktiv-hermeneutisch**
Analysesteuerung durch theoretische Vorarbeiten	Zurückstellung theoretischer Relevanzsysteme, Suspension
Deduktiver Ansatz	Induktiver Ansatz
Subsumption	Rekonstruktion
Top-down	Bottom-up
Kategorien als stringente Codes	Heuristiken
Fakten, Inhalte, Semantiken	Interaktion, Syntaktik, Semantik

Quelle: Eigene Darstellung

Auch wenn sich die Inhaltsanalyse und die rekonstruktive Hermeneutik in ihrer klassischen Grundform unvereinbar gegenüberstehen, spricht man heutzutage eher von einem Verfahrenskontinuum zwischen Induktivität und Deduktivität. So sind bei neueren inhaltsanalytischen Verfahren stets auch induktive Elemente in Form von Nachbesserungen der Kategorien im laufenden Forschungsprozess vorgesehen.[42] Auch bei den meisten hermeneutisch-rekonstruktiven Verfahren ist man mittlerweile von der radikalen Variante abgewichen und verwendet deduktive Elemente in Form von Analyseheuristiken.[43] Für die Charakterisierung einer

---

[42] Das bekannteste Beispiel für ein qualitativ-inhaltsanalytisches Verfahren ist die qualitative Inhaltsanalyse nach Philipp Mayring (1983, 1996). In seinen neueren Arbeiten stellte Mayring ein neunstufiges Ablaufmodell vor, nach dem die vorab gebildeten Codes modifiziert und durch neue Codes ergänzt werden (vgl. Mayring 2000, 2003). Somit nähern sich auch die neueren inhaltsanalytischen Ansätze den hermeneutisch-rekonstruktiven Verfahren an. Doch auch wenn Mayring einen Teil seines Prozessmodells „Induktive Kategorienbildung" nennt, liegt der Schwerpunkt noch immer auf deduktiv gebildeten Kategorien und damit einer gewissen Subsumptionslogik.

[43] Die „sensitizing concepts" aus der Grounded Theory nach Strauss/Corbin und die „Kodierfamilien" aus der Grounded Theory nach Glaser sind Beispiele für derartige Interpretationsleitpfade. Gerade neuere Ansätze der Grounded Theory gehen mit ihren forschungsleitenden Annahmen bisweilen sehr weit (vgl. Titscher et al. 1998: 92 ff.) Letztlich – so muss festgestellt werden – sollte der Anspruch einer rein gegenstandsbegründeten Theoriebildung in der Forschungspraxis als eine me-

Auswertungsmethode ist in der hermeneutischen Forschungspraxis also letztlich die Gewichtung von inhaltsanalytischen und rekonstruktiven Elementen für die Verortung auf diesem Verfahrenskontinuum entscheidend.

Die Anwendung eines der klassischen Auswertungsverfahren im Rahmen dieser Untersuchung ist aus mehreren Gründen schwierig: Mit Hilfe des akteurzentrierten Institutionalismus sowie auf Grundlage einiger theoretischer Vorüberlegungen zur strategischen Planung im Rahmen der Steuerungs- und Strategiedebatte wurde vorab eine Analyseheuristik entwickelt, die sich aufgrund ihres Konkretisierungsgrades nur schwer mit dem hermeneutisch-rekonstruktiven Idealtypus verbinden lässt. Dazu kommt, dass die Fokussierung auf sprachlich-symbolische Gesichtspunkte einen integralen Bestandteil der hermeneutisch-rekonstruktiven Analysemethode darstellt (vgl. Lucius-Hoene/Deppermann 2002: 51 ff.), dem im Rahmen dieser Untersuchung nur zum Teil Rechnung getragen wurde; so wurde etwa keine aufwendige mikrosprachliche Feinanalyse durchgeführt. Auf der anderen Seite finden inhaltsanalytische Verfahrensweisen (zum Beispiel Mayring 2000, 2003) dort ihre Grenzen, wo Sinn rekonstruiert werden soll. Wie oben angedeutet, besteht bei inhaltsanalytischen Verfahren die Gefahr, dass die Ergebnisse der Analyse subsumptionslogisch vorweggenommen werden und es zu einer Art Pseudo-Exploration kommt. Die Anwendung einer rein inhaltsanalytischen Auswertungsmethode würde also auch hier zu einer starken Verengung führen, da die Deutungen, Argumentationsstrukturen und Positionierungen der Planungsakteure nur unzureichend erfasst werden können. In der Systematisierung dieser subjektiven Sichtweisen wird aber gerade ein großer Erkenntnisgewinn für die forschungsleitende Frage vermutet, weshalb es einer viel größeren Offenheitshaltung bedarf, als es die meisten inhaltsanalytischen Verfahren erlauben.

Aus diesen Gründen wurde bei der Untersuchung auf die Anwendung einer klassischen Auswertungsmethode verzichtet. Stattdessen wurden verschiedene Elemente der beiden idealtypischen Auswertungsmethoden nach pragmatischen Gesichtspunkten zusammengesetzt. Da Faktenaussagen zur strategischen Planung als ebenso wichtig angesehen werden können wie subjektive Einstellungen und Sichtweisen der Akteure, ist eine Kombination verschiedener inhaltsanalytischer und offen-rekonstruktiver Elemente sinnvoll. Konkret wird zur Beantwortung der forschungsleitenden Frage nach der Organisation strategischer Planung in den Regierungszentralen auf quasi-objektive Faktoren wie beispielsweise personelle und finanzielle Ausstattung ebenso abgestellt wie auf subjektive Faktoren wie etwa das Strategie- und Rollenverständnis der Planungsakteure. Erste werden dabei stärker inhaltsanalytisch, letztere stärker hermeneutisch-rekon-

---

thodische Grundhaltung verstanden werden. Hintergrund ist, dass ein theorieloses Forschen nicht möglich ist (vgl. Kapitelabschnitt 4.1.2).

struktiv untersucht. So konnte eine Auswertung der Daten vorgenommen werden, die auf die Eigenheiten des Forschungsgegenstandes und das Erkenntnisinteresse passgenau zugeschnitten ist.

4.4.2 Drei Phasen im konkreten Auswertungsprozess

Um dem Ziel der intersubjektiven Nachvollziehbarkeit sowie dem Prinzip der Transparenz und Offenheit des Forschungsprozesses gerecht zu werden, wird im Folgenden der konkrete Auswertungsablauf dargelegt, der sich in drei Phasen einteilen lässt: Transkription (Phase I), Kategorisierung und Paraphrasierung (Phase II) und Hypothesengenese (Phase III).

Anders als bei Meuser und Nagel, bei denen eine vollständige Verschriftlichung die Ausnahme bilden (Meuser/Nagel 2005: 83), wird bei dieser Untersuchung die Ansicht vertreten, dass sich die relevanten Sinnstrukturen nur mit einer kompletten *Transkribierung* der Interviewsituationen erfassen lassen. Daher wurden in *Phase I* die Interviews in Anlehnung an das GAT Basistranskriptionssystem vollständig mit Hilfe der Transkriptionssoftware „f4audio" transkribiert (vgl. Selting et al. o.J.). Die Transkriptionsseiten pro Interview variieren zwischen 20 und 30 DIN-A4-Seiten, sodass insgesamt 236 Transkriptionsseiten in die Untersuchung einfließen. Die Transkribierung erfolgte wörtlich bei leichter Glättung von Sprache und Interpunktion. Zustimmende Lautäußerungen des Interviewers, die den Redefluss der Interviewpartner nicht unterbrechen, wurden dabei nicht mit transkribiert. Die vollständige Transkription erlaubt es, sowohl eine allzu textreduktionistische Herangehensweise als auch eine beliebige Auswahl von Textstellen zu verhindern. So konnte das gesammelte Datenmaterial methodisch nachvollziehbar texthermeneutisch analysiert werden.

Kategorien können als vorab oder im laufenden Auswertungsprozess entwickelte Lesarten definiert werden, mit deren Hilfe Textbausteine zentralen Oberbegriffen zugeordnet werden (vgl. Kruse 2008: 135 ff.). Um den relevanten Sinn aus den Texten zu generieren, ist ein ständiger Abgleich zwischen Erkenntnisinteresse, den entwickelten Lesarten und den tatsächlich vorhandenen Daten nötig. Die in *Phase II* vorzunehmende *Kategorisierung* soll daher nicht als ein technischer Vorgang, sondern – im Sinne des Prozessualitäts-, Adaptions- und Selbstreflexionsprinzips (vgl. Kapitelabschnitt 4.1.2) – als ein stetiger und anspruchvoller dialektischer Abwägungsprozess verstanden werden, bei dem ausgehend vom konkreten Fall zunehmend abstrahiert wird. Durch das Kodieren wird eine Komprimierung des Datenmaterials letztlich auf einige wenige zentrale Aussagen und Begriffe angestrebt, wofür ein äußerst strukturiertes Vorgehen nötig ist. Die Kategoriebildung und die spätere Aufbereitung der Interpretationsergebnisse erfolgten mit Hilfe des qualitativen Auswertungsprogramms „MAXQDA": Hauptvorteil der computergestützten Auswertung ist, dass durch die digitalisierten Kategorisierungen ein hoher Grad an Übersichtlichkeit und letztlich auch Nachvollziehbarkeit im Auswertungsprozess erreicht werden kann (vgl. Kuckartz 2005).

Konkret lassen sich in Phase II insgesamt vier Analyseschritte unterscheiden (vgl. Abbildung 15). In einem *ersten Analyseschritt* wurden zunächst alle zehn transkribierten Interviews einzeln sequenzanalytisch, d. h. Abschnitt für Abschnitt bearbeitet (*Sequenzierung)* und einer oder mehrerer Kategorien zugeordnet (vgl. auch Kelle/Kluge 1999: 56). Die Leitfragen des Fragebogens nahmen dabei eine wichtige Strukturierungsfunktion ein und erlaubten, mit Hilfe der aus den theoretischen Vorüberlegungen und forschungsleitenden Annahmen gebildeten Kategorien in einem *zweiten Analyseschritt* erste Textsegmente zu bilden (*Segmentierung)*. Um Verzerrungen und voreilige Klassifikationen zu verhindern, wurden gleichzeitig – dicht am Text – die vorhandenen Codes modifiziert und weitere Codes gebildet. Während zu Beginn des Auswertungsprozesses einige theoriegeleitete Überlegungen zur Bildung von Auswertungskategorien standen, wurde im weiteren Analyseprozess eine sehr große Offenheit im Umgang mit den vorab gebildeten Analysekategorien an den Tag gelegt. Insgesamt wurden aus den 236 DIN-A4-Seiten Datenmaterial 108 Ober- und Subkategorien gewonnen, denen 1062 Textstellen zugeordnet werden konnten (siehe Kategoriensystem der Interviewauswertung im Anhang). Letztlich wurden etwa 40 Prozent der Kategorien und Subkategorien aus theoretischen Vorüberlegungen (vgl. Kapitel 3) und entsprechend 60 Prozent im laufenden Auswertungsprozess gebildet.

In einem *dritten Analyseschritt* galt es, die passagenweise entwickelten und immer noch sehr umfangreichen Ergebnisse zu strukturieren und zu bündeln (fallspezifische Strukturierung und Bündelung). Hier stand insbesondere eine weitere Reduktion des Datenmaterials im Vordergrund: Bei der textnahen inhaltlichen Zusammenfassung und *Paraphrasierung*, d. h. der Reduktion des Textmaterials auf einzelne zentrale Aussagen und Begriffe der Interviewperson in Bezug auf die gebildeten Kategorien (vgl. Kelle/Kluge 1999: 77 f.), konnten die Ergebnisse durch ein zunehmendes Abstraktionsniveau auf ein überschaubares Maß verdichtet und „begrifflich auf den Punkt" gebracht werden (vgl. Kelle/Kluge 1999: 58). Nach der Einzelfallanalyse konnten die in den einzelnen Fällen herausgearbeiteten Fakten und Sichtweisen dann in einem *vierten Analyseschritt* systematisch mit Hilfe der verschiedenen Codes auf „empirische Regelmäßigkeiten" (Kluge 1999: 2) und „inhaltlichen Sinnzusammenhänge" (Kluge 1999: 9) geprüft werden (*fallübergreifende Strukturierung und Bündelung).* Bei der abschließenden Verdichtung der Auswertungsergebnisse wurde auf die Konsistenzregel geachtet. Sie besagt, dass die zentralen Lesarten in konsistenter Weise zumindest in unterschiedlichen Zusammenhängen, Variationen oder Spielarten im gesamten Interviewfall verankert sein müssen (vgl. Kapitelabschnitt 4.1.2). Mit der Suche nach fallübergreifenden Mustern wurde spätestens hier die textimmanente Ebene des Datenmaterials verlassen und auf der deskriptiven Basis der Zusammenfassungen und Paraphrasierungen Interpretationsarbeit im engeren Sinne betrieben. Letztlich ist hier der Übergang zur eigentlichen Hypothesengenese fließend.

Abbildung 15: Vier Analyseschritte in Phase II (Zusammenfassung und Paraphrasierung)

Analyseschritt 1: Sequenzierung

Analyseschritt 2: Segmentierung

Analyseschritt 3: Fallbezogene Strukturierung und Bündelung

Analyseschritt 4: Fallübergreifende Strukturierung und Bündelung

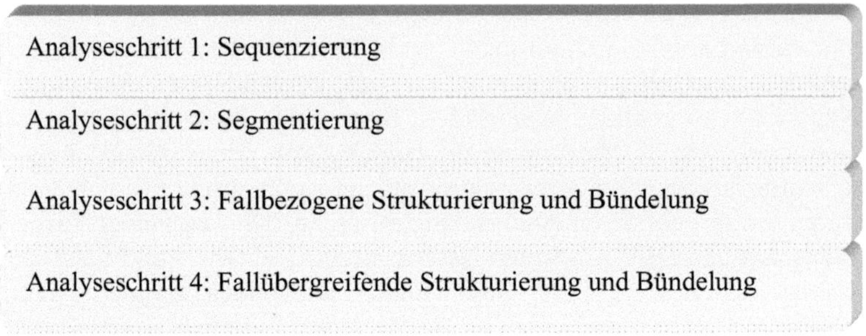

Quelle: Eigene Darstellung

Auf Grundlage der vier Analyseschritte im Rahmen der Zusammenfassung und Paraphrasierung in Phase II, die bestimmte Merkmalsstrukturen und -ausprägungen der Fälle hervorgebracht haben[44], erfolgt anschließend in *Phase III* die Generalisierung in Form von *Hypothesen* (vgl. Kapitel 6). Gerade aufgrund der großen Anzahl an qualitativen Interviews in der Untersuchung bieten sich – jenseits der deskriptiven Darstellung – einige interpretativ gewonnene, generalisierende Aussagen über das Handlungsfeld strategischer Regierungsplanung an, die dann auch die Grundlage für weitere Studien bilden können.

---

[44] Schlussendlich bilden in dieser Phase nicht mehr die originären Daten, sondern die Zusammenfassungen und Paraphrasierungen die Basis für eine abschließende, über einzelne Fälle hinausgehende Hypothesenbildung.

4.5 Zwischenfazit: Die methodische Vorgehensweise der empirischen Analyse

Ziel dieses Kapitel ist es, durch Offenlegung der methodischen Grundannahmen und konkreten Vorgehensweisen dem Anspruch empirischer Sozialforschung nach einem transparenten und nachvollziehbaren Forschungsprozess gerecht zu werden. Für die Untersuchung, die aufgrund der relativ knappen Literaturlage zum Forschungsfeld einen recht *explorativen* Charakter aufweist, wurde mit Hilfe von *teilstrukturierten, leitfadengestützten Experteninterviews* mit den Leitern politischer Planungseinheiten ein *akteurperspektivischer, qualitativer* Zugang zum Forschungsgegenstand gewählt. Die qualitative Erhebungsmethode eignet sich hier besonders, da sie den Interviewpartnern Raum und Möglichkeiten gibt, ihre subjektiven Relevanzsysteme in freiem Ausdruck darzulegen. Allerdings dürfen auch nicht die Einschränkungen verschwiegen werden, die mit der qualitativen Herangehensweise verbunden sind: Zwar entfalten die Befunde aufgrund der hohen Fallzahl (n=10) aus einer Grundgesamtheit von G=16 für qualitative Verhältnisse eine zweifellos hohe Signifikanz, die Ergebnisse dieser Untersuchung erheben jedoch keinen Anspruch, Aussagen über die repräsentative Verteilung bestimmter Handlungsmuster in der Grundgesamtheit zu liefern.

Einschränkend kommt hinzu, dass generell durch den ‚Blick von außen' nur begrenzt und ausschnitthaft in den Arkanbereich der politischen Praxis eingedrungen werden kann. Da bei den qualitativen Interviews teilweise politisch sensible Themen abgefragt werden und sich die Regierungszentralen mit dem Ministerpräsidenten an ihrer Spitze im politischen Wettbewerb mit den Oppositions- und Koalitionsparteien, den anderen Regierungsinstitutionen des Landes sowie den Landesregierungen anderer Bundesländer befinden, muss die Gefahr einer verzerrten Darstellung (Beschreibung eines Zustandes sozialer Erwünschtheit statt der tatsächlichen planerisch-strategischen Bedingungen) zumindest als Möglichkeit in Betracht gezogen werden. Trotz dieser Einschränkungen können mit diesem gewählten Untersuchungsansatz aus dem gewonnenen Datenmaterial Muster der strategischen Planungsarbeit in deutschen Regierungszentralen herausgearbeitet werden, die zu einem besseren Verständnis von strategischer Regierungsplanung beitragen können.

Bei der *Fallauswahl* der Untersuchung wurde auf organisationell-hierarchischer Ebene eine minimale Varianz gewählt (Leiter der Planungsreferate), während auf Ebene der Bundesländer auf maximale Varianz gesetzt wurde. Dabei fanden mit der geografischen Lage, der Größe nach Bevölkerung und Fläche, sozioökonomischen Strukturdaten, der Unterscheidung von Stadt- und Flächenstaaten sowie mit der parteipolitischen Zusammensetzung der Regierung verschiedene sozialstrukturelle Faktoren Berücksichtigung. Es wurde also ein möglichst heterogenes Sample gewählt, damit auch strukturelle Faktoren in die erhobenen Daten mit einfließen, die die Heterogenität des gesamten Untersuchungsfeldes möglichst falltypisch abbilden. Die Analyse des Datenmaterials und die Fallauswahl erfolgten aufgrund der Spiralförmigkeit qualitativer Forschungsprozesse teilweise synchron.

Der zugrunde gelegte *Leitfaden* sieht sowohl offene Fragenformate im Stil von Leit- und Basisfragen als auch eher geschlossene Fragen in Form von konkreten Nachfragen vor, während die Aufrechterhaltungsfragen als Teil eines offenen, erzählgenerierenden Gesprächsführungsstils hauptsächlich zur Aktivierung der Interviewperson dienen. Diese Teilstrukturierung der Interviews folgt einer wichtigen Grundregel der qualitativen Forschung: Der Realität soll sich so vorstrukturiert wie nötig und so offen wie möglich (im Sinne von unbegrenzten Antwortmöglichkeiten) angenähert werden. So können Informationen teils explorativ, teils systematisch generiert werden. Die Auswertung der 236 Transkriptionsseiten erfolgt computerunterstützt mit teils offen-rekonstruktiven, teils inhaltsanalytischen Elementen. Letztlich stellen jedoch die vorab aus theoretischen Überlegungen entwickelten Kategorien keine stringenten deduktiven Codes nach dem inhaltsanalytischen Paradigma dar, sondern orientieren sich an der Idee der Interpretationsleitfäden bei rekonstruktiv-hermeneutischen Verfahren, die im laufenden Forschungsprozess ergänzt und modifiziert werden. Ziel der Auswertung ist es, das gesammelte Datenmaterial auf relevante Begriffe und Kernaussagen zu verdichten und allgemeine Aussagen in Form von Hypothesen über die Organisation strategischer Planung in den Regierungszentralen der Bundesländer zu generieren.

5 Handlungsrelevante Faktoren strategischer Planungsarbeit: Ergebnisse der empirischen Analyse

Aufbauend auf den theoretischen und methodischen Überlegungen widmet sich das folgende Kapitel der empirischen Beantwortung der Forschungsfrage. Ziel des empirischen Teils ist es, auf Basis von zehn qualitativen Experteninterviews belastbare Aussagen zum Handlungsfeld strategischer Regierungsplanung in deutschen Bundesländern zu generieren. Im Vordergrund steht dabei die Handlungspraxis der Planungsakteure als strategischer Berater der Ministerpräsidenten. Anhand der in Kapitel 3 identifizierten handlungsrelevanten Faktoren strategischer Planungsarbeit werden im Folgenden die zwei strukturellen Faktoren und die drei akteurspezifischen Faktoren zusammengefasst behandelt. So werden die systemischen Rahmenbedingungen und institutionellen Arrangements strategischer Planung (Kapitelabschnitt 5.1) sowie Arbeitsprofil, Selbstverständnis und Austauschbeziehungen der strategischen Planungsakteure (Kapitelabschnitt 5.2) getrennt herausgearbeitet. Letztlich bilden die fünf Faktoren dabei einzelne Fragmente, deren systematisches Zusammentragen qualifizierte Hinweise zur Beantwortung der forschungsleitenden Frage liefern, wie die strategischen Berater das Spannungsfeld zwischen operativem Tagesgeschäft und strategischer Planung austarieren.

5.1 Systemische Rahmenbedingungen und institutionelles Arrangement strategischer Planung

Strukturell-organisationale Bedingungen stellen für kollektive Akteure einen „stimulierenden, ermöglichenden oder auch restringierenden Handlungskontext" (Mayntz/Scharpf 1995: 43) dar. So wird das Aufgabenspektrum und die Funktionsweise einer Regierungszentrale von Kontextfaktoren konstituiert, die die alltägliche Strategiearbeit der Planungsakteure maßgeblich beeinflussen. Um den generellen Handlungskorridor strategischer Planung grob zu umreißen, gilt es daher in einem ersten Schritt, sowohl die grundlegenden Mechanismen des politischen Systems als auch die konkreten institutionell-organisatorischen Rahmenbedingungen herauszuarbeiten. Dafür werden zunächst verschiedene systemische Strukturmerkmale der Regierungspolitik auf Länderebene vorgestellt (Kapitelabschnitt 5.1.1). Hier geht es um eine makroskopische Analyse der Einflussfaktoren auf die Regierungspolitik in deutschen Bundesländern. In einem nächsten Schritt wird die Funktion der Regierungszentrale im Gesamtgefüge der Landesregierung analysiert (Kapitelabschnitt 5.1.2). Im Zentrum des Interesses steht dabei die Rolle der Staats- und Senatskanzleien im Zusammenspiel mit den jeweiligen Ministerien, also das übergeordnete Steuerungsverständnis der Regierungszentrale, das letztlich auch den Handlungsspielraum der strategischen Planungsakteure bestimmt. In einem weiteren Schritt werden verschiedene Entwürfe einer institutionell-organisationellen Einbettung der Planungseinheiten in die Regierungszentrale diskutiert (Kapitelabschnitt 5.1.3). Im Vordergrund stehen hier Fragen der institutionellen Aufhängung der Einheit, des organisatorischen Zuschnitts sowie der personellen und materiellen Ressourcenausstattung. Die wesentlichen empirischen Befunde zu den strukturbedingten Einflüssen auf die Planungsarbeit werden abschließend in einem Zwischenfazit zusammengefasst und diskutiert (Kapitelabschnitt 5.1.4).

5.1.1 Systemische Strukturmerkmale der Regierungspolitik auf Länderebene

In den ersten beiden Kapiteln dieser Untersuchung sind bereits einige systemische Strukturmerkmale modernen Regierens skizziert worden. Dabei wurde eine wesentliche Ursache für die Fokussierung auf kurzfristige Zeitperspektiven identifiziert: Langfristige Zielsetzungen stehen der kurzfristigen Erfolgsorientierung im politischen Wettbewerb oftmals diametral gegenüber. Darüber hinaus wurde konstatiert, dass sich staatliches Handeln generell angesichts neuer institutioneller Regelungsmechanismen mit Steuerungsverlusten konfrontiert sieht und der Staat nun statt eines Herrschaftsmonopolisten eher die Rolle eines Herrschaftsmanagers einnimmt. In diesem Kapitelabschnitt sollen nun die systemischen Strukturmerkmale vertiefend behandelt und auf die Regierungspolitik in den Ländern zugeschnitten werden. Dabei werden einige Besonderheiten des politischen Systems in Deutschland herausgearbeitet, die den Regierungsalltag auf Länderebene prägen und somit auch Einfluss auf die strategische Planung in den Staats- und Senatskanzleien nehmen.

Wesentliches Strukturmerkmal der Landespolitik ist die *Ministerpräsidentendemokratie.* Die verfassungsmäßige Grundlage beruht auf der Doppelfunktion als Regierungschef *und* höchsten Repräsentanten des Landes (vgl. Mielke 2004: 126) sowie auf der Richtlinienkompetenz[45]. Danach gibt der Ministerpräsident

---

[45] Bremen ist das einzige Bundesland, in dem der Regierungschef über keine Richtlinienkompetenz verfügt und damit ohne formale Machtmittel regiert. Eine Verfassungsänderung ist nach Angaben des entsprechenden Interviewpartners auch nicht beabsichtigt. Im Gegenteil: Durch eine Verwaltungsre-

die politischen Leitlinien vor und trägt die Verantwortung für die grundlegenden und richtungweisenden Entscheidungen der Regierung. Ressortaufgaben, denen er eine hohe politische Bedeutung beimisst, kann er durch Organisationserlass zur Chefsache erklären und an sich ziehen (vgl. Busse 2005: 45). Doch der Ministerpräsident dominiert auch und im Besonderen jenseits der formalen Vorgaben die Landespolitik:

> „Die landespolitische Musik spielt rund um die Person des Ministerpräsidenten. [...] Er verfügt nicht nur mit der Regierungszentrale über eine wichtige Machtressource, sondern ist in der Regel auch Landesvorsitzender der stärksten Partei des Landes. Damit beherrscht er die landespolitische Bühne, auch wenn er gar nicht von seinen Vollmachten Gebrauch macht" (P2: 42).

Diese Machtkonzentration in der Person des Ministerpräsidenten wird jedoch durch das ebenfalls verfassungsrechtlich verankerte Kollegial- und Ressortprinzip begrenzt (siehe auch Kapitelabschnitt 5.1.2). Während nach dem Kollegialprinzip wichtige Regierungsentscheidungen durch das Kabinett als Kollegialorgan gefällt werden müssen, sieht das Ressortprinzip vor, dass ein Minister seinen Geschäftsbereich selbstständig, unabhängig und eigenverantwortlich leitet (vgl. Mertes 2004: 71). Dies bedeutet, dass die konkrete Ausgestaltung der vorgegebenen Leitlinien den Ministern vorbehalten bleibt, sodass kein hierarchisches Über- und Unterordnungsverhältnis besteht (vgl. Busse 2005: 52). Regierungsintern entsteht dadurch zwischen den Fachressorts und der Zentrale ein enormer Aushandlungsbedarf und Wettbewerb um die besten politischen Ideen sowie die Verbuchung politischer Erfolge (P3: 109).

Verschärft wird diese Rivalität durch den faktischen Koalitionszwang im deutschen Fünf-Parteien-System. Die *Koalitions- und Verhandlungsdemokratie* vergrößert dabei insbesondere den Einfluss der Parteien auf das Regierungshandeln (vgl. Niclauß 2001: 84 ff.). Generell sei der „weitgehende Kompromisszwang in einem vielfach verflochtenen Institutionengefüge" für strategische Planung „nicht unproblematisch" (P3: 401). In der Tat weisen nur wenige parlamentarische Demokratien so viele Vetostrukturen auf wie das politische System Deutschlands (vgl. Helms 2005: 205), was eine starke Fragmentierung von Handlungskompetenzen impliziert und damit zu einer systembedingten Politikverflechtung führt (vgl. Scharpf et al. 1976). Die daraus resultierende Kooperationslogik steht dabei im Konflikt mit der bereits in Kapitel 1 skizzierten Wettbewerbslogik der *Parteiendemokratie*. Trotz des anzunehmenden ‚dosierten Partei-

---

form vor einigen Jahren seien die Eigenverantwortlichkeiten der Ressorts formal eher noch verstärkt worden. Wegen dieser starken Machtdezentralisierung unterscheidet sich die strategische Ausgangsbedingung Bremens deutlich von anderen Bundesländern.

enwettbewerbs' in der Regierungskoalition führt das parteipolitische Profilierungsstreben dazu, dass politische Vorhaben des Koalitionspartners nicht selten regierungsintern blockiert werden.[46] Das systemimmanente Spannungsverhältnis zwischen Kooperation und Abgrenzung in der koalitionären Regierungspraxis wird nicht nur bei anstehenden Wahlterminen auf Bundes- und Landesebene, sondern auch beim Abstimmungsverhalten im Bundesrat offenkundig: Hier kommt es nicht selten zu Konflikten zwischen den Koalitionspartnern, die im Bundesrat einerseits die Interessen ihres Bundeslandes, andererseits jedoch auch parteipolitische Positionen ihrer Bundesparteien vertreten (vgl. P3: 332). Die damit einhergehenden Rollenkonflikte machen eine strategische Ausrichtung der Landespolitik schwierig. Erschwerend kommt hinzu, dass Bundesthemen im Vergleich zu Landesthemen in den Medien eine viel größere Resonanz erfahren und sich „die landespolitischen Akteure gerade auf diesem Feld profilieren" können (P8: 156).

Generell stellt die *Mediendemokratie* – wenn sie auch auf Landesebene im Vergleich zur Bundesebene sehr viel weniger stark ausgeprägt ist – nach Meinung der Interviewpartner ein weiteres wichtiges Strukturmerkmal dar. Ihre Auswirkungen auf die Regierungspolitik generell und auf planerisch-strategisches Arbeiten im Besonderen ist ambivalent: So meinte ein Interviewpartner aus einem kleineren Bundesland, dass die „Bespielung regionaler Medien mit landespolitischen Themen kaum möglich sei (PX: 39)[47]. Eine andere Interviewperson hob hingegen den Druck durch die Medien hervor, der strategiehemmend sein und für die Planungsarbeit Gefahren bergen kann:

> „[M]an ist planerisch-strategisch schon stark eingeengt, wenn einem die Medien derart im Nacken sitzen, dass eine konzentrierte Strategiearbeit kaum möglich ist. Ich meine, das kann man natürlich nutzen, man kann darauf surfen, aber man kann genauso gut auch richtig tief damit fallen" (P3: 214).

Die Medienlandschaft und damit auch die Möglichkeiten des Ministerpräsidenten, über die Medien zu steuern, differiert also zwischen den einzelnen Bundes-

---

[46] In Schleswig-Holstein kam es beispielsweise aufgrund koalitionsinterner Rivalitäten im Juli 2009 zu einem Koalitionsbruch. Bis zu den Neuwahlen am 27. September 2009 amtierte hier eine CDU-Minderheitsregierung. Aber auch die Große Koalition in Sachsen (2004 bis 2009) stand vor Ablauf der Legislaturperiode mehrfach kurz vor dem Scheitern. Die entsprechenden Referatsleiter weisen darauf hin, dass die strategische Planungsarbeit von derart instabilen Regierungsverhältnissen nicht unberührt bleibt. So wurde in Sachsen ein ressortübergreifendes Demografieprogramm aufgrund der politischen Großwetterlage zwischenzeitlich ‚auf Eis gelegt'.

[47] Zitate, die einen direkten Rückschluss auf die Interviewpartner zulassen oder die Wahl der in Frage kommenden Interviewpartner zu sehr begrenzen, sind mit einem „PX" versehen. Durch den Verzicht auf eine Zuordnung wird die den Interviewpartnern zugesicherte Anonymität gewährleistet.

ländern sehr stark. So berichtet ein Interviewpartner aus einem kleinen Bundesland, dass seine Regierung kaum einen öffentlichen Diskurs zu einem landespolitischen Thema organisieren, aber andererseits „unaufgeregt", „mit ruhiger Hand" und „bisweilen bequem" regieren könne (PX: 59). Hingegen ist in Bundesländern, in denen eine sehr ausdifferenzierte Medienlandschaft vorliegt, eine Mobilisierung der Bevölkerung „kein großes Problem". In diesem Fall besteht allerdings nach Einschätzung betroffener Planungsakteure die „große Gefahr, dass unausgegorene Dinge an die Öffentlichkeit geraten und dann sofort alles in Wallung versetzt" (PX: 175). Eine Interviewperson hat damit bereits schlechte Erfahrungen gemacht:

> „Dann ist das Thema irgendwie in der Presse gelandet. Natürlich haben die recherchiert bis zum Geht-nicht-mehr [...] und dann haben sie irgendwie Demografie aufgeschnappt, einen großen Artikel auf Seite eins platziert und dann entsteht natürlich sofort Handlungsdruck seitens der Regierungszentrale" (PX: 175).

Ein weiterer Interviewpartner ist darüber hinaus der Meinung, dass die fortschreitende Mediatisierung der Politik zur Tendenz führe, dass „Gelder auf Kosten von Strategie und Planung in Richtung Öffentlichkeitsarbeit fließen" (P3: 131). Eine ähnliche Beobachtung beschrieb Gerd Mielke in einem Aufsatz im Jahre 1999: Seiner Meinung nach gehe die stärkere Medienfixierung der Regierungsarbeit nicht nur mit einem systematischen Ausbau der professionellen Pressearbeit, sondern auch mit einer „Schrumpfung des Planungsbereichs" und einer „wachsenden Beratungs- und Planungsresistenz politischer Eliten" einher (Mielke 1999: 40). Konsens besteht unter den Planungsakteuren in der Einschätzung, dass die Medienorientierung der Politik und die damit verbundenen Personalisierungstendenzen politischer Botschaften einen übergreifenden Trend darstellen, von dem die Regierungszentralen im besonderen Maße profitieren können:

> „Landespolitische Themen werden ohne Skandalisierung eigentlich nur wahrgenommen, wenn sie mit dem Namen des Ministerpräsidenten verbunden sind. Anders als auf der Bundesebene sind die anderen politischen Schlüsselakteure in der Öffentlichkeit weitgehend unbekannt" (P3: 28).

Regieren auf Länderebene bewegt sich letztlich also zwischen den verschiedenen systemischen Logiken von Ministerpräsidenten-, Koalitions-, Verhandlungs-, Parteien- sowie Mediendemokratie. Darüber hinaus ist die Arbeit strategischer Planungsakteure strukturell den klassischen Zyklen von Politik „und externen Geschichten [unterworfen], die wir nicht beeinflussen können" (P2: 38):

„Also wenn wir [...] die vorgezogene Bundestagswahl [im Jahre 2005] nicht gehabt hätten, dann [...] wären wir im Jahr 2006 in einem komplett anderen politischen Fahrwasser. So gab es zum Erstaunen vieler Anfang 2006 eine Euphoriephase von Angela Merkel, die wir auch als Planer voll mitgenommen haben. [...] [D]as hat natürlich unsere Arbeit ganz extrem beeinflusst" (P2: 38).

Die Landesregierungen sind also nicht unwesentlich von der bundespolitischen ‚Großwetterlage' abhängig. Daneben sind die eigenen Landtagswahltermine auch für die Verwaltung ein einschneidendes Ereignis:

„Klassische Umbruchsituationen sind nach Landtagswahlen. Dann kann man alles mal wieder richtig schön durchmischen, dann ist auch wieder Zeit für Neues" (P1: 149).

Ein anderer Interviewpartner berichtet von seiner Erfahrung, dass die Regierungsparteien vor anstehenden Wahlterminen sehr viel Einfluss auf das Agenda Setting der Regierungszentrale nehmen:

„Der Einfluss der Parteien ist doch ziemlich groß und nimmt [...] sehr stark zu, je näher der Wahltag rückt. Da kommt dann viel Steuerung aus der Parteizentrale. Und die fragen nicht, die machen das einfach. Dann bekommen wir, was die mittelfristigen Themen angeht, in dieser Zeit natürlich ein bisschen Bedeutungsverlust. Aber ich glaube das liegt in der Natur der Sache" (P8: 176).

Und „selbstverständlich ist in der Staatskanzlei Ausnahmezustand und Alarm angesagt" (P5: 53), wenn der Ministerpräsident den Vorsitz der Bundesratspräsidentschaft oder andere verantwortungsvolle Ämter innehat, die über die Landespolitik im engeren Sinne hinausgehen.[48]
Ein entscheidender systemischer Faktor, der Einfluss auf die strategische Regierungsarbeit haben kann, ist zudem die Größe und finanzielle Situation eines Bundeslandes. So haben die Staatskanzleien größerer Bundesländer auch bundespolitisch ein anderes Gewicht und damit andere Handlungsspielräume und Möglichkeiten als beispielsweise die Stadtstaaten.[49] Es ist bereits in Kapitelabschnitt 4.2.1 auf die beträchtlichen sozioökonomischen Differenzen zwischen den einzelnen Bundesländern hingewiesen worden. Wie sich diese konkret auf

---

[48] Als Beispiel für solche Ämter können die ehemaligen Ministerpräsidenten Edmund Stoiber (Vorsitz der Föderalismuskommission I) und Günther Oettinger (Vorsitz der Föderalismuskommission II) angeführt werden.
[49] Dies reicht bis zur konkreten Konzipierung von Gesetzesinitiativen für die Bundespolitik. So wurde in der hessischen Staatskanzlei unter Roland Koch der Gegenentwurf der Union zu den rotgrünen Hartz-IV-Gesetzen konzipiert (PX: 30).

die strategische Planung auswirken, kann exemplarisch an Bayern gezeigt werden: Unter der Ministerpräsidentschaft von Edmund Stoiber wurde im Jahre 2006 eine „Zukunftskommission Bayern 2020" eingerichtet. Anders als bei ähnlichen Initiativen in anderen Bundesländern wurden seinerzeit aus Steuermehreinnahmen und Privatisierungserlösen über eine Milliarde Euro zur Verfügung gestellt, „die in die Zukunftsfähigkeit Bayerns" (PX: 110) investiert werden konnten. Das Beispiel zeigt, dass die finanziellen Ressourcen einen Unterschied in der strategischen Ausgangslage im Vergleich zu Bundesländern wie Bremen, Berlin oder Schleswig-Holstein machen, wo Konsolidierungsdruck beziehungsweise sogar Haushaltsnotstand herrscht. Allerdings kann sich in manchen Fällen auch eine angespannte Haushaltslage vorteilhaft auf die strategische Ausrichtung einer Regierungspolitik auswirken. So berichtet ein betroffener Planungsakteur davon, dass sich durch eine ausgerufene Haushaltsnotlage die Verhandlungspositionen der Regierungszentrale (und des Finanzministeriums) gegenüber den Ressorts verstärkt und zugleich auch die Chancen strategischer Planung erhöht haben. Ebenso wenig scheint die Länge der Amtsdauer einer Regierung eine hinreichend strategieförderliche Bedingung darzustellen. Auch hier ist Bayern ein interessantes Beispiel: Mit nur kurzer Unterbrechung wird der Freistaat seit 60 Jahren von einer einzelnen Partei regiert, die die meiste Zeit sogar eine absolute Mehrheit im Bayerischen Landtag innehatte. Nach Einschätzung des entsprechenden Planungsleiters ermöglicht die Gewissheit einer strukturellen Mehrheit,

> „auch mal über eine Legislaturperiode hinaus zu denken und unpopuläre Entscheidungen zu treffen, die erst langfristigen Benefit bringen. Diese hohe Kontinuität ist schon ein Argument für die Innovationskraft des Landes" (PX: 110).

Trotz des nachweislichen Erfolgs Bayerns in Vergleichsstudien wie dem Bundesländer-Ranking der Initiative Neue Soziale Marktwirtschaft (vgl. INSM 2009) widersprechen andere Planungsakteure der einfachen Erfolgsformel „Regierungskontinuität = Innovationskraft" vehement. Als Folge von Abnutzungserscheinungen, Routinen und mangelnder personeller Flexibilität bestehe nach etwa zwei Legislaturperioden die Gefahr von „programmatischer Stagnation", „politischer Selbstgefälligkeit" und „administrativer Phantasielosigkeit" in den Regierungszentralen, wodurch die Chancen für eine strategische Politikausrichtung gemindert würden:

> „Ich habe den Eindruck, dass nach etwa 10 Jahren der Zeitpunkt kommt, wo Regierungen in aller Regel anfangen, strukturell zu verdummen. In dem Sinne, dass sie große Schwierigkeiten haben, sich noch mal zu innovativen Kampagnen aufzurappeln" (P3: 71).

Zusammenfassend lässt sich sagen, dass die Ministerpräsidenten-, Koalitions-, Verhandlungs-, Parteien- sowie Mediendemokratie die wesentlichen Strukturmerkmale der Regierungspolitik in den Ländern darstellen. Darüber hinaus können (neben weiteren, unmittelbar einsichtigen Strukturbedingungen wie Größe und sozioökonomische Situation eines Bundeslandes sowie klassischen Zyklen wie Wahlen oder Rotationen bei der Bundesratspräsidentschaft) die Amtsdauer, die aktuelle Haushaltslage und die bundespolitische ‚Großwetterlage' als zusätzliche Kontextfaktoren identifiziert werden, die die Strategiearbeit in deutschen Regierungszentralen beeinflussen. In den meisten Bereichen ergeben die empirischen Befunde jedoch keine eindeutigen Kausalitäten bezüglich einer strategiehemmenden oder -förderlichen Wirkung der Kontextfaktoren.

5.1.2 Die Regierungszentrale im Gesamtgefüge der Landesregierung: Aufgabe, Ausrichtung, Steuerungsformen

In gewisser Weise bildet die Regierungszentrale das *Regiezentrum* der Landesregierung: Hier werden die landespolitischen Leitlinien formuliert („Drehbuch"), ein Spannungsbogen der Legislaturperiode mit den entsprechenden Akteuren und Zeitpläne festgelegt („Dramaturgie"), der reibungslose Ablauf der Regierungsgeschäfte überwacht („Choreografie") und letztlich die Arbeit der gesamten Regierung kommuniziert („Darstellung") und im Auftrag des Ministerpräsidenten verantwortet („Regie"). Hauptfunktion der Regierungszentrale als „dienende Behörde des Ministerpräsidenten" (vgl. Frohn 2009) ist das Politikmanagement, d. h. die Prozesssteuerung der Regierungsaktivitäten und die unmittelbare Vorbereitung von Kabinettsentscheidungen (vgl. Grunden/Florack 2010). Dabei ist die Regierungszentrale stets um eine einheitliche Regierungshaltung bemüht (vgl. Busse 2005: 46 ff.), weswegen der regierungsinternen Konsensfindung große Bedeutung zukommt und Konfliktvermeidung und -bewältigung einen Großteil des Politikmanagements ausmacht:

> „Unsere Aufgabe ist es, den Prozess […] geschmeidig zu gestalten, weil Krach in der Regierung immer auf unser Haus zurückfällt" (P5: 15).

Bevor das Kabinett Entscheidungen fällt, werden strittige Punkte zwischen den Ressorts daher häufig bereits auf Referats-, Abteilungs- und Staatssekretärsebene ausgeräumt. Diese ressortübergreifende Kompromisssuche wird in der Regel von der Regierungszentrale organisiert. *Regierungsintern* ist die Zentrale damit in erster Linie eine Moderationsplattform, die die Arbeit der Landesministerien koordiniert und bei Meinungsverschiedenheiten vermittelt. Ein Interviewpartner sprach in diesem Kontext von einer „allgemeinen Ergebnisverantwortung" der Regierungszentrale (P5: 15). *Regierungsextern* bildet die Zentrale das Sprachrohr der Gesamtregierungsperspektive. Denn auch wenn jedes Ressort seine eigene Öffentlichkeitsabteilung hat, wird im Pressebereich der Regierungszentrale die zentrale Kommunikation der Landesregierung geleistet. Wichtig ist der Dialog mit regierungsexternen Anspruchsgruppen wie Parteien, Parlament, Verbände, Kirchen, Kommunen, Medien, Gewerkschaften und dem einzelnen Bürger, um den Eindruck eines „Wir kümmern uns!", „Laden läuft!" und „Politik aus einem Guss" (P4: 36) zu vermitteln. Ziel ist es, das Regierungshandeln „zu einer kommunizierbaren, anschlussfähigen und sinnfälligen politischen Linie zu verdichten und gewissermaßen zu ‚veredeln'" (Mielke 2004: 128). Durch eine öffentlichkeitswirksame Präsentation der Regierungsarbeit soll dabei aus Sicht der Zentrale auch möglichst „viel Glanz des kollektiven Erfolgs auf den Regierungschef" abfallen (P3: 73).

Das Politikmanagement als Hauptaufgabe – insbesondere der Leitungsebene der Regierungszentrale (Ministerpräsident, Chef der Staats- beziehungsweise Senatskanzlei, Ministerpräsident-Bereich und Abteilungsleiter) – kann hinsichtlich des Aufgabenspektrums auf Arbeitsebene weiter in Spiegelreferate (Politikkoordinierung) und Planungsreferate (Politikkonzipierung) unterteilt werden. Als Spiegelreferate werden die den politischen Abteilungen untergeordneten Referate im Bundeskanzleramt bezeichnet. Die Bezeichnung leitet sich davon ab, dass jedes dieser Referate einem Referat in einem Fachministerium entspricht (dieses spiegelt). Wesentliche Aufgabe der *Spiegelreferate* ist es, die Facharbeit der Ressorts zu begleiten, die entsprechenden Informationen zu bündeln und für den Regierungschef aufzubereiten (vgl. Busse 2005: 54 ff.). Dabei werden – bei entsprechender Ressourcenausstattung der Koordinierungsabteilungen – der Bearbeitungsstand und die fristgerechte Aufgabenerfüllung kontrolliert, politikfeldübergreifende Auswirkungen politischer Vorhaben abgeschätzt und eigene fachpolitische Impulse eingebracht. Bei den Spiegelreferaten, die im kontinuierlichen Austausch mit den Häusern stehen, laufen letztlich „die Fäden zusammen" (P5: 13), weshalb sie auch als „Transmissionsriemen für Entscheidungen des Regierungschefs" (P3: 72) bezeichnet werden können. Innerhalb der Regierungsorganisation nehmen sie damit eine wichtige Scharnier- sowie Konfliktfrühwarnfunktion ein. Ihre Arbeit ist stark durch das politische Alltagsgeschäft sowie durch Termin- und Fristendruck gekennzeichnet (vgl. P5: 15).

Während die Koordinations- und Kabinettsabteilungen mit den verschiedenen Ressortspiegelreferaten in allen 16 Staats- und Senatskanzleien relativ ähnlich strukturiert sind[50], unterscheiden sich die *Planungsreferate* hinsichtlich ihres

---

[50] In manchen Regierungszentralen gibt es statt der klassischen Ministerienspiegel jedoch auch sogenannte Themenspiegel, die dann auch eine Querschnittsfunktion erfüllen.

Zuschnitts deutlich voneinander (siehe auch Kapitelabschnitt 5.1.3). Ohne die Ergebnisse der kommenden Abschnitte vorwegzunehmen, kann bereits festgestellt werden, dass in diesen Einheiten die Formulierung von Regierungsleitlinien, die konkrete Aufgabenplanung sowie die Identifizierung gesellschaftspolitischer Herausforderungen wesentliche Arbeitsschwerpunkte ausmachen. Im Unterschied zu den Spiegelreferaten sind die Planungsreferate in diesem Sinne eher mit politikfeldübergreifender Grundsatzarbeit und proaktiver Politikkonzipierung betraut.[51]

Auch wenn Regierungszentralen in Ausnahmefällen ressortspezifische Aufgaben übernehmen[52], grenzen sie sich im Ganzen typischerweise durch ihre stark politikfeldübergreifende Ausrichtung („die Ressorts denken immer in gewissen Stiefeln") und durch eine Fokussierung auf die übergeordneten Interessen der Regierung („das große Ganze sehen") von den Ministerien ab (P4: 83). Eine Interviewperson drückte die Notwendigkeit einer gesamtpolitischen Perspektive folgendermaßen aus:

> „[D]er hundertste Fackelzug von Eltern gegen eine Schulreform kann man schon aussitzen. Aber auf der anderen Seite muss ich doch irgendwann […] mal einsehen, dass sich Schulpolitik nicht auf die Frage beschränken lässt, wie viele Lehrerstunden ausfallen. Eine Einzelpolitik muss man dann doch mal in Frage stellen und jenseits der Fachsicht ein Problem im politischen Gesamtkontext sehen. Da ist das Ressortprinzip und der damit einhergehende Ressortegoismus natürlich genau das Falsche" (P2: 162).

Mit „Ressortegoismus" rekurrieren die Interviewpartner auf regierungsinterne Verteilungskonflikte, die sich auf Kompetenzen, Budgetanteile und Einflussbereiche beziehen. Im Vordergrund stehen dabei stets die Protektion der eigenen Autonomie (vgl. Tils 2005: 219) und die (parteipolitische) Profilierung. In Kapitelabschnitt 5.1.1 ist bereits auf das verfassungsrechtlich normierte Ineinandergreifen von Ressort- und Richtlinienprinzip hingewiesen worden. Die Balance dieses Spannungsverhältnisses ist letztlich jedoch nicht vollständig normiert, sondern hängt vom jeweiligen Regierungsstil des Ministerpräsidenten sowie von

---

[51] Diese grobe Differenzierung zwischen Politikkoordinierung und -konzipierung ist idealtypisch. Da letztlich bis zu einem bestimmten Grad auch in den Spiegelreferaten geplant beziehungsweise in den Planungseinheiten koordiniert wird, ist die Unterscheidung empirisch nicht trennscharf zu beobachten.

[52] Wenn einzelne Themen im Zuständigkeitsbereich der Regierungszentrale liegen, dann handelt es sich meistens um Querschnitts- und Schwerpunktthemen sowie landespolitische Vorhaben von zentraler Bedeutung, die zur ‚Chefsache' erklärt werden. Dies betrifft klassischerweise in einigen Regierungszentralen die Medien-, Kultur- oder Europapolitik. Im Staatsministerium Baden-Württemberg gibt es daneben eine ehrenamtliche Staatsrätin für Demografischen Wandel und Senioren.

den vorherrschenden politischen Kräfteverhältnissen ab. So weist eine Interviewperson darauf hin, dass die „verfassungsrechtliche Setzung anders ist als die verfassungspolitische Wirklichkeit" (P1: 171): Wenn keine absolute Mehrheit vorliege, sei die Richtlinienkompetenz durch das Ressortprinzip stark relativiert. Bei einer großen Koalition sei sie sogar bisweilen faktisch außer Kraft gesetzt, da seitens des kleineren Koalitionspartners stets ein gemeinsames „Regieren auf Augenhöhe" (P1: 171) eingefordert werde. Für die Interviewpartner macht also zunächst einmal die Regierungskonstellation einen großen Unterschied:

> „Wir gucken auch mal nach: Sind die Häuser nun halbwegs an einer gewissen Zielerreichung dran oder nicht. Da schauen wir beim Koalitionspartner besonders genau hin" (P1: 13).

> „Wenn die Ressorts das gleiche Parteibuch haben, ist es kein Problem, wenn man mal sagt: 'Ich brauch da was!' Das ist beim Koalitionspartner absolut etwas anderes" (P9: 205).

Doch unabhängig davon, ob es sich um eine Koalitionsregierung handelt oder nicht, kann nach Einschätzung der Interviewpartner im Regierungsalltag nicht automatisch von einem klaren Über- und Unterordnungsverhältnis die Rede sein.[53] Bei vielen politischen Entscheidungen liegt kein formales Weisungsrecht des Regierungschefs vor, weshalb die Regierungszentrale ihre privilegierte Stellung im Zusammenspiel der Ministerien oftmals einzig von der Nähe zum Ministerpräsidenten ableitet, der qua Amt über eine außerordentliche Autorität verfügt (vgl. Kapitelabschnitt 5.1.1):

> „Es gibt keine formelle Hierarchie, aber eine faktische. [...] Natürlich hat die Staatskanzlei eine übergeordnete Rolle, wir treten ja im Namen des Ministerpräsidenten auf. Und der Ministerpräsident ist nun einmal der Chef der Regierung. [...] Wenn man mit den Leuten nicht klarkommt, kann man immer sagen: ‚Der Ministerpräsident möchte das gerne so und wir können diesen Punkt gerne im Kabinett besprechen lassen.' [...] Glauben Sie mir, das gibt uns sehr viel Gewicht" (P8: 160).

> „Gesteuert wird durch die Autorität des Amtschefs [...]. Diejenigen, die mauern, werden so in den Senkel gestellt" (P7: 86).

Dabei weisen die Interviewpartner jedoch auch auf die Gefahr hin, seine Einflussmöglichkeiten durch ‚Übersteuerung' mittel- bis langfristig zu verlieren und

---

[53] Einige Interviewpartner weisen darauf hin, dass ein gewisses Autoritätsgefälle beispielsweise bereits daran abzulesen sei, dass man als Referatsleiter in der Staatskanzlei regelmäßig für die Abteilungsleiter in den Ministerien Ansprechpartner ist.

sich zu ‚verbrennen'. So wird ein Machtwort in der Regel als Ausdruck von Ohnmacht verstanden:

„[N]otfalls – das ist aber immer der schlechteste Ausweg – müssen sie die Kraft und den Einfluss ihrer Hausspitze einbringen. […] [W]enn Sie das [aber] zu häufig machen, gelten sie relativ schnell als ‚Lame-Duck', die nichts bewegen kann. Und irgendwo sind die Kapazitäten der Hausspitze natürlich auch begrenzt, weil sie sich nicht in jedes Problem reinhängen können" (P6: 30).

„Die Kategorie eines Zwanges oder einer Anordnung aus der Staatskanzlei ist […] immer so ziemlich das letzte Mittel. Vorher muss es andere Möglichkeiten geben. Das Ideal ist ja eigentlich immer, dass die Leute eine Idee zu ihrer eigenen machen, dass sie von der Richtigkeit einer Überlegung aus der Staatskanzlei überzeugt sind. […] Drohungen der Staatskanzlei funktionieren in der Regel nicht" (P1: 70 f.).

„[P]ochen ist immer das Falsche, weil man dann nur Widerstände am Hals hat. […] Die ganzen Verwaltungen sind schwere Tanker. […] [M]an muss konsensual arbeiten und die Ressorts mitnehmen, um Erfolg zu haben" (P2: 158 ff.).

Eine Interviewperson betonte insbesondere die Notwendigkeit einer partnerschaftlichen Arbeitsteilung zwischen der Zentrale und den Ressorts, das auch „Steuerung über Bande" mittels der Medien verbiete:

„Ohne Partnerschaft geht es nicht. Die Zentrale kann es sich nicht leisten, gegen die Ressorts zu arbeiten. […] Die Staatskanzlei ist nicht in der Lage, zu jedem Ressort ein Gegenressort innerhalb des Hauses aufzubauen. Dafür reichen die Kapazitäten nicht und das kann auch nicht das Ziel sein. […] Wenn wir einmal die Notwendigkeit sehen, etwas zu machen, stellt sich der Ministerpräsident nicht vor die Presse und sagt: ‚Wir werden jetzt im Schulbereich dies und das machen!', sondern das wird im Kabinett, im Koalitionsausschuss, in den Fraktionen erörtert und da gibt es dann eher Denkanstöße von Seiten der Staatskanzlei hinter verschlossenen Türen in Richtung der Ressorts, als dass das öffentlich passiert" (P10: 83 ff.).

Die Konsensorientierung war auch bei den anderen Referatsleitern zentrales Merkmal. Bei der Frage, welche Maßnahmen zu ergreifen sind, wenn die Zusammenarbeit mit den Ressorts einmal nicht so gut verläuft, wurde auf die nächsthöhere Ebene verwiesen. Streitigkeiten werden dann in der Regel auf Abteilungsleiter- oder Staatssekretärsebene ausgeräumt. Auf die Frage, ob auch andere Formen von Anreizen oder Druckmittel eine Rolle spielen, reagierten die Interviewpartner unterschiedlich:

„Üblicherweise verfüge ich über ein Verhandlungsmandat des Amtschefs. Bei Konflikten geht es zur nächsten Ebene. Das ist so üblich. Ich bin aber froh, dass ich das wenig brauche. Andere Druckmittel fallen mir jetzt keine ein" (P8: 174).

„Also, nein, auf dieser Ebene mit Belohnungs- und Sanktionsmechanismen zu arbeiten, Entschuldigung, aber das geht nah an einen Kindergarten heran, das machen wir nicht" (P5: 113).

„Natürlich gibt es immer noch die Parlamentspeitsche, dass man über das Parlament noch mal stärker Druck auf die Verwaltung ausübt" (P9: 205).

Eine direkte Sanktionierung abweichenden Ressortverhaltens ist also nicht zuletzt aufgrund des mangelnden Weisungsrechts der Zentrale gegenüber den Ressorts schwer möglich.[54] Insgesamt lässt sich das Gebot ableiten, die Ressorts nicht zu eng zu steuern. Mit dem Hinweis auf die Tatsache, dass die fachliche Expertise und das Detailwissen in den Ressorts verankert sind, sollte eine direkte Intervention in die Ressortzuständigkeiten vermieden werden. Stattdessen wird Steuerung besonders bei „zentralen Querschnittsthemen" (P4: 11) mehr als „Antreiben", „Akzentsetzen" und „Ideentransport" verstanden:

„In der Staatskanzlei wird nur relativ wenig abgearbeitet. Hier geht es mehr um Aufwirbeln und Verteilen, wer was federführend übernimmt" (P8: 33).

„Wir sind nicht nur die Notare und Nachlassverwalter der Regierungserklärung, [sondern] sehen auch zu, möglichst eigene Akzente zu setzen. Das wäre ja sonst absurd, wenn wir das nicht täten" (P1: 13).

„Ideen transportieren. Also koordinieren, moderieren, anregen und Ideen transportieren. Wenn man so will, [helfen] zu neuen Dingen zu kommen" (P1: 72).

Organisiert wird diese Form proaktiver Steuerung oftmals über ressortübergreifende Arbeitsgruppen:

„Dies läuft in der Regel über interministerielle Arbeitsgruppen. [...] Ich allein bin in zehn ressortübergreifenden Arbeitsgruppen engagiert" (P5: 15).

„Dann wird eine Arbeitsgruppe aus Vertretern relevanter Ministerien gebildet und ein Thema gemeinsam weiterentwickelt. [...] [U]nser Ziel ist es, bei der Implemen-

---

[54] In Berlin kommt erschwerend hinzu, dass die Bezirke traditionell über weitgehende Mitwirkungsrechte verfügen. Die Landesregierung hat also kein unmittelbares Weisungsrecht und ist auf umfangreiche Abstimmungen mit den Verwaltungseinheiten vor Ort angewiesen, was eine zentrale Steuerung aus der Regierungszentrale zusätzlich einschränkt.

tierung auszusteigen und den Ressorts das Feld zu überlassen. Ab dann setzt in der Regel der [nachgelagerte] Steuerungsprozess ein" (P6: 26).

Als große Herausforderung gilt dabei, dass die von der Regierungszentrale ausgegangenen Impulse nach Auflösung der Arbeitsgruppen im Übergang „in die Implementierungsphase nicht versande[n]" (P6: 26):

> „Je nach dem, mit wem Sie es zu tun haben, ergibt sich ja das Problem, dass die [Ressorts] das alles gar nicht so spannend finden. Dann müssen sie […] [die Implementierung] schon einigermaßen eng begleiten, damit das nicht in dem Moment ‚abschmiert', wo die Kollegen in den Häusern denken, sie seien unbeobachtet und könnten das schnell begraben. Das ist immer das Grundproblem" (P6: 26).

Insofern stellt sich die Frage der Kontrolle nach der abgeschlossenen Agenda Setting-Phase. Dabei zeigen sich sehr unterschiedliche Ansätze in der Handhabung:

> „Termine und Deadlines werden abgefragt und kontrolliert. Es findet bei uns aber kein inhaltliches Controlling statt. Dafür gibt es gar keine Kapazitäten" (P9: 24).

> „Wir beteiligen uns bei der Formulierung der konkreten politischen Vorhaben. Und dann machen wir so eine Art – ‚großkotzig formuliert – Controlling. Also wir fragen ab: Was ist passiert? Was soll passieren? Wann geht ihr damit ins Kabinett? Wann in die Öffentlichkeit?" (P8: 25).

> „[W]ir identifizieren in der Regel für jedes Haus sechs bis acht maßgebliche Projekte zu Beginn einer Legislaturperiode. Das sind […] weitestgehend die Oberziele […]. [D]ie müssen dann zu operationalen Zielen runtergebrochen werden und die dann wiederum in Maßnahmen und Instrumente, wie man die Ziele erreichen will. Und das geschieht in der Regel in einem gemeinsamen Prozess. Am Ende steht aber ein relativ klarer und strikter Plan mit Meilensteinen, was wann erreicht werden muss" (P6: 58).

> „Wenn Sie jedes Problem und jede Thematik im Regierungsprogramm […] auf Kennzahlen oder Ähnliches runterbrechen wollen, dann scheitern Sie! So kann man keine vernünftigen Steuerungsprozesse organisieren" (P4: 134).

> „Wichtig ist, […] [dass] die Vorschläge, die aus den Häusern kommen, mittels der Spiegelreferate noch mal von einem selbst […] kritisch bewertet werden können. Aber von Kontrolle würde ich nicht sprechen. Eher Koordinierung" (P10: 83).

Besonders wichtig erscheint einer Interviewperson stellvertretend für andere die Kontaktpflege zu den Minister-Büros in den Ressorts, die insbesondere bei Streitigkeiten als Ansprechpartner und Mittler agieren:

> „Erfolgreiche Steuerung [...] basiert meist auf möglichst langjähriger guter Zusammenarbeit mit den M[inister]-Büros. Hier gilt es regelmäßig den Kontakt zu pflegen, dass die von sich aus einen unverzüglich informieren, wenn irgendwas schiefläuft und insbesondere sagen, warum es schiefläuft. Das kann man nicht anweisen, das kann nur dadurch funktionieren, dass sie im Laufe der Jahre gute und vertrauensvolle Netzwerke aufbauen. [...] [J]ede noch so gute Struktur funktioniert nicht, wenn sie nicht persönlich einen guten Draht zu den Leuten haben" (P6: 58).

Zusammenfassend lässt sich sagen, dass die Steuerung der Ressorts durch die Zentrale von proaktiv-gestaltend bis nachgelagert-kontrollierend sehr unterschiedliche Formen und Ausmaße annimmt. Bei der *proaktiven Steuerung* ist der Anspruch der Regierungszentrale, bestimmte politische Themen und Vorhaben von herausragender gesellschafts- beziehungsweise landespolitischer Bedeutung zu initiieren und anzutreiben und somit auch eine Priorisierung der Regierungsarbeit vorzunehmen. Dagegen wird bei der *nachgelagerten Steuerung* in der Mehrheit der Fälle nicht der Anspruch eines vollständigen Controllings erhoben, sondern in der Hauptsache eine ungefähre Zielerreichung angestrebt. Insgesamt scheinen die Ressorts ein relativ hohes Maß an Autonomie zu haben, wobei durchaus auch Druck seitens der Regierungszentrale ausgeübt wird, falls gewisse Meilensteine nicht eingehalten werden. Die große Herausforderung aus Sicht der Regierungszentrale ist letztlich die ressortübergreifende Steuerung ohne letztgültige hierarchische Zuständigkeit. Dabei wird zwar mit der Autorität des Ministerpräsidenten, nicht aber über die reine Amtskraft gesteuert. Entscheidend ist die Interaktionsform: Erfolg versprechend scheint diejenige Steuerung, die von den Ministerien nicht als Fremdsteuerung wahrgenommen wird. Letztlich hängen Grad, Strukturen und Verfahren der Steuerung auf Arbeitsebene vom Regierungsstil des Ministerpräsidenten sowie von der konkreten Regierungskonstellation ab. In einer Koalitionsregierung sind Steuerungsversuche der Regierungszentralen aufgrund der machtpolitischen Koalitionsarithmetik eine äußerst sensible Angelegenheit. Die Rücksichtnahme auf die Befindlichkeiten des Koalitionspartners sowie dessen unbedingte Gesichtswahrung sind hier zentral.

5.1.3 Institutionell-organisationelle Einbettung der Planungseinheiten in die Regierungszentrale: Aufhängung, Zuschnitt und Ressourcen

Die Frage nach der strukturellen Einbindung der Planungseinheit in die Regierungszentrale umfasst die organisatorische Aufhängung, den Zuschnitt sowie die Ressourcenausstattung. Bei der *Aufhängung* geht es hauptsächlich um die Frage, ob die Planungseinheit als Stabstelle direkt beim Ministerpräsidenten angesiedelt oder ob sie in eine Abteilung integriert ist. In den untersuchten Fällen ist die strategische Planung lediglich in der Berliner Senatskanzlei als Planungsstab direkt beim Regierungschef angesiedelt[55], in den neun anderen Regierungszentralen handelt es sich um Planungsreferate, die in die Abteilungshierarchie eingebunden sind. In einigen Regierungszentralen war die Planungseinheit jedoch vorher als Stab aufgehängt, sodass einige Interviewpartner Aussagen über mögliche Unterschiede machen können. Allerdings waren diese Aussagen nicht widerspruchsfrei. Auf die generelle Frage, ob es einen Unterschied für die tägliche Arbeit macht, wenn die Planungseinheit als Stab statt als Referat in die Organisationsstruktur eingebunden ist, reagierte die Mehrzahl der Interviewpersonen spontan relativierend: „Das tut sich nicht viel" (P1: 173). Im Fortgang des Interviews wurden jedoch einige wesentliche Differenzen genannt. So bestimmt die Aufhängung in gewisser Weise die (gefühlte) Länge des Dienstweges:

> „Wenn wir [als Referat] eine Vorlage an den Ministerpräsidenten machen […], dann läuft das über Abteilungsleiter-Amtschef-Staatsminister und ist dann erst beim Ministerpräsidenten. Wenn man Stabsstelle ist, dann kann man – theoretisch – direkt die Vorlage machen. Man wird es nicht machen, weil […] es nicht viel bringt, den Amtschef gegen sich aufzubringen. Also in der Praxis macht es keinen Unterschied. Aber so vom Gefühl her ist es natürlich angenehmer, oben dranzuhängen und […] nicht noch die zwei, drei Hierarchien zwischengeschaltet zu haben. […] [W]ir haben es schon ein bisschen als Zurückstufung gesehen, als wir dann hier in die Linie gerutscht sind. Also einen mentalen Unterschied macht es schon" (P7: 50 ff.).

Die Stablösung hat demnach auch Auswirkungen auf die hausinterne Stellung der Planungseinheit. Dieser Aspekt wurde von der Mehrzahl der befragten Planungsakteure hervorgehoben, weshalb von einer klaren Präferenz für die Stabs-

---

[55] In Berlin sind erst im Jahre 2007 zwei Planstellen in einem Planungsstab direkt beim Ministerpräsidenten eingerichtet worden, nachdem dem Regierenden Bürgermeister nach einer Verfassungsänderung die Richtlinienkompetenz zugesprochen wurde. In Abbildung 10 in Kapitelabschnitt 4.2.1 ist Berlin deshalb eine eingeschränkte Richtlinienkompetenz bescheinigt worden, weil es nun zwar formaljuristisch eine Steuerungskompetenz der Zentrale gibt, die faktisch jedoch nicht voll ausgeschöpft werden kann. Hintergrund ist, dass sich ein solch tief greifender kultureller Organisationswandel bei einer Verwaltung, die sich in den letzten Jahrzehnten autonom gesteuert hat, nur schrittweise vollziehen lässt.

lösung gesprochen werden kann. Dadurch, dass man zum persönlichen Bereich des Ministerpräsidenten gehört, ist man mit einer gewissen Leitungsautorität ausgestattet und agiert unabhängiger:

> „Natürlich macht es einen Unterschied für die anderen Abteilungen. Wenn ich von oben sage: ‚Liefere mir mal zu!‘, ist das was anderes, als wenn ich es als Referat in der Linie sage. […] Wie ernst etwas innerhalb des Hauses genommen wird, hängt immer [davon] ab, wie […] der Zugang zum Ministerpräsidenten ist" (P7: 60).

> „[…] ein bisschen von dem tagespolitischen Stress wegkommen, um Politik wirklich vordenken zu können. Im Stab kann sehr freihändig an Themen gearbeitet werden" (P9: 11).

Allerdings zeigt sich an der Freihändigkeit auch der Nachteil einer Stabslösung: Als Folge der institutionellen Absonderung durch die Ansiedelung beim Ministerpräsidenten sind die Planungsstäbe häufig vom Informationsfluss in den Abteilungen abgeschnitten, was die stark wissensbasierte strategisch-planerische Arbeit behindert:

> „[Stabstellen] zahlen […] auch einen hohen Preis. Wir sind in eine Abteilung eingebunden, das hat viele Vorteile. Schlicht, weil wir mehr Zugriff haben, auf mehr Information, mehr Kollegen. Das ist manchmal sehr bequem und tut den Inhalten auch gut. Eine über allen Dingen schwebende Stabstelle muss gar nicht gut sein. Die kann sehr schädlich sein" (P1: 173).

> „Nachteil ist, dass ein UFO immer ein UFO ist. Man muss natürlich auch an die Informationen rankommen, die im Haus so kursieren. Das ist als Stabstelle alles andere als leicht" (P9: 11).

Als Folge der institutionellen Absonderung durch die Ansiedelung beim Ministerpräsidenten sehen sich Planungsstäbe also der Herausforderung ausgesetzt, vom Informationsstrom abgeschnitten zu sein. Bei der Frage nach der Aufhängung der Planungseinheit muss also der direktere Zugang zum Ministerpräsidenten bei der Stabslösung mit der Integration in die Informationsflüsse der Abteilung bei der Referatslösung abgewogen werden. Ein Interviewpartner wies jedoch darauf hin, dass das Zugangsargument

> „manchmal auch hochstilisiert wird. Die tatsächlichen Gründe, weswegen es Stabstellen gibt, liegen häufig […] in personellen Überlegungen, dass beispielsweise eine bestimmte Person aus bestimmten Gründen Stabstellen-Leiter werden soll. Die[se] Gründe] müssen nicht politisch sein" (P1: 172 ff.).

Gemeint ist damit, dass bei organisationellen Umstrukturierungen nicht immer nur sachrationale Kriterien zum Tragen kommen, sondern wichtige Personalrochaden aus opportunistischen Erwägungen vorgenommen werden, wie beispielsweise Gefälligkeiten für loyale Mitarbeiter („Beförderungshierarchien"). Doch auch die Unterbringung der Planungsreferate in den Abteilungen erfolgt meist nicht nach rein inhaltlichen Gesichtspunkten:

> „Die Aufstellung der Einheiten hat ja nicht nur [et]was damit zu tun, dass die Sachen inhaltlich zusammenpassen. Ein wichtiger Aspekt ist die Arithmetik innerhalb des Hauses. So wird darauf geachtet, dass die Abteilungsleiter in etwa gleich viele Referate zugeteilt bekommen" (P3: 57).

Bei der Zuteilung von Kompetenzen und Ressourcen einzelner Abteilungen und Referate durch die politische Leitungsebene wird also auf ein gewisses organisationelles Gleichgewicht innerhalb der Regierungsorganisation Wert gelegt. Der spezifische *Zuschnitt* auf Abteilungs- und Referatsebene ist dabei in Geschäftsverteilungsplänen fixiert, dessen konkrete Ausarbeitung der politischen Leitungsebene obliegt:

> „[E]s [ist] das originäre Recht der Hausspitze [...], die Organisation nach den eigenen Bedürfnissen und Vorlieben auszugestalten. Der konkrete Zuschnitt der Planungseinheit und die Unterbringung in die Abteilungen ist daher eine sehr typbezogene Angelegenheit" (P1: 169).

Ein Blick in Organigramme zeigt, dass der Zuschnitt in der Tat von Regierungszentrale zu Regierungszentrale stark divergiert. So weisen bereits die Abteilungen, in denen die Planungseinheiten integriert sind, einen sehr unterschiedlichen Zuschnitt auf, der sich beispielsweise hinsichtlich der Kopplung mit den Spiegelreferaten verdeutlichen lässt (vgl. Abbildung 16).

Abbildung 16: Zuschnitt der neun Abteilungen mit integrierten Planungseinheiten

Planung mit Koordination	Planung ohne Koordination
+ HB: „Koordinierung und Planung“ + BB: „Regierungsplanung und Koordinierung“ + RP: „Ressortkoordination und Regierungsplanung“ + NS: „Richtlinien der Politik, Ressort koordinierung und -planung“ + SH: „Ressortkoordinierung, Kabinetts- u. Landtagsangelegen heiten, Bund-Länder-Koordinierung“	+ BY: „Planung und Bürgeranliegen“ + HE: „Planung, Controlling und Verwaltungsmodernisierung“ + BW: „Grundsatz und Planung, Bundesangelegenheiten, Wissen schaft und Kunst“ + SA: „Politische Planung, Außen beziehungen, Medien“

Quelle: Eigene Darstellung, Stand: August 2009

Eine noch größere Vielfalt weist der Zuschnitt der konkreten Planungseinheit auf (vgl. Abbildung 17). Der Blick auf die Bezeichnungen im Organigramm zeigt dabei zunächst, dass Planung und Grundsatzarbeit meist Hand in Hand gehen. Auffällig ist zudem, dass die meisten Regierungszentralen die klassische Planungs- und Grundsatzarbeit mit bestimmten Schwerpunkten verknüpfen: Beispielsweise liegt in Bremen ein besonderer Fokus auf Aufgabenplanung, in Hessen auf Erfolgskontrolle und in Sachsen auf dem Thema Demografie.[56] In Baden-Württemberg hingegen kommt als zusätzliche Aufgabe das Wissensmanagement, in Brandenburg das Redenschreiben sowie in Niedersachsen die Spiege-

---

[56] In der Sächsischen Staatskanzlei gibt es das Referat „Strategische Planung, Demografie, Demoskopie“, in dem viele Kapazitäten für originäre Strategiearbeit und Zukunftsthemen wie den demografischen Wandel frei gehalten werden. Hinsichtlich der Strategieorientierung nimmt Sachsen nicht zuletzt wegen seiner Demografiepolitik und seines erfolgreichen Szenarienprojekts „Sachsen 2020“ eine gewisse Vorreiterrolle unter den 16 Bundesländern ein (vgl. Schwickert 2010; Schilling et al. 2009: 30 ff.). Ein Interviewpartner führt dies auf „eine gewisse strategisch-planerische Tradition“ seit der Ministerpräsidentschaft von Kurt Biedenkopf zurück: „Die atmosphärische Großwetterlage in Sachsen hat die strategische Planung immer im guten Licht erscheinen lassen“ (P3: 199). Es gibt jedoch noch weitere Gründe für die vergleichsweise starke Strategieorientierung des Freistaates: So steht die sächsische Landesregierung aufgrund des im 2019 auslaufenden Solidarpakts unter enormen Konsolidierungsdruck. Zudem ist Sachsen im Vergleich zu anderen Bundesländern in besonderem Maße von Geburtenmangel, Überalterung und Abwanderung als Folgen des demografischen Wandels betroffen.

lung des Sozialministeriums dazu. Der Zuschnitt der Planungseinheiten in den drei letztgenannten Bundesländern weist einige Besonderheiten auf, weshalb eine genauere Betrachtung hier lohnenswert erscheint.

Im Staatsministerium *Baden-Württemberg* trägt das Planungsreferat den Titel „Politische Planung, Grundsatzangelegenheiten, Koordination Landtag, Wissensmanagement". Insbesondere das Wissensmanagement erscheint hier auf den ersten Blick ungewöhnlich. Begründet wurde diese Zuständigkeit von dem entsprechenden Referatsleiter damit, dass die Pflege der Datenbanken hilfreiche Synergieeffekte für die politische Analyse sowie die konkrete Vorbereitung von Reden des Ministerpräsidenten hervorbringe. Die Planungsarbeit könne durch den direkten Zugriff auf wertvolle Informationen insgesamt auf einer breiteren Wissensbasis erfolgen. Noch viel entscheidender sei jedoch, dass man hausintern in den Fluss der Informationen integriert ist und für die anderen Einheiten einen bestimmten informativen Mehrwert bei deren alltäglicher Arbeit generieren kann:

> „Als Planungseinheit sind wir ein extrem informationsnehmendes Referat [...], das von den Kollegen im Haus permanent Informationen anfordert. Da ist es natürlich nicht schlecht, wenn ich mit eigenen Produkten dem Haus etwas zurückgeben kann" (P X: 10).[57]

Auch *Brandenburg* unterscheidet sich hinsichtlich des Zuschnitts der Planungseinheit von den anderen Regierungszentralen. Im Referat „Regierungsplanung und Reden" ist die ‚Denk- und Schreibstube', strukturell verknüpft, was nach Einschätzung des entsprechenden Referatsleiters wichtige Synergieeffekte mit sich bringt:

> „Die Kombination aus Redenschreiben und Planung ist genial, weil man bei beiden Aufgaben über den Tellerrand gucken und mit Gedanken vertraut sein muss, die über die Tagespolitik hinausreichen. Bei beiden Aufgaben muss man wissen, was überhaupt das ganze Sammelsurium an politischen Themen ausmacht. [...] Und [durch das Redenschreiben] sind wir natürlich dann auch bei der internen Kommunikation innerhalb der Staatskanzlei in die für uns wichtigsten Informationsflüsse eingebunden. Dadurch kriegen wir dann ein bisschen mehr [Informationen] rein. Da erfährt man zum Beispiel, was aus der Sicht des Hauptöffentlichkeitsarbeiters dem Pressesprecher wichtig ist, wie der Diskussionsstand in strittigen Fragen ist, welche Termine anstehen usw." (PX: 66).

---

[57] Einen ähnlichen informationellen Kompensationsansatz verfolgen auch andere Planungseinheiten. So hat beispielsweise die Planungseinheit in Brandenburg einen Newsletter eingeführt, in dem die anderen Einheiten in regelmäßigen Abständen über die Arbeitsergebnisse deutscher Think Tanks informiert werden.

Ähnlich argumentierte auch der Leiter des Referats „Regierungsplanung, Grundsatzfragen, Ressortkoordinierung und -planung MS, Projekte" in *Niedersachsen* (PX: 7). Hier ist das Planungsreferat zugleich Spiegelreferat für das Ministerium für Soziales, Frauen, Familie und Gesundheit (MS). Bereits in Kapitelabschnitt 5.1.2 ist festgestellt worden, dass die Unterscheidung zwischen Politikkoordinierung und -konzipierung eine idealtypische ist, da letztlich bis zu einem bestimmten Grad auch in den Spiegelreferaten geplant beziehungsweise in den Planungseinheiten koordiniert wird. Die eher untypische strukturelle Zusammenlegung von Ressortspiegelung und ressortübergreifender Grundsatzarbeit in einer Einheit ist jedoch aus Sicht des entsprechenden Referatsleiters eine „gute Ergänzung, da man so besser in das Haus integriert ist und besseren Zugriff auf Informationen hat" (PX: 9).

Die drei Beispiele zeigen unterschiedliche institutionell-organisationelle Ansätze, um der strategischen Planung eine gewisse Relevanz zu verleihen. Durch die Verknüpfung von Schwerpunkten jenseits der klassischen Strategiearbeit ist eine größere Vernetzung mit Kollegen im Haus möglich. Indem ein handfester Mehrwert der eigenen Arbeit angeboten wird, können so auch Vorbehalte anderer Einheiten gegenüber strategischer Planung zerstreut werden (siehe auch Kapitelabschnitt 5.2.5). Dies dürfte einer der Gründe dafür sein, warum es kein Beispiel gibt, wo Planungseinheiten vollständig vom tagesaktuellen Koordinierungsgeschäft entkoppelt arbeiten. Eine Interviewperson sieht die einseitige Ausrichtung politischer Planung auf langfristige Projekte auch kritisch:

„Eine separate Planungsstruktur ohne Koordinierungsaufgaben finde ich per se schwierig. Entweder ich mache sie so stark, dass sie sich auch gegenüber der Truppe durchsetzen kann, die im Tagesgeschäft drin ist, oder es wird irgendwie eine Ausgliederung von einer Universität. Letzteres kann die Regierungszentrale nicht gebrauchen" (P5: 65).

„Impulse aus den Grundsatz- und Planungseinheiten sind wichtig. Aber eine Einheit, die als Einheit nur dafür da ist, Impulse für langfristiges Regierungshandeln zu liefern, quasi als Selbstzweck, ist ein Hirngespinst" (P5: 67).

In Baden-Württemberg und Niedersachsen wird auf eine starke Einbindung ins Tagesgeschäft gesetzt, was sich strukturell durch die Verknüpfung mit Wissensmanagement und Ressortkoordinierung widerspiegelt. Dadurch ist nach Einschätzung der entsprechenden Referatsleiter ein besserer Zugriff auf Informationen und eine bessere Vernetzung mit anderen Einheiten möglich. Allerdings wird zugegeben, dass durch diese Mehrarbeit oftmals auch Engpässe bei der originären Planungsarbeit entstehen:

„Im Hinblick auf die Planungskapazitäten ist das natürlich schon eine Crux: In Zeiten hoher Arbeitsbelastung weiß man im Vorhinein, dass das Tagesgeschäft zu Lasten der Planung geht" (PX: 175).

Diesen Nachteil weist die institutionell-organisatorische Verknüpfung von Planung und Redenschreiben, wie sie in Brandenburg realisiert ist, nicht auf. Sofern sich das Redenschreiben auf Grundsatzthemen bezieht, scheint die Kopplung von ‚Denk- und Schreibstube' wegen weitgehender Synergieeffekte eine gewinnbringende Konstruktion zu sein.

Abbildung 17: Zuschnitt der Planungseinheiten in den untersuchten Regierungszentralen

+ BY: „Planung"

+ BB: „Regierungsplanung und Reden"

+ HE: „Politische Planung und Controlling"

+ SH: „Planung, Beratung, Schwerpunktthemen"

+ RP: „Politische Planung und gesellschaftliche Analysen"

+ BE: „Politische Grundsatz- und Planungsangelegenheiten"

+ SA: „Strategische Planung, Demografie, Demoskopie"

+ HB: „Ressortübergreifende Aufgabenplanung, Ressortstrategien, Gesamtsteuerung"

+ NS: "Regierungsplanung, Grundsatzfragen, Ressortkoordinierung und -planung MS, Projekte"

+ BW: „Politische Planung, Grundsatzangelegenheiten, Koordination Landtag, Wissensmanagement"

Quelle: Eigene Darstellung, Stand: August 2009

Zur Frage nach der Einbindung der Planungseinheit in die Regierungszentrale gehört neben Aufhängung und Zuschnitt schließlich noch die *Ressourcenausstattung.* Aus der Diskussion von Aufhängung und Zuschnitt lässt sich schlussfolgern, dass der direkte Zugang zur Entscheidungsebene und der privilegierte Zugriff auf Informationen wichtige Handlungsressourcen für die Planungsakteure darstellen. Eine weitere Handlungsressource bildet die materielle und personelle Ausstattung der Planungseinheiten. Wie steht es jedoch um den Zugriff auf materielle und personelle Ressourcen? Die Höhe des Budgets und die Zahl der Planstellen sagen zwar nur bedingt etwas über die Leistungsfähigkeit einer Einheit aus, gelten aber im Verwaltungskontext gemeinhin als ein wichtiges Indiz für die von der Hausspitze beigemessene Relevanz. Auf die Frage nach dem konkret zur Verfügung stehenden Budget der Planungseinheiten zeigten sich die Interviewpartner insgesamt eher verschlossen. Eine Interviewperson gab an, über ein Budget im niederen sechsstelligen Bereich zu verfügen, das er für Veranstaltungen, Gutachtertätigkeiten oder demoskopischen Studien verwenden kann. Damit sei er „zufriedenstellend ausgestattet" (P2: 4). Die Mehrzahl der Interviewpersonen verfügt jedoch über keinen eigenen Etat für originäre Planungsarbeit. Ausgaben für Veranstaltungen oder externe Gutachten (beispielsweise für demoskopische Studien) müssen in diesem Fall über andere Haushaltstitel finanziert werden, was „aufwendig aus verschiedenen Töpfen zusammengesucht werden muss" (P1: 30) und letztlich insbesondere die Analysemöglichkeiten bei der strategischen Planung stark einschränke.

Deutlich größere Schwankungen gibt es bei der Personalausstattung. So verfügen beispielsweise die Planungseinheiten in der Staatskanzlei Schleswig-Holstein inklusive Leiter und Referenten über drei Mitarbeiter im höheren Dienst, die entsprechenden Einheiten in Hessen, Sachsen und Brandenburg über fünf (Stand: Februar 2009). Das Planungsreferat Niedersachsen fällt mit neun Mitarbeitern im höheren Dienst deutlich aus der Reihe. Sonderfälle sind auch Berlin, Bayern und Bremen: Während in der Berliner Senatskanzlei eine Planungseinheit mit zwei Planstellen erst im Jahre 2007 gegründet worden ist, sind einige Planstellen in der Bayerischen Staatskanzlei im Zuge einer Verwaltungsreform gestrichen worden. Hier findet sich die ungewöhnliche Konstruktion zweier Ein-Mann-Planungsreferate, was auf beamtenrechtliche Gründe zurückzuführen ist. Bremen ist insofern ein Sonderfall, als dass der Leiter der Abteilung „Koordinierung und Planung" das originäre Planungsreferat nach eigenem Bekunden „quasi nebenher mit Hilfe einer sachbearbeitenden Assistenz" (PX: 9) leitet. Einschränkend muss jedoch gesagt werden, dass aufgrund des sehr unterschiedlichen Zuschnitts der Einheiten keine wirkliche Vergleichbarkeit gegeben ist: Beispielsweise sind in Niedersachsen drei Mitarbeiter der Planungseinheit ausschließlich mit der Ressortkoordinierung für das Sozialministerium und zwei weitere ausschließlich als Redenschreiber tätig. Originäre Planungs- und Strategiearbeit wird daher faktisch lediglich von zwei Referenten und in Teilen vom Referatsleiter geleistet. In Bremen ist das originäre Planungsreferat personell unbesetzt und damit trotz seines formalen Fortbestandes praktisch aufgehoben. Strategische Planung findet in der Bremer Senatskanzlei – wenn überhaupt –

eher in den Spiegelreferaten statt.[58] In Hessen ist Planung hingegen mit Controlling und Redenschreiben gekoppelt. Unter den vier Referenten befinden sich zwei Mitarbeiter, die mit politischer Analyse betraut sind, sowie ein Controller und ein Redenschreiber. In Brandenburg sind alle vier Referenten gleichzeitig mit Redenschreiben befasst. Berlin und insbesondere Bayern, die beide nur zwei Planstellen im höheren Dienst aufweisen, verfügen nach eigenem Bekunden über weitere personelle Ressourcen. So umgeht der Berliner Planungsstab den aufgrund der Haushaltsnotlage verhängten Einstellungsstopp des Landes Berlin dadurch, dass er sich „aus Rotationsmitarbeitern der Fachverwaltungen bedient" (PX: 35), während man bei den beiden bayerischen Ein-Mann-Planungsreferaten aufgrund eines „gewissen Zugriffs aufs gesamte Haus […] fairerweise noch einige Ressourcen zum Planungsstab dazurechnen müsste" (PX: 14). Wegen dieser Unschärfe handelt es sich bei dieser Übersicht über vorhandene personelle Ressourcen allenfalls um eine kursorische Analyse mit entsprechend eher exemplarischem Wert. Aussagekräftiger ist letztlich die Einschätzung der Interviewpartner zur Frage, ob sie über genügend personelle Kapazitäten für ihre strategische Planungsarbeit verfügen. Hier zeigt sich ein relativ eindeutiges Bild:

„Mit mehr Mitarbeitern könnte unsere Planungsarbeit wesentlich konzeptioneller angegangen werden. […] Das Tagesgeschäft zerfrisst zu viele Ressourcen, insgesamt bleiben wir deutlich unter unseren Möglichkeiten" (P9: 136).

„[W]ir [sind] schlicht personell begrenzt. Wenn ich hier die Leute mit Koordination ‚dicht mache', verlieren wir an planerischen Kapazitäten. Das ist für uns eine große Herausforderung" (P1: 19).

Das Problem sei in diesem Zusammenhang, dass die Hausspitze dann (zu) häufig auf die Planungsakteure zurückgreifen würde, wenn kein anderer Ansprechpartner im Apparat für ein Querschnittsthema zu finden sei. Durch das zeitintensive Abarbeiten tagespolitischer Aufgaben, die „von der Hausspitze mit der dringenden Bitte um zeitnahe Bearbeitung heruntergereicht werden" (P7: 72), verringerten sich schlichtweg die Kapazitäten für die nötige strategisch-konzeptionelle

---

[58] Der niedrige Stellenwert strategischer Planung in der Organisationsstruktur der Bremer Senatskanzlei hat sicherlich verschiedene Ursachen. Zum einen liegen Planungsfragen in Bremen aufgrund der mangelnden Richtlinienkompetenz des Obersten Bürgermeisters ausdrücklich im Verantwortungsbereich der Fachressorts und nur bedingt der Senatskanzlei. Zum anderen muss bedacht werden, dass der Stadtstaat Bremen ein sehr kleines Bundesland darstellt und sich – anders als die großen Flächenstaaten – in der Regierungsarbeit hauptsächlich mit typisch kommunalen Großstadtproblemen konfrontiert sieht. Hinsichtlich der strategisch-planerischen Kapazitäten wäre also ein Vergleich mit anderen mittleren Großstädten wie Hannover oder Dortmund aussagekräftiger.

Arbeit (siehe auch Kapitelabschnitt 5.2.2). Professionelle Strategieentwicklung sei bei dieser faktischen Allzuständigkeit schließlich nur schwer möglich.

Wie ist nun abschließend die Ressourcenausstattung der Planungseinheiten in den Regierungszentralen zu bewerten? Was die Personalkraft und die Finanzen anbelangt, ist aus einem länderübergreifenden Vergleich aufgrund der unterschiedlichen Größe der Bundesländer und des heterogenen Zuschnitts der Planungseinheiten keine seriöse Aussage über die Bedeutung ressortübergreifender strategischer Planung zu treffen. Dafür wäre eine Analyse der Ressourcenaufteilung innerhalb einer Regierungszentrale nötig, was hier jedoch nicht vorgenommen wurde. Gleichwohl lässt sich sagen, dass es gewisse Indizien für planerische Ressourcenengpässe gibt, die nicht von der Hand zu weisen sind.

5.1.4 Zwischenfazit: Strategische Planung im konfliktreichen Umfeld

Die Beleuchtung struktureller Rahmenbedingungen stellt ein wichtiger Baustein für ein differenziertes Verständnis strategischer Regierungsplanung dar. Ziel dieses Kapitels war es daher, die strukturell-systemischen sowie die organisationsstrukturellen Kontextfaktoren herauszuarbeiten, die auf das Handeln der Planungsakteure als strategische Berater des Ministerpräsidenten einwirken. Dafür wurden makroskopische Strukturmerkmale, die generelle Rolle der Regierungszentrale im Gesamtgefüge der Landesregierung sowie die innerorganisationelle Einbindung der Planungseinheiten in die Regierungszentrale in den Blick genommen.

Die Analyse der makroskopischen Strukturmerkmale ergab, dass sich Regierungspolitik nicht nur zwischen Tagesgeschäft und Langfristorientierung, sondern insbesondere auch zwischen Ressortprinzip und Richtlinienkompetenz bewegt. Dieses Spannungsfeld, das im Kern die Frage nach dem Zentralisierungsgrad politischer Steuerung betrifft, ist in allen untersuchten Bundesländern als Grundmuster zu beobachten. Die Folge ist, dass unter nicht widerspruchsfreien Bedingungen regiert wird. So vollzieht sich Regierungspolitik in eng miteinander verknüpften, sich aber in ihrer Logik zum Teil widersprechenden Handlungsarenen, die mit den Schlagworten Ministerpräsidenten-, Koalitions-, Verhandlungs-, Parteien- sowie Mediendemokratie umrissen werden können. Diese spezifischen Strukturen im politischen System der Bundesländer bedingen eine starke Fragmentierung von Gestaltungskompetenzen. Regierungsintern besitzt der Ministerpräsident beispielsweise aufgrund des verfassungsmäßig fixierten Ressortprinzips keine direkte Weisungsbefugnis gegenüber den Ressorts, was einer zentralen Steuerung der Regierungsgeschäfte enge Grenzen setzt. So stellt der sogenannte „Ressortegoismus", der sich im Wesentlichen auf die Bewahrung eigener Kompetenzen, den Kampf um Budgetanteile sowie auf den Drang nach

Profilierung bezieht, eine große Herausforderung dar. Dieser scheint bei Koalitionsregierungen besonders ausgeprägt zu sein: Aufgrund der machtpolitischen Koalitionsarithmetik und zahlreicher parteipolitischer Befindlichkeiten wirken hier besondere Zentrifugalkräfte, die (pro-)aktive Steuerungsversuche des Ministerpräsidenten bisweilen zu einer sensiblen Angelegenheit machen.[59] Bei instabilen Regierungsverhältnissen beschränkt sich die Steuerungsleistung des Ministerpräsidenten nach Meinung der Interviewpartner sogar oftmals auf reines Koordinieren und Moderieren. Allerdings verfügt der Ministerpräsident auch über eine hohe Autorität, die die Wirkungen des Ressortsprinzips abschwächen kann. So ist der Ministerpräsident nicht nur verfassungsrechtlich, sondern durch seine quasi-präsidiale Stellung auch faktisch *der* landespolitische Schlüsselakteur. Seine Machtressource liegt dabei weniger in der formalen Richtlinienkompetenz als im öffentlichen Interesse, das ihm durch zahlreiche Repräsentationsaufgaben zuteilwird. Hier eröffnet sich der Handlungskorridor zur strategischen Politikgestaltung: Strategische Steuerung in den Bundesländern vollzieht sich hauptsächlich über die Agenda Setting- und Priorisierungspotenziale des Ministerpräsidenten, die nach Meinung der Interviewpartner in der modernen Mediendemokratie zuzunehmen scheinen.

Welche Rolle nimmt nun die Regierungszentrale im Gesamtgefüge der Landesregierung ein? Als dienende Behörde des Ministerpräsidenten gehört zunächst einmal das Politikmanagement zur Hauptfunktion der Regierungszentrale. Politikmanagement heißt nach Ansicht der Interviewpersonen, dass sich die Regierungszentrale in Bezug auf die Ressorts nicht als zentrale und übergeordnete Politikformulierungsinstanz, sondern als Koordinationsstelle, Kooperationspartner und Impulsgeber versteht. Für die Interviewpersonen ist die Aufgabenteilung dabei eindeutig: In der Zentrale werden landespolitische Themen priorisiert, Schwerpunkte der Regierungspolitik festgelegt und im Anschluss koordiniert. Nach der Initiierungsphase („proaktive Steuerung") zieht sich die Regierungszentrale im Regelfall zurück und überlässt die Ausarbeitung und Implementation konkreter politischer Maßnahmen den Ressorts, die in ihren Häusern auf wesentlich mehr politikfeldspezifisches Expertenwissen zurückgreifen können. Seitens der Regierungszentrale wird danach allenfalls politisches Controlling („nachgelagerte Steuerung") betrieben, das sich jedoch in Ausmaß und konkreter Ausgestaltung von Zentrale zu Zentrale stark unterscheidet. In einigen Fällen wird auf eine inhaltliche Kontrolle großen Wert gelegt, während sich die nachgelagerte

---

[59] Die Möglichkeiten zentraler strategischer Steuerung sind in parlamentarischen Demokratien ohne Koalitionszwang nach Einschätzung zahlreicher Autoren größer. Ein in der Strategieliteratur häufig angeführtes Beispiel für günstige strategische Ausgangsbedingungen ist das „Westminster-Modell" Großbritanniens mit einem Zweiparteiensystem und einer machtzentrierten Exekutiven (vgl. Boaz/Solesbury 2007).

Steuerung in der Mehrzahl auf die Überprüfung von Fristen und anderen prozeduralen Aspekten beschränkt. Letztlich sind damit auch die Verantwortlichkeiten eindeutig verteilt: Während die Regierungszentrale die politische und strategische Gesamtverantwortung übernimmt, tragen die Fachressorts die Hauptverantwortung für die Fachpolitik und das operative Geschäft in ihrem Politikfeld. In fachpolitische Detailfragen der Ressorts hat sich die Zentrale in laufenden Prozessen also nicht einzumischen. Sie greift nur in den Kompetenzbereich der Ressorts ein, wenn bei ressortübergreifenden Fragen zwischen den Häusern Streitigkeiten auftreten oder eine Einzelpolitik im groben Widerspruch zum Gesamtregierungsinteresse steht. Die Hauptaufgabe der Zentrale ist es also, konzeptionell ein stimmiges Grundmuster der Regierungsarbeit („roter Faden") zu erarbeiten und die Einzelpolitiken zu einer stringenten Gesamtregierungspolitik zusammenzuführen. Nach Einschätzung der Interviewpersonen ist hier ein Gespür für die Balance gefragt: Eine zu große Autonomie der Ressorts kann zu einer gefühlten oder tatsächlichen ‚Stückwerkspolitik' der Regierung führen, während eine Übersteuerung insbesondere bei Koalitionsregierungen interne Konflikte bis zur Kooperationsverweigerung evoziert. Beides kann zu einer Destabilisierung führen, die es zu verhindern gilt.

Insgesamt konnte in manchen Fällen eine eindeutige Wirkung struktureller Bedingungen auf die konkrete Planungsarbeit in den Regierungszentralen festgestellt werden: Beispielsweise wirkt eine mangelnde formale Richtlinienkompetenz des Ministerpräsidenten, wie es in Bremen und (in Abstrichen) in Berlin der Fall ist, strategie- und steuerungshemmend. In anderen Fällen ist die Wirkung struktureller Rahmenbedingungen auf die strategische Ausrichtung nicht eindeutig festzumachen. So ergeben die empirischen Befunde keine klaren Kausalitäten bezüglich einer strategiehemmenden oder -förderlichen Wirkung des vorherrschenden Mediensystems. Potenziell kann eine ausdifferenzierte Medienlandschaft in einem Bundesland den strategischen Handlungsspielraum aufgrund der medialen Dauerbeobachtung stark einengen. Durch eine geschickte Öffentlichkeitsarbeit der Regierungszentrale können hier jedoch auch von Regierungsseite Diskurse über die Medien in Gang gesetzt und Anhänger im Sinne der strategischen Regierungsplanung mobilisiert werden. Hinsichtlich der fortschreitenden Mediatisierung und Personalisierung der Politik wird von einigen Planungsakteuren die Vermutung geäußert, dass die Bereiche Kommunikation und politisches Marketing auf Kosten von strategischen Planungskapazitäten einen gewissen regierungsinternen Bedeutungsgewinn erfahren haben. Konkret würden der Ausbau und die Professionalisierung der Presse- und Öffentlichkeitsarbeit bei anhaltenden Ressourcen-Engpässen in der Ministerialbürokratie mittelfristig zu einer Schrumpfung des strategischen Bereichs führen. Diese Annahme, die jedoch in weiteren Forschungsarbeiten explizit untersucht werden müsste, ist zu der in Kapitel 1 beschriebenen allgemeinen Beobachtung anschlussfähig, dass mittel- und langfristige Konzeptionen der Politikgestaltung durch eine der Medienlogik angepassten Regierungspolitik zunehmend verdrängt wird.

Auch die Finanzkraft eines Bundeslandes scheint nicht uneingeschränkt eine strategieförderliche Bedingung darzustellen. Zwar verfügen einkommensstarke Länder wie Bayern und Baden-Württemberg unbestreitbar über größere (strategische) Handlungsspielräume als traditionell eher strukturschwache Bundesländer wie Bremen, Berlin oder Schleswig-Holstein. Bedingt kann sich eine angespannte Haushaltslage jedoch auch vorteilhaft auf die strategische Ausrichtung auswirken: So berichtete ein Interviewpartner davon, dass die Verhandlungspositionen der Regierungszentrale gegenüber den Ressorts durch die verhängte Haushaltsnotlage gestärkt seien, wodurch sich die Chancen einer zentralen Steuerung bis zu einem gewissen Grad erhöhen. Zudem scheinen beispielsweise die im Jahre 2019 auslaufenden Mittel aus dem Solidarpakt in Sachsen und Brandenburg eine auf Langfristigkeit ausgelegte Landespolitik zu begünstigen. Auch die Länge der Amtsdauer einer Regierung stellt keine hinreichende Ausgangsbedingung für eine strategische Orientierung dar. So herrscht Uneinigkeit zwischen den Interviewpersonen hinsichtlich der Innovationskraft einer altgedienten Regierungsmannschaft, ob also eine lange Amtsdauer eher zu Routine und Stillstand führt oder aber die Chancen für eine legislaturübergreifende Politikausrichtung erhöht.

Einigkeit besteht hingegen in der innerorganisationellen Frage, ob es für die strategische Regierungsplanung einen Unterschied macht, wenn der strategische Apparat als Stab direkt im persönlichen Bereich des Ministerpräsidenten angesiedelt oder als Referat in die Abteilungsstruktur eingebunden ist. Hier gab es eine mehrheitliche Präferenz unter den befragten Planungsakteuren für die Stabslösung. Als Vorteil wurde ein direkter und regelmäßiger Zugang zum strategischen Zentrum ins Feld geführt. Durch die Nähe zur Hausspitze erhöhe sich die hausinterne Autorität, wodurch nach Ansicht der Planungsakteure die Erfolgschancen steigen, dass die Strategieentwürfe eine praktische Relevanz entfalten können. Darüber hinaus könne in einem Stab wesentlich freihändiger an Themen gearbeitet werden, was jedoch auch eine Exklusionsgefahr vom abteilungsinternen Informationsfluss berge. Bei der Frage nach der Aufhängung der Planungseinheiten müssen also Zugang zur Hausspitze und Unabhängigkeit bei der Themenwahl mit möglichen Informationsdefiziten und einer dadurch bedingten zu starken Entkopplung vom politischen Alltagsgeschäft abgewogen werden. Hinsichtlich des Zuschnitts kann festgestellt werden, dass die untersuchten Planungseinheiten sehr unterschiedliche Schwerpunkte und damit auch Balancierungsstrategien verfolgen. Exemplarisch wurden die Länder Baden-Württemberg, Niedersachsen und Brandenburg angeführt, da die Planungsreferate hier mit Wissensmanagement, Ressortspiegelung und Redenschreiben zusätzliche Aufgaben zur originären Planungsarbeit übernommen haben. Dies gewährleiste nach Einschätzung der entsprechenden Planungsakteure eine bessere Verzahnung mit anderen Einheiten im Haus, einen besseren Zugriff auf die hausinternen Informationsströme sowie letztlich eine gewisse Relevanz im Wettbewerb um die Gunst des Ministerpräsidenten. Bei einer tagesaktuellen Aufgabenerledigung stehen die Planungseinheiten jedoch in direkter Konkurrenz zu den Fachreferaten, die im direkten Vergleich über größere Fachexpertise verfügen. Zudem verringern sich durch die Beschäftigung mit tagespolitischen Fragen die Kapazitäten für konzeptionelles Arbeiten deutlich. Bei der Frage, wie stark eine Planungseinheit strukturell durch den entsprechenden Zuschnitt ins Tagesgeschäft involviert sein sollte, gehen die Meinungen auseinander. Festzuhalten ist jedoch, dass letztlich hausinterne Relevanzaspekte mit den Kapazitäten für planerisch-strategisches Arbeiten abgewogen werden müssen.

Hinsichtlich der Frage nach den Ressourcen, über die die Planungseinheiten verfügen, soll noch einmal an die Beobachtung Heinrich Tiemanns, dargelegt in Kapitel 1, angeknüpft werden. Tiemann beklagt hier einen seit Jahren fortschreitenden Aderlass an personellen und finanziellen Ressourcen bei der regierungsinternen Planungs- und Grundsatzarbeit und vertritt die These, dass politische Grundsatzarbeit innerhalb der deutschen Regierungsapparate kaum noch stattfindet (vgl. Tiemann 2009). Letzteres kann zumindest für die Regierungszentralen nicht bestätigt werden: Auch wenn die meisten Planungsakteure angeben, über keinen eigenen Etat zu verfügen, geben die empirischen Befunde keine Hinweise auf eine vollständige Marginalisierung strategischer Grundsatz- und Planungsarbeit aufgrund von Ressourcenengpässen. Gleichwohl belegen die Daten, dass Tiemann in der Tendenz zuzustimmen ist: Zwar verfügen einige der untersuchten Planungseinheiten über bis zu acht Planstellen, aufgrund der oben genannten Kopplung von strategischer Planung mit zusätzlichen Aufgaben sind faktisch jedoch in der Regel nur zwei Planstellen mit originärer Strategiearbeit betraut. Wenig überraschend führte die überwiegende Mehrheit der Planungschefs auf die Frage nach ausreichenden zeitlichen Kapazitäten für die Bewältigung der anfallenden Strategiearbeit personelle Knappheit in ihren Einheiten ins Feld. Insbesondere wenn die Einheiten mit Koordinations- oder anderen tagespolitischen Aufgaben betraut sind, ist die Personalsituation zwar nicht als prekär, aber zumindest als kritisch anzusehen. Letztlich können die personellen Ressourcenengpässe zumindest als ein Anhaltspunkt gewertet werden, dass die führenden Köpfe in den Regierungszentralen der strategischen Planung keinen unbegrenzten Stellenwert zusprechen. Dies zeigt aber zugleich auch, dass im innerorganisationellen Verhältnis zwischen den verschiedenen Einheiten eine weitere Konfliktlinie zu liegen scheint, die es in den nächsten Abschnitten weiter auszuarbeiten gilt: Der Konkurrenzkampf um die Prioritätenliste des Ministerpräsidenten.

5.2 Arbeitsprofil, Selbstverständnis und Austauschbeziehungen strategischer Planungsakteure

Im vergangenen Kapitelabschnitt sind einige strukturbedingte Einflüsse auf die strategische Planungsarbeit identifiziert worden. Trotz der großen Unterschiede hinsichtlich der strategischen Ausgangslage zwischen den einzelnen Bundesländern war ein wesentliches Ergebnis der Analyse der strukturellen Rahmenbedingungen die Feststellung, dass sich strategische Regierungsplanung aufgrund der weitgehenden Aushandlungs- und Kompromisszwänge in einem konfliktreichen und nicht widerspruchsfreien Umfeld bewegt. In diesem Kapitelabschnitt werden nun akteurspezifische Faktoren untersucht. Ziel ist es, ein differenziertes Arbeitsprofil der Planungsakteure herauszuarbeiten. Hieraus sollen weitere Hinweise gewonnen werden, welche Rolle die strategische Politikkonzipierung im Arbeitsalltag der Planungsakteure einnimmt und wie mit dem Spannungsverhältnis von Tagespolitik und Langfristorientierung umgegangen wird. Zu diesem Zweck wird zunächst die Personalpolitik der Planungseinheiten beleuchtet (Kapitelabschnitt 5.2.1), die sich insbesondere auf generelle Rekrutierungsmodi und tatsächliche Berufsbiografien der Mitarbeiter bezieht, bevor Themen- und Arbeitsschwerpunkte in den Fokus genommen werden (Kapitelabschnitt 5.2.2). Bei Letzterem stehen insbesondere die Frage nach den planerischen Zeithorizonten, dem Grad der Eigeninitiative sowie dem Verhältnis von operativem Tagesgeschäft und strategischer Planung im Vordergrund. Im Anschluss daran geht es um die konkreten strategisch-planerischen Arbeitsweisen und -prozesse von der Erarbeitung eines Themenfeldes bis zur Verwendung der Arbeitsergebnisse (Kapitelabschnitt 5.2.3). Dabei werden Orientierungspunkte und Inspirationsquellen für die Arbeit der Planungsakteure ebenso in Betracht gezogen wie spezifische Planungsinstrumente sowie die kommunikative Dimension strategischer Planungsarbeit. In einem weiteren Schritt werden die Selbstwahrnehmung und -einschätzung (Kapitelabschnitt 5.2.4) sowie Interaktionen der Planungsakteure mit anderen Regierungsakteuren (Kapitelabschnitt 5.2.5) untersucht. Relevante Befunde zum Arbeitsprofil, Selbstverständnis und zu den Austauschbeziehungen der Planungseinheiten werden abschließend in einem Zwischenfazit zusammengefasst und kritisch diskutiert (Kapitelabschnitt 5.2.6).

5.2.1 Anspruch und Wirklichkeit der Personalrekrutierung

Wie werden die Mitarbeiter in den Planungseinheiten deutscher Regierungszentralen rekrutiert? Auf welche Qualifikationen und Kompetenzen wird seitens der Planungschefs geachtet? Inwiefern differieren die Einstellungskriterien und Berufsbiografien der Planungsakteure von denen in anderen Einheiten? Unterscheidet sich der personalpolitische Anspruch von der Realität? Diese Fragen umreißen grob den Kern dieses Abschnitts. Im Vordergrund stehen dabei allgemeine und spezifische Anforderungen an das Planungspersonal.

Bei Rekrutierungsfragen nimmt in Regierungszentralen gemeinhin die verwaltungsinterne Rotation einen hohen Stellenwert ein (vgl. Mertes 2004: 73). Demnach werden neue Mitarbeiter im höheren Dienst nur zu einem geringen Teil direkt am Arbeitsmarkt rekrutiert. Eine Vielzahl an Mitarbeitern kommt hier klassischerweise per Abordnung in die Staats- und Senatskanzlei. So findet auf Landesebene sowohl ein reger Personalaustausch zwischen Ministerien und Zentrale („horizontaler Austausch") als auch zwischen Landesbehörden und Kommunen („vertikaler Austausch") statt:

> „Einige arbeiten per Abordnung bei uns. Die laufen dann auf dem Stellenticket [...] des Mutterressorts und gehen dann nach einigen Jahren wieder zurück in ihr Haus" (P6: 10).

> „Die klassische Rekrutierung läuft schon eher verwaltungsintern, d. h. es kommt jemand aus dem Landratsamt [...], verdient sich seine Meriten und geht wieder zurück in die Fachverwaltung oder ein kommunales Spitzenamt [...]. So eine Art Durchlauferhitzerfunktion hat das Haus natürlich dann schon" (P2: 28).

Hintergrund der verwaltungsinternen Entsendung und späteren Rücknahme von Personal ist der Zugriff auf die fachliche Expertise und die vorhandenen Erfahrungen:

> „Natürlich kauft sich die Zentrale dadurch das vorhandene Know-How anderer Organisationen ein. Zudem bringen ministerielle Erfahrungen häufig mit sich, dass man einen guten Bezug zu den Besonderheiten, zur Geschichte [...] [und] zur Position des Landes im Konzert der Bundesländer hat" (P10: 41).

Von diesem verwaltungstypischen Rekrutierungsmuster der Regierungszentralen sagt sich die Mehrzahl der Interviewpersonen jedoch los und grenzt sich damit auch hausintern insbesondere vom Koordinierungsbereich ab:

„Viele Mitarbeiter der Spiegelreferate [stammen] aus den jeweiligen Häusern […], in meinem Referat ist das nicht zwingend so" (P10: 37).

„Inzwischen ist die Zahl derer, die auf dem Abbeordnungswege in meiner Einheit sind, sehr sehr klein geworden. Da hat sich so ein bisschen meine Personalpolitik verändert" (P8: 98).

„Die Frage ist ja, welche inhaltlichen Kompetenzen kauft man sich ein. Wenn man nur Leute aus den Ministerien hat, dann hat man auch deren Sachverstand. Den hat man aber sowieso, weil man als Regierungszentrale letztlich Zugriff darauf hat. Da kann es natürlich klug sein, […] Leute von irgendwelchen Forschungsinstituten einzukaufen, die mit ganz anderen Sichtweisen reinkommen und […] auch sehr aktuelle Einsichten haben" (P1: 151).

„Meine Leute [habe] […] ich fast alle von außerhalb geholt. [Das] ist, glaube ich auch, eine der maßgeblichen Voraussetzungen dafür, das so [et]was gelingen kann. Wenn wir jemanden in die Planungseinheit nehmen, der 30 Jahre im Beamtentum verhaftet ist, haben Sie ein bisschen Probleme, den auf eine andere Denkweise umzupolen" (P6: 7).

Insgesamt scheint die verwaltungsuntypische Rekrutierung externer Akteure ein wesentliches personalpolitisches Kennzeichen der Planungseinheiten in den Regierungszentralen zu sein. „Extern" bezieht sich dabei auf „außerhalb der Ministerialbürokratie" und umfasst „politisch denkende Leute" (P2: 145) aus dem Parlamentsbereich, der freien Wirtschaft sowie den Verbänden und Universitäten. Auch wenn ein Interviewpartner selbst eine Parteikarriere hinter (und aller Voraussicht nach auch vor) sich hat[60], stellt eine Parteimitgliedschaft beziehungsweise eine grundlegende parteipolitische Linientreue in der Mehrzahl der Fälle interessanterweise kein Einstellungskriterium dar:

„Also Parteimitglieder hier im Referat sind in der Minderheit, muss man ganz klar sagen. […] Eine Nähe, die total auf einer Parteilinie liegen würde, wäre auch schlecht. Dann hätte ich hier eine Wagenburg-Mentalität, die nicht gut wäre. Das taugt natürlich auch nicht als Rekrutierungsmuster, […] dass man hier sozusagen die politische Sozialisation als Qualifikationsersatz nehmen würde" (P2: 42).

Stattdessen legt die Mehrzahl der Interviewpersonen Wert auf eine interdisziplinäre Ausrichtung, dass also der fachliche und berufliche Hintergrund der Mitarbeiter breit gefächert ist:

---

[60] Gemeint ist Björn Böhning in Berlin. Böhning war zwischen 2004 und 2007 Bundesvorsitzender der Jusos und ist seit 2008 Sprecher der SPD-Linken.

„Ist doch egal [...] ob sie Brot backen oder Politik planen: Es lebt ja immer von der guten Mischung. Es ist einmal die Mischung, was die Fakultäten angeht und dann die Mischung Ost-West, die wie ich finde nach wie vor eine große Rolle spielt, und dann die Mischung Mann-Frau sowie alt-jung. [...] Wie heißt es so schön: Die Mischung macht's!" (P8: 98).

„Das Gute innerhalb des Referats [...] ist die Tatsache, dass wir von der Ausbildung her sehr breit aufgestellt sind. [...] Das ist auch mit mein Herzensanliegen gewesen, es so interdisziplinär aufzusetzen, weil man wesentlich mehr Möglichkeiten hat" (P4: 27 ff.).

„In meiner Einheit ist darauf geachtet worden, dass da ein möglichst breiter Überblick mitgebracht wird. Das da jetzt keine Spezialisierung auf Verkehrsthemen oder ähnliches gegeben ist, sondern dass da ein breites Spektrum abzudecken ist" (P10: 37).

„[...] das zeichnet uns auch generell aus, dass man doch auf ein sehr großes Set an Ausbildungsbezügen zurückgreift, einfach um die Vielfalt auch abzubilden" (P2: 26).

Hält man sich das generell im Verwaltungsbereich vorherrschende ‚Juristenmonopol' vor Augen, verwundert dieses eindeutige Bekenntnis der Planungsakteure zur Interdisziplinarität. Schließlich sind die Planungseinheiten trotz ihrer möglichen politisch-strategischen Ausrichtung letztlich Teil des administrativen Apparates. Befragt nach ihrer generellen Haltung gegenüber Juristen, reagieren die Interviewpartner unterschiedlich. Positiv hervorgehoben wurde, dass Juristen im Planungsbereich gerade im Gegensatz zu Sozialwissenschaftlern für eine gewisse ‚Erdung' sorgen:

„Das ist immer ganz hilfreich, wenn man jemanden hat, der von juristischer Seite gleich die Fallstricke sieht, denn [...] am schnellsten kann man eine Idee totmachen, wenn man aus juristischen Gründen dieses oder jenes nicht machen kann. Insofern ist das ganz wichtig" (P6: 60).

Andere Interviewpartner sehen gerade im Planungsbereich eine Domäne, in der es weniger auf juristische als auf politisch-strategische Expertise ankommt:

„Also man braucht in der Verwaltung zweifellos Juristen, aber man braucht sie nicht im Planungsbereich. Hier muss [...] es Leute geben, die politischen Verstand haben und sich sprachlich gut artikulieren können, vor allem in schriftlicher Form. [...] Juristen denken meist so in bestimmten Bahnen, was im Planungsbereich nur bedingt nützlich ist. [...] Stattdessen wäre eher ein Volkswirt in diesen Krisenzeiten bei der Planung sinnvoll" (P8: 88 ff.).

„Es ist ein Unterschied, wie man an Dinge heran geht. Typischerweise geht man – wegen der Dominanz der Juristen in den Verwaltungen – sehr problemorientiert an Dinge heran. Unser Ansatz geht jedoch mehr in Richtung Ergebnis- beziehungsweise Zielorientierung. Wir wollen Lösungen entwickeln. Verwaltungsjuristen sind in Planungs-, Steuerungs- und Strategiefragen nicht richtig qualifiziert" (P4: 29).

Neben der Frage nach der fachlichen Provenienz, die auf Juristen vs. Sozialwissenschaftler zugespitzt wurde, gibt es auch ein allgemeines Anforderungsprofil an die Mitarbeiter von Planungseinheiten. Seitens der Planungschefs wird dabei im Wesentlichen auf den Generalistentypus abgestellt, der sich schnell in verschiedene Problemzusammenhänge „eindenkt", „breit aufgestellt" (P1: 157) ist und sich die nötigen Informationen eigenständig beschaffen kann:

„[D]as wichtigste für mich ist, dass das Leute sind, die auch ein bisschen Gespür für das politische Geschäft haben. Also mit reinen Fachidioten, die ja inhaltlich noch so richtig liegen mögen, hat man schlichtweg deshalb Probleme, weil man hier an manche Dinge ganzheitlicher rangehen muss" (P6: 60).

„Diejenigen, die hier arbeiten, sind zum großen Teil Generalisten, die einen breiten Überblick haben und dann in Detailfragen auf die Ressorts zugreifen. Da ist man natürlich auf Zuarbeit angewiesen" (P10: 35).

„Es ist immer ganz gut, wenn man hier nicht irgendwelche Leute hat, die den letzten Kieselstein umdrehen und sich in allen Details der Schulpolitik auskennen. Besser ist der Blick eines relativ gut ausgebildeten Laien in dem Bereich, der auch das widerspiegeln kann, was in der Bevölkerung ankommt, und auch relativ unkonventionelle Vorschläge machen kann, an die [beispielsweise] das Kultusministerium gar nicht denkt, weil die [Mitarbeiter] dort schon wieder irgendwelche Paragrafen sehen, weshalb dieses und jenes nicht geht" (P6: 44).

„Wir brauchen nicht den Fachmann für ein spezielles Thema, weil wir hier selten spezielle Themen haben. Wir haben jedes Jahr unterschiedliche Themen. Und die Leute, die dann hier arbeiten, müssen damit umgehen können. Das ist eine Herausforderung. Man kann sich also hier nicht einarbeiten und sagen: ‚Ich hab jetzt hier 10 Jahre das gleiche Thema und kenne das bis zum Effeff.' Das wird hier nie der Fall sein. Wir haben hier ganz radikale Brüche drin. Was wir daher brauchen, sind sehr fundierte Generalisten, die sich die notwendigen Informationen selbstständig erarbeiten und dann auch in der Lage sind, in die Tiefe zu gehen" (P1: 155).

Ein anderer Interviewpartner benennt – ebenfalls in Abgrenzung zu anderen Einheiten – explizit die Strategieaffinität und den politikfeldübergreifenden Blick als wesentliches Einstellungskriterium. So seien gerade das Denken in Machtkategorien und weiten Zeithorizonten ebenso wie das Formulieren gesamtpolitischer Konzepte und das Abwägen von verschiedenen Handlungsoptionen von Bedeutung (vgl. P4: 30 ff.). Diese Kompetenzen seien in der Verwaltung eher selten anzutreffen, „wo doch jeder lieber in seinem geschlossenen Aufgabenbereich handelt" (P4: 33). Einige Interviewpersonen betonten zudem verschiedene, für eine Verwaltung eher ungewöhnliche Attribute wie Eigeninitiative, Kreativität, Diskussionsfreude und Unkonventionalität als Einstellungskriterien:

„Ich brauche Mitarbeiter, die hochmotiviert sind, eigene Ideen haben und kreative und vor allem konkrete Vorschläge machen" (P6: 98).

„Das Beste sind motivierte und qualifizierte Leute. Deren Wissen saugen wir dann auf wie ein Schwamm. Wir brauchen Leute mit frischen Impulsen, die auch unkonventionell denken. […] Ansonsten ist die Gefahr natürlich viel zu groß, dass man sich zu sehr der Hausspitze anpasst und dann vielleicht auch in einen Trott verfällt und wichtige Entwicklungen übersieht. Das ist natürlich immer eine große Gefahr" (P2: 24).

Querdenken ist also ausdrücklich erwünscht und muss nicht im Widerspruch zu kommunikativen Erfordernissen stehen. Gerade die Sprechfähigkeit der Planungsakteure spiele insofern eine bedeutende Rolle, als dass „wir natürlich immer sowohl im Haus als auch mit den Ministerien für unsere Strategiekonzepte werben müssen" (P1: 145). Wie in einer Art Verhandlungsführung müssen die Planungsakteure dabei die unterschiedlichen Interessen „geschickt kommunikativ ausbalancieren, um unsere Perspektiven und Vorhaben auch fest zu verankern" (P1: 147). Dies gelinge nur über eine hohe Dialogfähigkeit, die die Mitarbeiter mitbringen müssen.

Hinsichtlich wissenschaftlicher Kompetenzen war einhellige Meinung, dass zwar „eine fundierte wissenschaftliche Ausbildung im höheren Dienst unabdingbar" (P2: 46) sei, dass aber in den Planungseinheiten keine Wissenschaft betrieben werde. Kompetenz in wissenschaftlichem Arbeiten sei wichtig, um wissenschaftliche Erkenntnisse abzurufen, aufzubereiten und bei der Suche nach problemadäquaten Lösungsansätzen praktisch anwenden zu können. Gefragt ist also ein Blick für das Wesentliche, ein gewisser Instinkt für die praktische Relevanz sowie die Fähigkeit zur Sammlung, Strukturierung und Komprimierung relevanter Informationen. Letzteres könnte mit „Komplexitätsmanagement" umschrieben werden. Gesucht werden keine Wissenschaftler, sondern Wissensmanager:

„Reine Wissenschaftstheoretiker bringen uns überhaupt nicht weiter. Das geht dann teilweise am Thema vorbei. [...] Wir brauchen mehr die praktisch Orientierten mit pragmatischer Ausrichtung: ‚Wie kann ich das in konkreten politischen Schritten umsetzen?' Also ein gewisses Gespür für die Umsetzbarkeit ist wichtig" (P4: 33).

„Das Entscheidende ist, dass die Leute Politik analysieren können, [...] dass eine Analysekompetenz und auch Komprimierungsfähigkeit vorhanden ist. [...] Dafür muss man Dinge verdichten können, braucht aber auch ein politisches Gefühl: Was ist denn überhaupt wichtig?" (P1: 141 ff.).

„Also vor allem Analysefähigkeit und strukturiertes Denken sind wichtig. Auch Sachverhalte eingedampft auf wenige Seiten wiedergeben zu können, ist eine ganz wichtige Sache" (P2: 46).

Auf die Frage, worauf hinsichtlich der Personalstruktur im Planungsbereich sowie in der Regierungsorganisation insgesamt wertgelegt werden sollte, verwiesen die Interviewpersonen auffällig oft auf eine hohe Mitarbeiterfluktuation und einen jungen Altersdurchschnitt:

„Ich würde mir wünschen, dass man höhere Fluktuationen im Personalstamm realisiert. Gerade für Zentralen. Dass die Leute nicht 20 Jahre in Zentralen sitzen und darüber ihre Wichtigkeit entwickeln, dass sie eben in der Zentrale sitzen. Hier muss es mehr Auswechslung geben. Wir brauchen auch junge Leute. Leute, die noch nicht jenseits der 40 sind" (P5: 83) .

„Der Planungsbereich bietet auch Möglichkeiten für Berufsanfänger. [...] Mir persönlich sind in vielen Bereichen junge Absolventen, die während des Studiums eine ganze Menge Erfahrungen gesammelt haben, richtig motiviert sind und Lust haben, sich in ein Thema ‚reinzufressen', häufig mindestens genauso lieb wie jemand Erfahrenes, der in einem bestimmten Ministerium auf ein bestimmtes Thema gepolt ist. [...] Ohne, dass ich jetzt schmälern will, wie wichtig auch Erfahrung in bestimmten Regierungszeiten sind, aber ich glaube, dass das Geschäft sich so wenig wiederholt, dass man auch mit frischen Leuten [...] die querdenken und mal anders an Themen rangehen, auch eine ganze Menge anfangen kann" (P10: 41 ff.).

Die Begründung, warum sowohl eine hohe Fluktuation als auch ein recht junges Team für eine Planungseinheit wichtig sind, ähnelt den Argumenten für eine interdisziplinäre Mitarbeiterstruktur:

„[...] immer wieder neue Ideen, neue Einblicke, neue Kompetenzen reinholen" (P9: 35).

„Eine hohe Fluktuation ist in unserem Bereich nur von Vorteil, weil wir ja auch immer von frischen Impulsen ausgehen und dann auch immer frisch motivierte, junge Leute brauchen" (P2: 24).

„Die Planungsgruppe lebt natürlich auch von einem gewissen Durchlauf. Ich würde mal sagen: Nach spätestens fünf Jahren müssen die Leute auch mal raus und [et]was anderes machen, damit keine Routine einkehrt. Das gilt im Übrigen auch für die Führungskraft, die muss sicherlich nach fünf, sechs Jahren auch mal [et]was anderes machen. Andernfalls ist die Gefahr groß, dass das Ziel, das man sich setzt, also innovativ und kreativ immer wieder neue Konzepte zu entwickeln, im Laufe der Jahre verloren geht" (P6: 62).

Durch eine hohe Fluktuationsrate und einen jungen Altersdurchschnitt sollen also ebenso wie durch die gewünschte Interdisziplinarität und verwaltungsexterne Rekrutierung der Mitarbeiter ein hoher Grad an Innovationskraft und Ideenreichtum der Planungseinheiten hergestellt werden. Ein empirischer Abgleich mit den tatsächlichen Verhältnissen offenbart jedoch ein ambivalentes Bild: Von den zehn interviewten Referatsleitern hat genau die Hälfte vorher in der Regierungszentrale oder einem Ministerium gearbeitet – und damit eine Verwaltungskarriere hinter sich. Die andere Hälfte wurde aus der Wissenschaft (zwei), dem Parlament, der Partei und der Beratung rekrutiert. Auf Referentenebene scheint hingegen die Realität näher am Anspruch zu liegen: Hier wurde eine klare Mehrheit der Mitarbeiter (acht von dreizehn) verwaltungsextern rekrutiert. Ein ähnlich disparates Bild ergibt die empirische Analyse hinsichtlich der Fachdisziplin: Auf Leitungsebene dominieren eindeutig Juristen (vier) vor den Wirtschaftswissenschaftlern und den Politikwissenschaftlern (jeweils drei). Mit einem Biologen befindet sich zudem ein wirklicher ‚Exot' unter den Referatsleitern. Auf Referentenebene konnten die Interviewpartner zahlreiche Beispiele für Fachdisziplinen jenseits des fachlichen Dreiecks von Recht-Wirtschaft-Politik aufführen: So wurde beispielsweise auf zahlreiche Soziologen, Germanisten, Historiker, Medienwissenschaftler und Geografen sowie einen Journalisten, einen Architekten und einen Betriebswirt hingewiesen. Was den Alterdurchschnitt der Mitarbeiter in den Planungseinheiten betrifft, so liegt dieser bei Mitte 30, was nach Einschätzung der Interviewpartner deutlich unter dem Durchschnittsalter der anderen Einheiten im Haus liegt. Drei Interviewpersonen gaben zudem an, zurzeit die jüngsten Referatsleiter in der Regierungszentrale zu sein.

Die Frage, ob denn der Anspruch einer hohen Fluktuationsrate im eigenen Team erfüllt werde, wird von einer Mehrzahl der Interviewpersonen bejaht. Allerdings offenbart sich, dass ein Großteil der Leiter selbst schon jenseits der selbst gesteckten Zielmarke liegt:

„Es gibt hier eher zu wenig Fluktuation. Eigentlich ist angestrebt, dass es mehr geben sollte. Das Ziel – so wird immer gesagt – ist etwa fünf Jahre. […] Also ich selbst falle aus diesem Raster raus, weil ich jetzt nun bereits seit 10 Jahren hier im Planungsbereich arbeite" (P1: 149).

„Ich finde die Fluktuation wichtig. Aber auch ich bin nun schon seit einigen Jahren auf meinem Posten" (P8: 98).

„Ich mache das jetzt zehn Jahre und das ist eigentlich zu lang. Als ich hier in dem Geschäft angefangen habe, war ich Ende 20 und jetzt bin ich 40 und man kommt eben einfach in seine Bahnen und ist nicht mehr so aufgeschlossen. Man denkt sich schnell: ‚Das haben wir doch vor fünf Jahren schon mal gemacht, hör mal auf!' Das ist ja ganz menschlich, aber bei der Planung auch nicht immer förderlich" (P7: 174).

Zusammenfassend kann festgestellt werden, dass zumindest auf Referatsleiterebene eine Lücke zwischen Anspruch und Wirklichkeit klafft, was die verwaltungsexterne Rekrutierung, Interdisziplinarität und Fluktuation anbelangt. Für den Mangel an Fluktuation wurden insbesondere praktische Probleme wie fehlende Anschlussbeschäftigung, Nachbesetzungen und das starre Beamtenrecht verantwortlich gemacht (vgl. P1: 149). Als strukturelles Grundproblem im Personalbereich der öffentlichen Verwaltung nennen einige Interviewpartner zudem „mangelnde monetäre Leistungsanreize" (P9: 333), da die Erfolgsmaßstäbe der Verwaltung in „keiner Weise mit einer leistungsgerechten Bezahlung korrespondieren" (P6: 94). Auffällig ist, dass sich alle Planungsakteure für eine Öffnung der starren Rekrutierungsmodi in der Verwaltungsbürokratie aussprechen und ihre Einheit in diesem Kontext in gewisserweise als Avantgarde sehen:

„In der Personalabteilung unseres Hauses herrscht ein total überkommenes Denken vor. Viele sind da der Auffassung, dass ein Angebot aus dem Öffentlichen Dienst das allergrößte ist, worauf junge Hochschulabsolventen gewartet haben. Dass man aber im heftigen Wettbewerb um junge kreative Leute steht, begreifen viele nach wie vor nicht. Also mein Anspruch als Leiter dieser Einheit ist es, durchaus mit spannenden privaten Unternehmen um die kreativsten Köpfe zu konkurrieren. […] Wir brauchen ein kreatives Umfeld, um neue Ideen zu entwickeln. Ich hoffe, dass in diesem Bereich bald ein Sinneswandel in den anderen Einheiten einsetzt" (P6: 106 ff.).

Der Wunsch nach einem *Kulturwandel* in Verbindung mit der tatsächlichen Personalpolitik der Planungschefs liefert bereits einen ersten Hinweis auf die Innovationskraft, die von den Planungseinheiten hinsichtlich einer Öffnung der Verwaltungsstrukturen ausgeht. Der Frage nach dem Innovationspotenzial der Planungseinheiten gilt es auch in den nächsten Abschnitten weitere Aufmerksamkeit zu schenken.

5.2.2 Themen- und Arbeitsschwerpunkte im Planungsalltag

Bereits in Kapitelabschnitt 5.1 wurde anhand des spezifischen Zuschnitts festgestellt, dass die Themen- und Arbeitsschwerpunkte der Planungseinheiten von Zentrale zu Zentrale divergieren. So finden sich in den zehn untersuchten Regierungszentralen zehn verschiedene zusätzliche Zuschreibungen der Planungseinheit in den Organigrammen (vgl. Abbildung 17). Diese weisen entweder auf einen besonderen Fokus in der strategischen Planungsarbeit (Aufgabenplanung, Analyse, Controlling) oder auf Kopplungen mit nicht unmittelbar verwandten Aufgabenfeldern (Ressortkoordinierung, Wissensmanagement, Redenschreiben) hin. Letztlich lassen sich die tatsächlichen Schwerpunkte jedoch nicht zwingend an den Begrifflichkeiten festmachen, die zudem häufig nicht trennscharf sind (Grundsatz- und Planungsangelegenheiten, Politische Planung, Strategische Planung, Regierungsplanung etc.). Um hinsichtlich der Schwerpunkte ein ausdifferenziertes Arbeitsprofil herausarbeiten zu können, ist die Frage nach dem tatsächlichen Arbeitsalltag der Planungsakteure entscheidender. Auf Basis der empirischen Analyse lässt sich die Arbeit der Planungseinheiten grob in kurz-, mittel- und langfristige Ausrichtung beziehungsweise Tagesplanung, legislaturbezogene (Aufgaben-)Planung und legislaturübergreifende (Langfrist-)Planung einteilen (vgl. Abbildung 18).

Abbildung 18: Planungshorizont und Strategiegrad

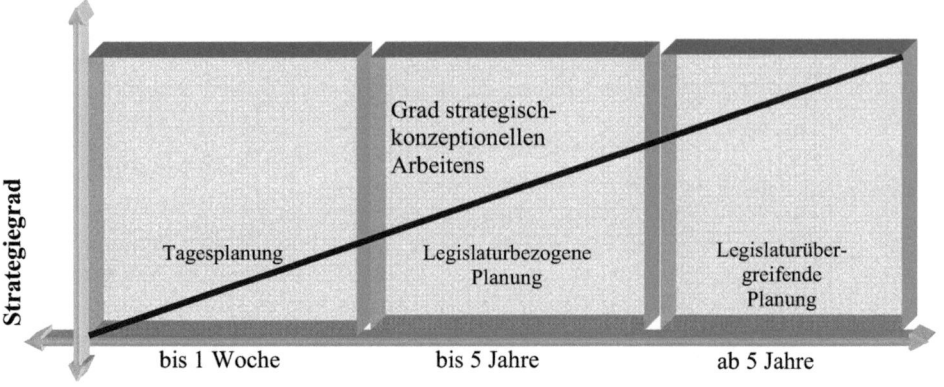

Quelle: eigene Darstellung

Die *Tagesplanung* bezieht sich im Wesentlichen auf Ad-hoc-Aufträge der Hausspitze, die es zeitnah von den Planungseinheiten auszuführen gilt:

> „Momentan reist der Ministerpräsident durch das Land und die Vorbereitung der Termine wurde mir aufgetragen. Natürlich versucht man bei den Besuchszielen auch die politischen Botschaften zu setzen, die man gerade spielen will, [...] aber letztlich hat das mit Planung wenig zu tun, das ist eher Marketing" (P7: 34).

Auch wenn die organisatorische Terminvorbereitung des Ministerpräsidenten im Regelfall in den Zuständigkeitsbereich der Presse- und Protokollabteilung fällt, gehört die Veranstaltungsplanung bei Themenempfängen und Landkreisbereisungen auch bei anderen Interviewpartnern zum Arbeitsalltag der Planungsakteure. Auf die Nachfrage, ob ihn viele derartige tagespolitische Anfragen erreichen, antwortete derselbe Interviewpartner:

> „Laufend, laufend. Auch größere Empfänge: Neulich hatten wir einen Seniorenempfang mit tausend ehrenamtlichen Senioren. Hier war die Konzeptentwicklung unserer Aufgabe: Wie präsentiert man den Ministerpräsidenten gut, wie kann man in der

Seniorenpolitik die eigenen Botschaften vermitteln und Akzente setzen? Für so[lche] Fragen sind wir eigentlich prädestiniert" (P7: 38).

Bei der Tagesplanung geht es nach Einschätzung eines anderen Interviewpartners „oft um klassische Grundsatzarbeit", aber „selten um die ganz großen Linien" (P8: 68). Wenn die Anfragen der Hausspitze nicht mit strategischen Themen gekoppelt sind, handelt es sich um die Erledigung kurzfristiger operativer Aufgaben, die sich meist lediglich in ihrem politikfeldübergreifenden Charakter von der Zuarbeit aus den Ressorts unterscheidet. In Fällen, in denen kein idealer Ansprechpartner für ein Querschnittsthema vorliegt, wird auf die Planungseinheiten zurückgegriffen. Diese faktische Allzuständigkeit wird ebenso von den Interviewpartnern beklagt wie der Zeitdruck, der häufig mit den tagespolitischen Angelegenheiten verbunden ist:

„Natürlich kann ich mir nicht immer die Rosinen raussuchen. Es wird mir auch manchmal die Aufgabe übertragen, eine kleine Anfrage aus dem Parlament zu beantworten oder einen Termin im Wahlkreis zu organisieren. Das ist dann meistens sehr dringend. […] So[lche] Aufgaben kriegen wir immer zugewiesen, wenn man es keinem anderen zuweisen kann. Dann heißt es: ,Ihr seid doch für Grundsatzfragen zuständig'" (P8: 54).

„Nicht selten wird […] ganz kurzfristig das eine oder andere ,runtergereicht' und man will dann innerhalb sehr kurzer Frist eine Position zu einem bestimmten Thema haben. Das versuchen wir dann natürlich auch einzuhalten. Das genießt dann absolute Priorität. […] Wenn ich ehrlich bin, nimmt das im Arbeitsalltag sehr, sehr viele Ressourcen in Anspruch" (P4: 27 ff.).

Während es im Tagesgeschäft letztlich um das reine Abarbeiten operativer Aufgaben geht, steht bei der *legislaturbezogenen Aufgabenplanung* zu einem höheren Grad konzeptionelle Planungs- und auch Koordinationsarbeit im Vordergrund. Zu Beginn der Legislaturperiode gilt es, ein Arbeitsprogramm der Landesregierung zu entwickeln. Dafür müssen die politischen Ziele, die im Koalitionsvertrag fixiert sind, in konkrete Vorhaben transformiert werden. Die Herausforderung besteht hier darin, dass ein Koalitionsvertrag als Ergebnis von Koalitionsvereinbarungen zwischen zwei Parteien mit spezifischen, teils widerstrebenden Interessen häufig einen nicht widerspruchsfreien Kompromiss darstellt. Zudem enthält ein Koalitionsvertrag unterschiedlich konkrete Festlegungen. Im Idealfall konnten sich die Koalitionspartner bereits auf konkrete Ziele („Einführung des Zentralabiturs") oder sogar konkrete Zielzahlen („Halbierung der Schulabbrecherquote") einigen. Oftmals werden jedoch gerade bei politikfeldübergreifenden Themen konkrete Festlegungen bewusst vermieden und nur abstrakte

Ziele benannt („Zivilgesellschaft stärken"). Hier ist das Operationalisieren und „Runterbrechen in Einzelmaßnahmen" (P2: 38) nötig, was im Wesentlichen von den Planungseinheiten in Kooperation mit den Spiegelreferaten und den Ressorts geleistet wird. Diese „Untersetzung" (P8: 37) bedeutet die Bestimmung und Festlegung von Handlungsfeldern, strategischen und operativen Zielen, Zuständigkeiten, Maßnahmen und Fristen. Insgesamt werden im Regelfall etwa 400 bis 600 Vorhaben auf die Ministerien verteilt, die dann im Laufe der Legislatur abgearbeitet werden müssen. Hier schließt sich dann seitens der Regierungszentrale das politische Controlling an, also die Überprüfung des Umsetzungsstandes, das meist über einzelne Zwischenschritte („Meilensteine") erfolgt. In Fachfragen obliegt diese Koordinierungsarbeit im Wesentlichen den Spiegeleinheiten, doch insbesondere bei ressortübergreifenden Themen sowie zur Bilanzierung der Regierungstätigkeit findet diese Form der „nachgelagerten Steuerung" (vgl. Kapitelabschnitt 5.1.2) nicht selten auch in den Planungseinheiten statt:

> „Jahresbilanz, Halbzeitbilanzen, Gesamtbilanzen: Wir holen den Input aus den Spiegelreferaten oder den Ressorts und am Ende bewertet meine Einheit die Ergebnisse und schreibt dann die Bilanz. Das läuft oft parallel zur regulären Planungsarbeit" (P10: 35).

Die kritische Begleitung des Regierungshandelns ist insofern von Bedeutung, als dass „eine Landesregierung schnell in einen schlechten Ruf gerät, wenn das Arbeitsprogramm nicht ordnungsgemäß abgewickelt wird" (P3: 30). Für eine erfolgreiche Planungseinheit ist zudem auch eine Gesamtübersicht über abgeschlossene, laufende und geplante Regierungsvorhaben von Vorteil: Sie bildet die Grundlage für weitere Planungsaktivitäten. Auf Basis dieser Gesamtübersicht werden Schwerpunkte gebildet. Dabei spielen insbesondere kommunikative Aspekte eine große Rolle, denn aus der koalitionsvertraglichen Aufgabenplanung lässt sich aus kommunikativer Sicht noch kein geschlossenes Narrativ ableiten, was jedoch Erfolgsbedingung dafür ist, dass die Arbeit der Landesregierung in der Öffentlichkeit positiv wahrgenommen wird:

> „Koalitionsvertragsbezogene Planungen sind unter Kommunikationsgesichtspunkten extrem schwer vermittelbar. Es gibt an sich keine nach außen erzählbaren, durchgängigen Geschichten. […] Das ganze Arbeitsprogramm der Regierung ist für den externen Betrachter hochgradig erratisch, wenn nicht sogar chaotisch. Das darf nicht sein. Durch unsere Schwerpunktsetzung versuchen wir Ordnung und Übersicht ins Geschehen zu bringen" (P3: 10).

Eine der Hauptaufgaben der Planungseinheit ist daher die *Priorisierung*, die ein Interviewpartner mit dem Bild eines Trichters illustrierte:

> „Oben steht der Koalitionsvertrag, der hunderte, größtenteils unklar definierte Zielsetzungen umfasst. [...] Die Kunst besteht nun darin, diesen durch einen Trichter durchlaufen zu lassen, sodass ein Extrakt von etwa 60 strategischen und operativen Zielen präsentiert werden kann. Um der gesamten Regierungspolitik eine Linie zu geben, werden diese wiederum auf wenige Oberthemen und -ziele reduziert, mit denen sich der Ministerpräsident für die nächsten Jahre persönlich verbindet" (P1: 15).

Die Priorisierung findet ihren Ausdruck in der Regierungserklärung des Ministerpräsidenten zu Amtsantritt, bei der insbesondere die ‚Chefsachen'-Themen herausgearbeitet werden. Aber auch in der laufenden Legislatur werden immer Schwerpunkte formuliert beziehungsweise neue Akzentuierungen vorgenommen, was klassische Planungsarbeit darstellt. Eckpfeiler der legislaturbezogenen Planungsarbeit sind neben der Antrittsrede insbesondere die Halbzeit- und Gesamtbilanz. Diese Phasen bestimmen letztlich grob auch die Arbeitsschwerpunkte der Planungsakteure: Während zu Beginn der Legislaturperiode der Fokus auf der Aufgabenplanung liegt, stehen in ihrer Mitte das politische Controlling und am Ende verstärkt die Bilanzierung im Vordergrund.

> „Die Umsetzung des Koalitionsvertrags interessiert in der jetztigen Phase beispielsweise niemanden und wird erst wieder zur Halbzeitbilanz und zum Ende der Legislaturperiode interessant. Aber man muss eben jetzt schon schauen, dass man zur Halbzeitbilanz dann eben auch eine Bilanz vorlegen kann, dass alles auf dem Weg ist. Insofern muss man auch unterjährig ein Auge auf die Arbeit der Ressorts haben" (P7: 34).

> „Ein Jahr vor der Wahl brauche ich nicht mit irgendeinem großen Wurf ankommen, der weite Bevölkerungskreise verschreckt. Das weiß man dann, da muss man gar nicht drüber nachdenken. In der Zeit wird kaum geplant, sondern bilanziert" (P7: 194).

Während die Ausarbeitung und Operationalisierung des Regierungsprogramms fester Arbeitsbestandteil jeder untersuchten Planungseinheit bildet und strategisch ausgerichtet sein kann (aber nicht muss), handelt es sich bei der *legislaturübergreifenden Langfristplanung* aufgrund des hohen Grades strategisch-konzeptionellen Arbeitens (vgl. Abbildung 18) um strategische Planung im engeren Sinne. Hier geht es um die Kernbereiche zukunftsorientierter Politik. Der Zeithorizont liegt hier bei etwa zehn Jahren:

„Was die grundsätzlichen Trends angeht, denken wir im Bereich der Langfristplanung so plus minus in Zehnjahreszeiträumen" (P9: 123).

„Also vor unserem planerischen Auge haben wir einen Horizont von zehn bis fünfzehn Jahren, um langfristig zu planen. Bildhaft spreche ich immer gerne von einer Schülergeneration" (P1: 5).

Auf die Frage, welche Themeneigenschaften notwendig seien, damit sich die Planungseinheit mit einem Langfristproblem beschäftigt, hoben die Interviewpartner insbesondere Profilierungsaspekte hervor:

„Wenn der Ministerpräsident ein Zukunftsthema bearbeiten lassen will, aber kein Ressort so richtig zuständig ist beziehungsweise das entsprechende Ressort über eingefahrene Strukturen verfügt und [...] nicht so weit in die Zukunft schauen will, gehen wir da ran" (P4: 140).

„Ein Thema muss zum Ministerpräsidenten passen. Nur wenn er es authentisch transportieren kann, hat ein Thema die reale Chance, zu einer Landesstrategie zu werden" (P8: 219).

„Meine Themenschwerpunkte sind die Themenschwerpunkte des Ministerpräsidenten, mit denen er durchs Land reist und sich ein Profil erarbeiten will. [...] Dabei sollte eine klare Zukunftsorientierung erkennbar sein. Kinder und Jugend, das ist beispielsweise ein Themengebiet, das eine solche Zukunftsorientierung vermittelt und den Ministerpräsidenten zudem gleichzeitig aus der Konfrontation mit anderen politischen Lagern herausnimmt. Ich sage mal ganz platt: Für Kinder und Jugendliche zu sorgen, kann eigentlich immer nur gut für den Ministerpräsidenten ausgehen" (P3: 10 ff.).

Betrachtet man die tatsächlichen Themenschwerpunkte der Planungseinheiten eingehender, ist insbesondere die *Vielfalt der Themen* auffällig. Inhaltlich reicht das Themenspektrum der Planungsakteure vom „globalisierungsbedingten Wertewandel" über die „Politikverdrossenheit künftiger Generationen" bis zu den „Langfristfolgen der embryonalen Stammzellenforschung". Aber auch die Ursachen von Integrationsdefiziten, Politikverdrossenheit oder Jugendarbeitslosigkeit können hier Thema sein. In Abbildung 19 sind die von den Interviewpartnern im Wesentlichen genannten Langfristthemen zusammengefasst und in einer Wortwolke grob gewichtet.

Abbildung 19: Typische Langfristthemen der Planungsakteure

Quelle: Eigene Darstellung

Einen besonders hohen Stellenwert wird in ausnahmslos jeder Planungseinheit dem *demografischen Wandel* in all seinen Facetten beigemessen. Dabei betonen die Planungsakteure, dass bloße Lageanalysen und Szenarien für eine erfolgreiche strategische Grundsatz- und Planungsarbeit nicht ausreichend sind. Vielmehr müssen „thematische Schwerpunkte gebildet, konkrete Ziele und Maßnahmen formuliert und insbesondere auch die operative Sequenz benannt werden" (P3: 20). Damit man von einer wirklichen Strategie sprechen kann, müssen gesellschaftliche Megatrends also „auf lokale Lösungen runtergebrochen werden" (P4: 51):

> „Bei langfristigen, ressortübergreifenden Themen wie Demografie kann man nicht nur irgendwelche Szenarien aufmalen und sagen: ‚So und so könnte es aussehen', denn: ‚In the long run, we are all dead.' Die Frage ist deshalb, welche Maßnahmen wir heute schon ergreifen können. Das läuft dann beispielsweise über ein Fokusszenario, wo wir genau festlegen: Wo wollen wir hin? Was ist unsere Zielsetzung? Und was sind die Maßnahmen im Einzelnen?" (P4: 71).

163

Um es am Beispiel des demografischen Wandels zu illustrieren: Die Aufarbeitung des Demografietrends beginnt in der Mehrzahl der Fälle bei der Analyse der möglichen negativen Auswirkungen für das Land (zum Beispiel Entvölkerung der ländlichen Räume, städtische Altersarmut). Sie geht weiter über die Formulierung wichtiger Zukunftsfelder (zum Beispiel Anwerbepolitik, Generationenverantwortung) und strategischer Ziele (zum Beispiel regionale Daseinsvorsorge sichern, Chancen des aktiven Alterns nutzen) und endet schließlich mit konkreten länderspezifischen Handlungsempfehlungen (zum Beispiel Gemeindezusammenlegung, Mehrgenerationenhaushalt), die dem Ministerpräsidenten übergeben werden.

Ein weiterer thematischer Fokus der legislaturübergreifenden Planung liegt in allen untersuchten Fällen auf der *Standortpolitik*, die sich keineswegs nur auf klassische Industrie- und Technologiepolitik beschränkt. Im Sinne einer langfristigen Wirtschaftsförderung werden hier auch innovative Themen wie die Nutzung alternativer Energieressourcen, die Vernetzung der Hochschulen und die Förderung der Kreativwirtschaft in den Blick genommen:

„Also nehmen Sie einmal die Kreativitätswirtschaft in Deutschland. Diese zu fördern und unser Land zu einem herausgehobenen Standort zu machen, ist nicht nur unter Wohlstands- und Wachstumsgesichtspunkten eine ganz spannende Sache. Auch das kulturelle Leben erblüht, wenn wir für die Kunst-, Film- und Designszene attraktiv sind. Damit lässt sich auch die Neugierde bei Leuten gewinnen, die sich eigentlich mit Politik überhaupt nicht beschäftigen. Das ist ein Baustein, der so gar nicht in der Regierungsprogrammatik auftaucht, aber von uns eben immer mitgedacht wird" (P6: 44).

Abschließend gilt es zu klären: Über wie viel Freiheit verfügen die Planungsakteure bei der Themen- und Schwerpunktsetzung und wie gewichten sie das Verhältnis von kurz-, mittel- und langfristiger Planung im Arbeitsalltag? Zunächst einmal betonten alle Interviewpersonen, dass Eigeninitiative und eigenständige Schwerpunktsetzung explizit seitens der Hausspitze erwartet wird:

„Es ist nicht so, dass wir hier komplett losgelöst von den politischen Realitäten, wie sie durch Koalitionsvereinbarungen und Parteiprogramme definiert sind, Agenda Setting betreiben könnten. Dennoch bleibt uns ein bestimmter Handlungskorridor, in dem wir selbst sehr wohl eigene Themen aufsetzen und auch priorisieren. Und dieser Handlungskorridor ist auch vom Ministerpräsident gewünscht" (P1: 15).

„Ein großer Teil unserer Arbeit besteht darin, aufmerksam zu sein und dann selbst Themen, Aktionen und Projekte vorzuschlagen. Dass wir stets unsere planerische

Perspektive in die Diskussion einbringen, wird auch zu Recht von uns erwartet. [...] Das ist ja letztlich auch so eine Frage der eigenen Daseinsberechtigung" (P10: 21).

„Natürlich brauchen wir vom Ministerpräsidenten Aufträge, die uns auch ein Stück weit die Spur weisen. Auf der anderen Seite haben wir natürlich auch eine Früh-warnfunktion und die müssen wir dann natürlich eigeninitiativ nutzen und aktiv Themen suchen. Also insofern ist es sicherlich so ein Gegenstromprinzip" (P2: 18).

Trotz des Gegenstromprinzips hängt der tatsächliche Grad der Eigeninitiative ebenso wie die Arbeitsbelastung durch Tagesplanung stark vom Führungsstil und Planungsverständnis der Hausspitze ab:

„Beim jetzigen Ministerpräsidenten kann man initiativ arbeiten, während der vorhe-rige [...] den Apparat auch stark auftragsmäßig gefüttert hat. [...] Es kommt immer darauf an, wie die politische Führung das Haus nutzt. Da müssen wir uns natürlich anpassen" (P2: 18).

Insgesamt halten sich nachfrage- und angebotsorientiertes Arbeiten in der All-tagspraxis nach Einschätzung der Interviewpartner die Waage:

„Wir sind nicht nur Impulsnehmer des Ministerpräsidenten. Unsere Hauptaufgabe ist es – zumindest zu 50 Prozent, eigentlich mehr – selber Impulsgeber zu sein" (P6: 82).

Was die tatsächlichen Arbeitsschwerpunkte hinsichtlich kurz-, mittel- und lang-fristiger Planung anbelangt, betonen zwei Interviewpartner den Langfristschwer-punkt, während bei den anderen acht eindeutig die tages- beziehungsweise legis-laturbezogene Planung überwiegt. Zudem bildet die Legislaturperiode und damit verbunden der Koalitionsvertrag eindeutig das wichtigste planerische Orientie-rungsraster:

„Zurzeit sind wir von diesen tagesaktuellen Geschichten weiter weg. Das war unter der alten Regierung anders. Da sollten wir zum Beispiel immer die Interviewvorbe-reitungen machen, was jetzt der Pressebereich macht. Insgesamt hat sich der Schwerpunkt ein wenig zur Langfristplanung verschoben, was Vor- und Nachteile hat" (P1: 88).

„Planung ist erst einmal für die Zeit wichtig, für die man gewählt ist: die Legislatur-periode" (P10: 87).

„Von der Arbeitsintensität und der hohen Termindichte, mit der wir arbeiten, würde ich sagen, dass in der kurz- und mittelfristigen Planung – und insbesondere mit den damit verbundenen organisatorischen Geschichten – schon ein leichter Schwerpunkt liegt. […] Die planerische Haupteinheit ist ohne Zweifel die Legislaturperiode. Hier gibt es einen Koalitionsvertrag, der operationalisiert werden will, was äußerst zeit- und ressourcenintensiv ist" (P2: 31).

Wie die empirische Analyse zeigt, ist ein ‚entschleunigtes' Arbeiten, wie es die politische Strategieanalyse für einen erfolgreichen strategischen Apparat vorsieht (siehe Kapitelabschnitt 2.3.4), letztlich nur bedingt Kennzeichen des Planungs-alltags. Vielmehr scheint der tagesaktuell-operative den planerisch-strategischen Fokus zu verdrängen:

„Da passiert es nicht selten, dass man […] das kurzfristig Wichtigeres nach vorne schiebt. Dass die Langfristigschiene da manchmal hinten runterfällt, brauche ich Ihnen ja nicht zu erklären" (P5: 17).

„In der Regel ist man sehr geprägt vom Alltagsgeschäft. Die Musik spielt dort, wo die mediale Aufmerksamkeit herrscht und wo man unter dem Druck der Verbände steht. Beispielsweise – ganz aktuell – beim Konjunkturpaket II wird leider im besonderen Maße kurzfristig gedacht. Eine Chance, in die Zukunftsfähigkeit unseres Landes zu investieren, wird hier vertan" (P4: 19).

„Die Hausspitze zeichnet sich natürlich durch eine extrem hohe Terminfrequenz aus. Die muss man dann natürlich in dem Sinne auch mitgehen. Da ist die Gefahr dann natürlich schon sehr groß, dass die grundsätzliche Arbeit zu kurz kommt. Die verschiebt man dann ganz gerne, um etwas mitzubekommen und involviert zu sein" (P2: 32).

Insgesamt äußerten die meisten Interviewpartner den Wunsch nach größeren Kapazitäten für langfristiges Denken und konzeptionelles Arbeiten:

„Ich würde mir wünschen, dass man stärker von administrativen Dingen entlastet ist. […] Häufig wird dadurch gespart, dass Sachbearbeiterstellen nicht wiederbesetzt werden" (P5: 83).

„Bei all dem Termindruck bleibt für Grundsatzarbeit […], ja, irgendwie schade [...] leider viel zu wenig Zeit. […] Wir würden gern den Motor ein bisschen mehr anwerfen, was Hintergrund- und Expertengespräche anbelangt. Da sollte intensiviert werden, aber dafür haben wir zurzeit keine Zeit" (P2: 32).

„[I]ch würde mir wünschen, dass wir mehr von diesem Kleinzeug ferngehalten werden, das so etwa 20 Prozent unserer Ressourcen frisst. […] Wenn die Sachen weg wären und wir den Rücken frei hätten von diesem Kleinmist, dann würde man noch ein bisschen mehr Grundsatzarbeit und Planung schaffen" (P8: 54).

Gerade bei den vom Ministerpräsidenten an die Planungseinheiten vergebenen Aufträgen handelt es sich meist um Aufgaben mit einem sehr kurzen Zeithorizont:

> „Es kommt selten vor, dass ich einen Vermerk bekomme, in dem es heißt: Überlegen Sie mal, was ich in zwei Jahren machen soll. Das meiste, was wir von oben an Vorgaben bekommen, hat aktuellen Bezug und muss direkt umgesetzt werden. Ich würde mal sagen, darauf verwende ich die Hälfte meiner Arbeitszeit. Das ist das Alltagsgeschäft" (P10: 21).

Das Verhältnis von kurzfristiger und langfristiger Planung wurde von den Interviewpartnern folgendermaßen zusammengefasst:

> „Wenn man nicht als Spinner, Phantast oder Theoretiker gelten will, muss man sich sehr stark mit den aktuellen Gegebenheiten befassen. Und das heißt erst einmal, das Tagespolitische abzuarbeiten. […] Darauf aufbauend haben wir den Anspruch, möglichst ausgefeilte Zukunftsideen zu entwickeln und in den politischen Prozess einzubringen. Zuerst für die laufende Legislatur bei der Planung des Regierungsprogramms, bei vorhandenen Kapazitäten auch darüber hinaus. […] Leider kommt die Langfristplanung insgesamt aufgrund der Arbeitsbelastung im Tagesgeschäft viel zu kurz" (P10: 95).

> „Unsere Aufgabe ist es zunächst einmal, das Tagespolitische abzuarbeiten und die Planung des Regierungsprogramms mit den entsprechenden Meilensteinen und Endergebnissen zu organisieren. Hier liegen die Prioritäten meiner Truppe. Und sich darüber hinaus über die Zukunft, die großen Linien sowie die Chancen und Möglichkeiten unseres Landes Gedanken zu machen, ist äußerst wichtig, aber in der Realität einfach nicht immer so leicht umzusetzen" (P6: 40).

Damit ist auch eine Aussage über den Stellenwert von Langfristplanung im Arbeitsalltag der Planungsakteure getroffen: Der tages- und legislaturbezogenen Planung wird faktisch Vorrang gegenüber der legislaturübergreifenden Planung eingeräumt. Zugespitzt kann von einem ‚Pflicht und Kür'-Verhältnis zwischen operativem Tagesgeschäft und strategischer Planung gesprochen werden. Die planerisch-strategische Ausrichtung ist demnach die Kür, die sich mit den tagesaktuell-operativen Arbeitsanforderungen und -realitäten oftmals nur schwer vereinbaren lässt.

5.2.3 Arbeitsweise und -prozesse: Wissen managen, Inhalte verkaufen

Die Arbeitsweise der Planungsakteure korreliert eng mit den im letzten Abschnitt herausgearbeiteten Schwerpunkten. Neben Organisations- und Koordinationsaspekten nimmt sowohl bei der kurz- als auch bei der mittel- und langfristigen Planung das Sammeln, Kanalisieren und Verdichten von Informationen einen großen Raum ein. Dreh- und Angelpunkt der Planungsarbeit sind in allen Planungseinheiten die Koalitionsvereinbarungen. Der Koalitionsvertrag bildet nicht nur die verbindliche Grundlage zu Beginn der Legislaturperiode, sondern stellt während der gesamten Regierungszeit einen permanenten Referenzrahmen und eine „Richtschnur für die eigene Arbeit" (P5: 95) dar. Doch abgesehen von den Koalitionsvereinbarungen oder den Wahlprogrammen haben die Planungsakteure zahlreiche andere Quellen, aus denen sie Impulse für ihre tägliche Planungsarbeit schöpfen. So lassen sich die Planungsakteure oftmals aus anderen Ländern inspirieren:

> „Koalitionsverträge und Regierungserklärungen anderer Ministerpräsidenten schauen wir uns schon sehr genau an. Das ist Standardrepertoire, dass wir da einen Abgleich vornehmen. Und die guten Ideen fließen dann möglicherweise in unsere Politik ein. Das ist Standard" (P7: 184).

> „Von anderen Ländern bekommen wir immer wieder wichtige Denkanstöße. Auch wenn man viele gute Praxisbeispiele aus anderen Ländern nicht übertragen kann, beschäftigen wir uns mit dem Ländervergleichen und lassen uns anregen" (P4: 83).

Die Planungsakteure betreiben also aktives *Monitoring*. Orientiert wird sich insbesondere an denjenigen Ländern, die in vielen Bereichen führend sind. Häufig genannt werden in diesem Kontext die Länder Baden-Württemberg, Bayern und Hessen für ihre Gesamtperformance sowie Sachsen und Thüringen für den Bildungsbereich.[61] Ziel des *Benchmarking* ist es, Erfolgskonzepte zu identifizieren und „von den Besten der Besten zu lernen" (P4: 19):

> „Grundsätzlich orientieren wir uns […] an den Ländern, die innovativ und möglicherweise einen Schritt weiter sind als wir, die andere Wege gegangen sind und damit unter Umständen auch erfolgreich gewesen sind. Also Platz eins bis fünf der Rankings, wenn man so will. […] Und hier setzt man sich Ziele: Etwas nachzumachen, jemanden einzuholen oder noch besser: zu überholen. Wenn wir irgendwo füh-

---

[61] Als Grundlage dient dabei neben den bekannten Bildungsvergleichsstudien wie „Pisa" und „Iglu" insbesondere das Bundesländerranking der Initiative Neue Soziale Marktwirtschaft (vgl. INSM 2009) sowie die Studie „Bundesländer im Standortwettbewerb" der Bertelsmann Stiftung (vgl. Bertelsmann Stiftung 2010b).

rend sind, gucken wir vielleicht mal über die deutschen Grenzen hinweg, ob man sich da noch etwas abgucken kann" (P10: 59).

Aber auch im politischen Wettbewerb spielen die Rankings eine große Rolle:

> „Klar orientieren wir uns auch als Planer an den Rankings. Sie bieten einen Anhaltspunkt für Medien und – wenn das Land in einem Ranking schlecht liegt – auch für die Opposition. Im Gegenzug bringen wir natürlich ein Ranking […] ins Spiel, wenn das Land vielleicht besonders gut abschneidet oder wir im Ranking geklettert sind" (P10: 61).

Die nötigen Impulse für die im Kontext dieser Arbeit besonders relevante Langfristplanung erhalten die Planungsakteure insbesondere im Austausch mit der Wissenschaft:

> „Man schwärmt aus und holt sich natürlich überall Anregungen. Viele Ideen für langfristige Projekte nehmen ihren Ausgangspunkt in der wissenschaftlichen Debatte und werden dann von uns aufgegriffen" (P7: 94).

> „Wir laden Experten ein zu Themen, die uns interessieren und bekommen dadurch wichtigen Input. […] Bei den Expertenmeinungen achten wir darauf, dass möglichst ein breites Ideenspektrum abgebildet wird. Da muss man anspruchsvoll sein" (P6: 84).

Um politischen Handlungsbedarf bei sich abzeichnenden gesellschaftlichen Trends im Frühstadium zu erkennen, setzen sich die Planungsakteure mit wissenschaftlichen Erkenntnissen auseinander, ohne im engeren Sinn Wissenschaft zu betreiben. Als „Wissen(schaft)smanager" (siehe Kapitelabschnitt 5.2.1) geht es darum, politikrelevantes Wissen zu produzieren, das in den politischen Prozess einfließt:

> „Wir sind kein Forschungsinstitut. Beim Thema demografischer Wandel, wo wahnsinnig viele Daten vorhanden sind, geht es beispielsweise darum, sich Kontextwissen anzueignen, das dann gezielt vor Ort angewendet werden kann" (P4: 4).

> „Wir betreiben hier keine Forschung. Das machen andere besser. Da gibt es politische Stiftungen und entsprechende Lehrstühle, die produzieren wunderbare Forschungsergebnisse, die wir nutzen können" (P2: 130).

„Wir werten Studien, Diskussionspapiere und Konferenzergebnisse aus, indem wir sie auf Seriosität und Praxisnähe prüfen. Dann überlegen wir uns: Was kann man daraus machen? In welchem Kontext kann der Ministerpräsident drauf reagieren?" (P8: 43).

Anders als bei den Kriterien, die an akademische Arbeiten angelegt werden, stehen statt Originalität und Ausgewogenheit vielmehr Plausibilität und Praxistauglichkeit wissenschaftlicher Erkenntnisse im Vordergrund. Mit dieser Herangehensweise geht ein Umgang mit Forschungsergebnissen einher, der – anders als im Wissenschaftsbetrieb – nicht die Urheberschaft, sondern alleine die Verwertbarkeit der Idee in den Mittelpunkt rückt und als äußerst pragmatisch zu bezeichnen ist:

„Wir haben unsere Fertigungstiefe hier verringert und nutzen die Arbeit von anderen" (P2: 207).

„Man muss nicht alles neu erfinden. Vieles ist bereits sehr gut vorgedacht. Da kann man bestimmte Dinge übernehmen und muss hier nicht das Rad neu erfinden" (P10: 47).

Letztlich sind die Planungseinheiten diejenigen Akteure, die zwischen Wissenschaft und Politik vermitteln und eine Übersetzungsleistung zu erbringen haben: neuste theoretische und empirische Erkenntnisse durch Aufbereitung und Verdichtung politikkompatibel zu machen, d. h. mit den Logiken des politischen Entscheidungsprozesses zu verbinden. Dies spiegelt sich auch im ‚Produkt' wieder, das die politische Leitungsebene meist als klassisches Schriftstück zu einem Thema aus der Planungseinheit erhält: Statt ausführlicher Abhandlungen, die einen Sachverhalt möglichst umfassend und aus vielen Blickwinkeln beleuchten, sind konzise Analysen und Stellungsnahmen gefragt. Idealtypisch wird in diesen drei- bis fünfseitigen Strategiepapieren die politische Ausgangslage bewertet („Problemanalyse"), strategische Ziele und Handlungsfelder werden herausgearbeitet, Politikoptionen und deren Implikationen aufgezeigt und auf dieser Basis schließlich konkrete Maßnahmen empfohlen.

Was passiert nun mit den meist schriftlich vorliegenden Expertisen der Planungseinheiten? Die verfassten Papiere durchlaufen im Regelfall den Dienstweg über den Abteilungsleiter, den Chef der Staats- beziehungsweise Senatskanzlei und gegebenenfalls einen Staatsminister bis zum Ministerpräsidenten. Letzterer wurde von allen zehn Interviewpartnern als Hauptadressat der strategischen Planungsarbeit bezeichnet. Bei größeren Projektvorschlägen mit überragender Bedeutung für die gesamte Landesregierung und einer Vielzahl an zu beteiligenden Ressorts wird das Papier nach Rückkopplung mit der Hausspitze und Zirkulation auf Arbeitsebene als Vorlage dem Kabinett zur Abstimmung gegeben. Der Vorteil eines Kabinettsbeschlusses liegt darin, dass sich die gesamte Landesregierung auf eine Strategie festlegt und „die Fachverwaltungen unmittelbar tätig werden müssen und die Ergebnisse auch zuverlässig zu bestimmten Zeitpunkten liefern" (P9: 185). Den Grad einer Kabinettsvorlage erlangen aber nur wenige Strategiepapiere. Im Regelfall handelt es sich um Projektvorschläge, die auf Arbeitsebene direkt mit den Ressorts ausgehandelt werden. Seitens der Planungseinheiten geht es hier vor allem ums „Vorantreiben" und „Druck machen" (P9: 23):

> „Wir entwickeln bis zu einem bestimmten Reifegrad Gedanken, die dann beispielsweise in Projektvorschlägen münden und an die Hausspitze gehen. Wenn es grünes Licht gibt, ist das für uns der Punkt, Kontakt zu den Ressorts aufzunehmen und unsere Vorschläge zu diskutieren. Dann bilden wir in der Regel interministerielle Arbeitsgruppen, in denen unsere Ideen weiterentwickelt werden" (P6: 24).

Wenn das Thema grob erschlossen und mit der Hausspitze abgestimmt wurde, müssen wesentliche Fragen der operativen Umsetzung geklärt werden: Welche Ressorts müssen eingebunden werden? Welche Veranstaltungs- oder Präsentationsformate in welcher Taktung sind angebracht? Welcher organisatorische Unterbau ist nötig und wie organisiere ich die Zusammenarbeit mit den Ressorts? Im Regelfall schließt sich hier ein „Ping-Pong-Prozess" (P3: 16) an:

> „Wir müssen verschiedene Leute an einen Tisch bringen: Fachleute, Anspruchgruppen, die Ressorts. Dann müssen wir gemeinsam überlegen, wo die Reise hingehen soll, wie wir das [Projekt] vorantreiben, wie wir den Haushalt entsprechend ausrüsten, welche Rechtsfragen auf uns zukommen, welche Benchmarks wir dem Projekt auferlegen und wie wir das Ganze kommunizieren. Und dann heißt es von unserer Seite: antreiben, antreiben, antreiben" (P8: 224).

> „Ab einem bestimmten Reifegrad, wenn die Konzeptualisierungsphase abgeschlossen ist und die Zuständigkeiten geklärt sind, geben wir die Verantwortung dann komplett an die Ressorts ab" (P6: 28).

Wie bereits in Kapitelabschnitt 5.1.3 angedeutet, liegt hier also eine klare Arbeitsteilung vor: Die Planungsakteure der Regierungszentrale fühlen sich letztlich für die Problemdefinition und das Agenda Setting verantwortlich, während sie die Ressorts bei der Politikformulierung und -umsetzung in der Pflicht sehen:

> „Wir haben Ministerien und wir können nicht deren kleinteiliges, zum Teil ja auch sehr bürokratisches Geschäft machen. Das geht nicht. Damit wäre Planung auch tot.

Also wir sind im Kern immer bemüht, Grundsatzplanung zu machen. Also grundsätzliche Dinge zu klären und Themen auf die Tagesordnung zu setzen" (P1: 9).

In Abhängigkeit zu ihrem Konkretisierungsgrad können die von den Planungseinheiten erstellten Expertisen auch andere Verwendung finden und dienen beispielsweise als Diskussionsgrundlage innerhalb der Regierungszentrale. Nicht selten fließen sie auch in die Grundsatzreden des Ministerpräsidenten ein. Die strukturelle Verknüpfung von Planung und Redenschreiben („Denken und Schreiben") wurde bereits in den vergangenen Abschnitten als gewinnbringende Konstruktion identifiziert. Die Grundsatzreden spielen – auch wenn es nur in wenigen Planungseinheiten explizit im Zuschnitt vorgesehen ist (vgl. Kapitelabschnitt 5.1.3) – faktisch bei ausnahmslos allen Planungseinheiten eine große Rolle. Nach einhelliger Meinung der Interviewpartner ist das Informations- und Wissensmanagement letztlich eng mit dem Redenschreiben verknüpft, da sich nicht zuletzt im Hinblick auf die Stoff- und Materialsammlungen „wertvolle Synergieeffekte" (P6: 120) ergeben (vgl. auch Kapitelabschnitt 5.1.3). Mehr noch: Die strategische Planungsarbeit kann hier eine operative Relevanz entfalten, was gleich mehrere Interviewpartner hervorhoben:

„Hier können wir politische Schwerpunkte festlegen und unsere Langfristthemen nachhaltig in den Köpfen verankern" (P8: 59).

„Die Grundsatzreden geben uns die Möglichkeit, unsere Botschaften auch wirklich an den Mann zu bringen. Die Wirkung solcher Reden als Grundimpuls sind dabei nicht zu unterschätzen" (P2: 101).

Das Redenschreiben der Interviewpartner beschränkt sich nicht nur auf die Regierungserklärungen zu Beginn und meist in der Mitte der Legislaturperiode, sondern beinhaltet letztlich alle „generalistischen Reden", die „von der politischen Aussage eine exponierte Stellung" (P2: 58) aufweisen:

„Wir sind für alle großen programmatischen Reden verantwortlich, in denen der Ministerpräsident in irgendeiner Form die Schwerpunkte seiner Politik definiert. Das ist eine der ureigensten Aufgaben unserer Einheit. Hier können wir unsere Themen anbringen und einbringen" (P10: 7).

„Da nutzen wir natürlich das ganze Haus, fordern einzelne Bausteine an, die dann von uns gewichtet werden. Dabei dürfen wir keinen Aspekt vergessen, müssen aber trotzdem diejenigen Schwerpunkte rausarbeiten, die in die Zukunft weisen. […] Das ist Planung par excellence" (P2: 60).

Um „das Programm zusammenzustellen und ‚das Fleisch' zu suchen" (P7: 22) greifen die Planungsakteure also bei der Priorisierung auf die fachliche Expertise der Ressorts und der Spiegelreferate zurück. Doch neben den Policy-Aspekten, die sich auf die sachbezogen-inhaltliche Ebene beziehen (vgl. Kapitelabschnitt 2.3.2), spielen prozessuale Fragen (*Politics-Aspekte*) beispielsweise des Issue-Managements, der öffentlichen Kommunizierbarkeit sowie der grundsätzlichen Durchsetzungsfähigkeit eine große Rolle im Arbeitsalltag der Planungsakteure:

> „Wenn wir uns ein Politikfeld vornehmen, schauen wir, welche Interessen und möglichen Widerstände es dort gibt und auf welchem Weg man die eigenen Überlegungen am Ende mehrheitsfähig bekommt. Auch Fragen der Mehrheitsbildung und Mehrheitsfähigkeit haben wir immer im Auge" (P1: 38).

> „Na klar arbeiten wir in machtpolitischen Kategorien. Wir arbeiten explizit heraus, wieviel Profilierungspotenzial ein Thema für die Landesregierung, aber insbesondere für den Ministerpräsidenten hat" (P4: 66).

> „Inhaltliche Ausrichtung geht nicht ohne Imagepflege des Ministerpräsidenten. Wenn es nicht diesen kommunikativen Aspekt hat, ist der eigene Ansatz für die Katz'" (P3: 35).

Auch hier wird wieder deutlich, welch große Bedeutung die Suche nach Profilierungspotenzialen des Ministerpräsidenten hat und in der alltäglichen Planungsarbeit einnimmt. Auf die Frage, ob eine systematische Auseinandersetzung mit kommunikativen Aspekten des Politikkonzepts häufig im Arbeitsalltag stattfinde, antworteten die Interviewpersonen überwiegend bejahend:

> „Die Frage nach dem Verhältnis von inhaltlicher Planung und politischer Kommunikation, also letztlich die Frage nach den Kommunikationschancen eines Themas wird natürlich von uns selbst auch mitbedacht. Das Thema kann richtig sein, aber es kann nicht kommunizierbar sein oder umgekehrt" (P1: 68).

Der bereits in Kapitelabschnitt 5.2.2 identifizierten Herausforderung, das Regierungsprogramm im Allgemeinen und die Aufgabenplanung der Regierungszentrale im Besonderen angemessen zu kommunizieren, ist nach Meinung eines Interviewpartners mit „*Themenschneisen*" und einer „*Leitmelodie*", also mit der Beschränkung auf wenige zentrale Botschaften, zu begegnen:

> „Die Geschäftsroutine der Regierungszentrale ist selber zu unattraktiv, als dass sie jemanden interessieren würde. […] Die Politik muss in dem Sinne durchaus ein gewisses populistisches Element innehaben, weil man einfache Geschichten erzählen

muss, die den Einzelereignissen Sinn verleihen. [...] Ein interessierter landespolitischer Beobachter sollte bei einer Einzelaktion des Ministerpräsidenten auf Anhieb einen Zusammenhang erkennen können. Diesen Zusammenhang gilt es unmissverständlich darzustellen, zu interpretieren und auch zu symbolisieren. [...] Um dem erratischen Geschehen eine Art Ordnung zu geben, muss man Themenschneisen ziehen und eine Leitmelodie kreieren, die man immer und immer wieder spielt. Beim Neujahrsempfang über Grundsatzreden bis hin zu Kreisbereisungen. Drei, vier, fünf Projekte, mehr dürfen es nicht sein. Dann sagt man: ‚Aha, bürgerschaftliches Engagement oder Jugend oder demografischer Wandel, dafür macht sich doch unser Ministerpräsident stark' (P3: 10 ff.).

Auffällig oft wurde die Bedeutung von öffentlichen *Kampagnen* hervorgehoben. Ihre Arbeitsweise würden einige Interviewpartner durchaus als kampagnenorientiert bezeichnen. In Planungsprozess nimmt demnach die „Going Public"-Frage einen großen Raum ein:

„Wenn wir ein Themenfeld durchdenken, tun wir das nicht zuletzt in Kampagnenform: Wann wir etwas starten, ob der Regierungschef ein paar exemplarische Besuche macht, ob er zu Maybrit Illner geht oder ob wir lieber eine Offensive im Printbereich starten. [...] Wir machen einen klaren Kampagnenfahrplan und dann erst die Aufgabenzuweisung. Die Umsetzung ist dann aber nicht mehr unser Ding" (P9: 181).

Dabei haben die Planungsakteure durchaus den Wähler im Blick, wenn sie der „adäquaten Symbolisierung" (P3: 12) einen zentralen Stellenwert beimessen. Dies beginnt beim Schnüren der Arbeitspakete, bei der auf eine gewisse Dramaturgie Wert gelegt wird, die auf die öffentliche Wahrnehmung gerichtet ist:

„Die großen Projekte dürfen nicht so angelegt sein, dass sie sich gegenseitig die Öffentlichkeit und die Wahrnehmung kaputt machen. Die Zeitachse muss auch so gestrickt sein, dass auch im letzten Jahr [der Legislaturperiode] und damit kurz vor den Wahlen noch irgendetwas Spannendes in der Pipeline ist" (P3:. 10).

Generell gilt es aus Sicht der Interviewpartner, insbesondere Zukunftsthemen wie demografischer Wandel, Haushaltskonsolidierung und Migration „irgendwie mit Bildern auch plastisch werden zu lassen" (P2: 68) sowie „behutsam in bestehende Wertsysteme einzubinden" (P3: 44). Auch hier denken und handeln die Planungsakteure in Kampagnenform und versuchen, politische Botschaften zielgruppenorientiert und durchaus wählerorientiert zu ‚verkaufen':

„Natürlich sollten die gesellschaftlichen Megatrends kommunikativ so begleitet werden, dass sie beim Wähler nicht Angst und Schrecken verbreiten. Das ist natürlich Teil unserer Aufgabe" (P4: 54).

„Man muss planerische Inhalte kommunikativ [und] immer langfristig ausrichten. Deshalb ist man irgendwie immer im Kampagnenmodus. Nur wenn Botschaften immer wieder wiederholt und auch symbolisiert werden, können sie sich festschreiben. Die Wähler merken immer schnell, wenn sie nur zu irgendwelchen Wahlkampf- oder Einmalzeiten als Kulisse instrumentalisiert werden. Wenn man als Windhund wahrgenommen wird, kann das übel nach hinten losgehen" (P3: 38).

„Agenda Setting muss nachher natürlich auch über die Medien laufen. Es muss uns dann auch daran gelegen sein, langfristige Themen, nicht nur auf die ministerialbürokratische Agenda zu setzen, sondern auch zu einem öffentlichen Thema zu machen. Dafür benötigt man natürlich ein ausgefeiltes Konzept. Namensartikel sind da eine tolle Sache. Wenn wir im Namen des Ministerpräsidenten einen programmatischen Artikel verfassen, wird der Inhalt schnell für die gesamte Landesregierung maßgeblich. Das hat zwar nicht die Qualität einer Kabinettsvorlage, also bei Weitem nicht, aber die Ministerien kommen auch nicht dran vorbei" (P1: 200).

Namensartikel bedeutet, dass ein Thema grundsätzlich aufbereitet und in einer möglichst viel gelesenen beziehungsweise für das Thema bedeutenden Zeitung platziert wird. Dieses Agenda Setting über die Medien als Teil einer Kampagne kann auch als planerisches Instrument angesehen werden. Allerdings haben nicht alle Planungsakteure die Befugnis, direkt mit den Medien zu kommunizieren. Dafür ist klassischerweise der Presse- und Öffentlichkeitsbereich der Regierungszentrale zuständig (siehe Kapitelabschnitt 5.1.2), mit dem es sich bei öffentlichkeitswirksamen Kampagnen abzustimmen gilt. Zusammenfassend lässt sich sagen, dass die Planungsakteure hinsichtlich ihrer Arbeitsweise insgesamt eine Doppelstrategie verfolgen:

„Wir fahren meistens zweigleisig. Man muss schauen, dass man mit den Langfristthemen medial Prozesse anstößt, um es im Bewusstsein der Bevölkerung zu verankern und auch politischen Handlungsdruck zu erzeugen. Parallel dazu müssen wir intern überzeugende Papiere produzieren, da die Beharrungskräfte im Haus nicht eben klein sind" (P4: 109).

5.2.4 Selbstwahrnehmung und -einschätzung

Fragen nach dem Selbstverständnis der Planungsakteure sind in dieser Arbeit bereits in verschiedenen Abschnitten implizit erörtert worden. So wurde beispielsweise bei dem Anforderungsprofil an einen Planungsakteur ein kreativer, kommunikationsfähiger und ‚querdenkender' Generalist als idealtypischer Mitarbeiter beschrieben (vgl. Kapitelabschnitt 5.2.1) oder bei der Arbeitsweise eine sehr pragmatische Grundhaltung der Planungsakteure im Hinblick auf den Umgang mit Forschungsergebnissen identifiziert (vgl. Kapitelabschnitt 5.2.3). In diesem Abschnitt soll das Selbstverständnis der Planungsakteure noch einmal explizit hinsichtlich des eigenen Rollenprofils diskutiert werden. Konkret geht es dabei um das Alleinstellungsmerkmal der Planungseinheiten, die Abgrenzung zu anderen Einheiten sowie eine kritische (Selbst-)Einschätzung bezüglich des eigenen Einflusses auf Regierungshandeln und der Planbarkeit politischer Prozesse.

Auf die Frage nach dem *Alleinstellungsmerkmal* der Planungseinheiten zeigten sich einige Interviewpartner selbstbewusst und betonten die Bedeutung ihrer Beratung für den Ministerpräsidenten:

> „In gewisser Weise sind wir ‚His Master's Voice': Wir denken uns aus, wie der Ministerpräsident Schwerpunkte setzt, wie er seine Politik verkauft und wie er sie steuert. Das macht in dieser Form kein anderer. Die anderen liefern uns zu, aber bei uns wird es zusammengesetzt. [...] Das andere ist, dass wir immer ein bisschen weiter denken als die meisten Kollegen im Haus. Das ist unser Anspruch – und auch ein stückweit Realität" (P8: 138).

Dabei hoben die Interviewpartner insbesondere die uneingeschränkte Loyalität zum Ministerpräsidenten hervor. Ziel sei es, als „diskreter Dienstleister" (P5: 127) die Haussspitze „bestmöglich mit den relevanten Informationen zu versorgen" und den Ministerpräsidenten „im Außenkontakt möglichst gut aussehen lassen" (P2: 30). Diese dienende Funktion ist jedoch nicht mit Hofberichterstattung gleichzusetzen, die „für den Machterhalt gefährlich sein könnte" (P3: 15). So stellten die Interviewpersonen heraus, dass für sie trotz der faktischen Abhängigkeit des Ministerpräsidenten das kritische Hinterfragen und das „Aufbrechen eingefahrener Strukturen" (P7: 62) zentral ist:

> „Was könnte man anders machen? Wo ist Bedarf? Was läuft nicht so richtig? Nachfragen, kritisieren, unbequem sein ist unser Programm. Dabei geht es aber auch darum, innovative Ideen einzubringen, auf die die Kollegen so nicht gekommen wären" (P10: 74).

Problem bei dieser Innovationsfunktion ist, dass sich neue Ideen gegen bestehende Routinen sowie vorhandenes Zuständigkeits- und Besitzstandsdenken durchsetzen müssen. Diese „innovationshemmende Grundstimmung" (P3: 45) in der Verwaltungsbürokratie stellt nach Meinung der Interviewpartner eine große Herausforderung dar:

„Wenn man der Verwaltung unterstellen will, dass sie immer die ausgetrampelten Wege geht, dann ist Planung dazu da, kreativ zu sein und mal etwas Neues zu machen. Insbesondere bei der Langfristplanung ist Kreativität gefragt. In der Verwaltung sind in so[lchen] Fragen die Beharrungskräfte oftmals sehr groß" (P10: 77).

Gründe für derartige „Beharrungskräfte" werden insbesondere in der starren Personalpolitik der Verwaltungsbürokratie gesehen (vgl. auch Kapitelabschnitt 5.2.1). Hintergrund ist, dass mit zunehmender Amtsdauer beziehungsweise zunehmenden Berufsjahren administratives Denken und Handeln zunehmend Einzug in den Regierungs- und Verwaltungsalltag hält (vgl. auch Kapitelabschnitt 5.1.1):

„Mal angenommen: Man übernimmt eine Regierung aus der Opposition heraus und schaut sich an, welche Figuren eingestellt werden. Dann kann man sehen, dass sich im Zeitraum von 10 bis 15 Jahren bemerkenswerte Veränderungen vollziehen: Am Anfang hat man ganz stark ideologisch und politisch motivierte Figuren. Irgendwann kommen dann immer stärker die Professionals, die genau wissen, wie sie einen Gesetzesentwurf juristisch wasserdicht zu machen haben. Und dann verschiebt sich [...] das Gewicht zwischen Innovation und Administration zugunsten von letzterem, was unerträglich werden kann" (P3: 71).

„So eine Landesverwaltung bringt es immer mit sich, dass sie viele Leute beschäftigt haben, die seit 20 Jahren ihren Job machen. Die sind aber nicht mehr bereit, ihre Meinung auch mal zu überdenken, die sie sich über die Jahre angeeignet haben. Da kommen wir als Planungsgruppe ins Spiel und mischen den Laden einmal ein bisschen auf" (P6: 70).

Kennzeichen der Planungseinheiten ist also eine deutliche *Abgrenzung zur Verwaltung*, insbesondere was die *Innnovationspotenziale* anbelangt. Entsprechend fiel auch die Antwort auf die Frage aus, ob sich Planungsakteure eher in der Verwaltung oder in der Politik verorten würden:

„Wir begreifen uns als eine außerhalb der Konventionen der Landesverwaltung stehende Kreativeinheit und leisten unmittelbare Strategieberatung für den Ministerpräsidenten. [...] Das macht uns zu einem regierungseigenen Think Tank. [...] Von unserer Ausrichtung, unserem Denken und unserem Auftreten her sind wir auf jeden Fall keine Verwaltungsakteure" (P10: 106).

„Verwaltung und Querdenken ist eigentlich ein Widerspruch. Letztlich ist die Verwaltungsbürokratie ein hierarchisches Gebilde, das […] innovative Ideen hemmt. Gegen diese Beharrungskräfte stemmen wir uns. […] Das soll jetzt überhaupt nicht abschätzig klingen, dass die einzelnen Fachreferenten nicht auch gute Ideen haben und inhaltlich topfit sind. Aber auf Arbeitsebene hört man irgendwann auf, Ideen zu entwickeln, die dann eh nicht umgesetzt werden. Als Planer passen wir daher eigentlich nicht in die Verwaltung" (P9: 237).

Die Abgrenzung zur Verwaltung zeigt sich auch darin, dass die Planungsakteure sehr viel Wert auf gute Austauschbeziehungen zu externen Akteuren legen. Die Vernetzung zu Experten aus verschiedenen gesellschaftlichen Bereichen bildet dabei einen wichtigen Teil des Selbstverständnisses:

„Wir haben eine Antenne in die Ministerien, die Regierungsfraktion und Regierungsparteien, aber auch in Stiftungen, Verbände, Unternehmen und Universitäten. […] Mein Referat ist extrem gut vernetzt und befindet sich im permanenten Gedankenaustausch. Das zeichnet uns aus" (P10: 73).

„Meine Auffassung von vernünftiger Planungsarbeit ist, dass man nicht nur im eigenen Saft schmort, sondern, dass man externe Experten einbindet, die es zu den verschiedensten Themen wie Sand am Meer gibt" (P6: 32).

„Ich fordere meine Mitarbeiter auf: ,Zieht alleine los, hört euch um und macht und tut!'. In den täglichen Morgenrunden wird dann immer alles zusammengetragen und ausgewertet" (P8: 116).

Insgesamt kristallisierte sich die *Brückenkopffunktion* als deutliches Alleinstellungsmerkmal der Planungseinheiten heraus. Indem sie gegenüber politischen Problemlagen eine problemorientiert-fachliche, umsetzungs- sowie machtorientierte Perspektive einnehmen, bilden sie eine Schnittstelle zwischen Wissenschaft, Verwaltung und Politik. Die Kehrseite, die von den Interviewpartnern nicht verschwiegen wird, ist eine gewisse „Allzuständigkeit" und ein „freies Schweben ohne feste Zuständigkeit" (P7: 72). Letztendlich definieren sich die Planungsakteure jedoch stark über ihren Anspruch, „Prioritäten und Postprioritäten [zu] definieren" (P1: 11) und einen „roten Faden der Regierungspolitik" zu entwickeln, damit sich die Landesregierung „nicht total verliert und verzettelt" (P2: 148). Ziel ist also die Bereitstellung eines politikfeldübergreifenden Orientierungsrahmens, der sich insbesondere auf das Aufzeigen von Zukunftsperspektiven in der Verwaltung und in der Öffentlichkeit bezieht:

„Wir können nicht zehn Jahre warten und dann reagieren. Die Weichen für 2020 müssen jetzt gestellt werden. [...] Unser Job ist, diese Erkenntnisse in die Ministerien zu bringen und konkrete Maßnahmen vorzuschlagen" (P4: 15).

„Unser Ziel es, die Schwerpunkte unserer Regierungspolitik und insbesondere die Zukunftsthemen ins Bewusstsein der Öffentlichkeit zu rücken" (P4: 21).

Ein wesentlicher Teil des Rollenverständnisses ist also, auch langfristige Themen auf die Agenda zu setzen, dafür innerhalb der Regierung und in der Öffentlichkeit zu werben und zu sensibilisieren. Es gelte, „Trends auf[zu]spüren" und „Politik vor[zu]denken", damit das Land „nichts verschläft" (P2: 30). In Abbildung 20 sind die von den Interviewpartnern im Wesentlichen genannten Zuschreibungen zum eigenen Rollenprofil zusammengefasst und in einer Wortwolke grob gewichtet.

Abbildung 20: Das Selbstverständnis der Planungsakteure

Quelle: Eigene Darstellung

Zum Selbstverständnis gehört auch die *Einschätzung der eigenen Einflussmöglichkeiten.* Auf die Frage, welchen Anspruch sie mit politischer Planung verbinden, zeigten sich die Interviewpersonen insbesondere unter dem Eindruck der Wirtschafts- und Finanzkrise gegenüber dem Glauben an eine weitergehende *Planbarkeit politischer Prozesse* skeptisch:

„Das Thema Wirtschaftskrise überlagert zurzeit alles. Und mit einem Mal spielen Themen, die ganz, ganz wichtig sind, keine Rolle mehr. Bestes Beispiel ist das Thema Haushaltskonsolidierung. Statt zu sanieren, steuern wir in diesem Jahr auf einen kräftigen Nachtragshaushalt zu" (P8: 178).

„Häufig ist es natürlich ein Blick in die Glaskugel: Wir wissen nicht, wie sich die Finanz- und Wirtschaftskrise entwickeln wird, wir haben sie vor anderthalb Jahren auch nicht erwartet. Die prognostischen Werte im Wirtschaftsbereich haben eine hohe Fehlerquote" (P4: 51).

Für einen anderen Interviewpartner ist Planung aufgrund dieser Unwägbarkeiten insbesondere eine Vorbereitung für Eventualitäten sowohl im Sinne von Krisenprävention, als auch im Sinne eines generellen „Gerüstetseins":

„Politik ist eruptiv. Vieles ist nicht planbar. Ich weiß heute nicht, was morgen eine bestimmte Zeitung auf den Titel bringt und das kann dann dominierendes Thema sein für Wochen. Wegen der mangelnden Planbarkeit ist es wichtig, dass man vorbereitet ist. Politik muss man auch dann betreiben, wenn die Kameras aus sind. Ohne Grundsätze geht es nicht" (P10: 69).

Insgesamt zeigten die Interviewpartner eine große Bescheidenheit im Gestaltungsanspruch, wodurch das im Kapitelabschnitt 2.1.3 dargelegte ‚neue' Planungsverständnis bestätigt wird:

„Politik ist ein dynamischer Prozess. Sie wissen nicht, wenn Sie heute gewisse Ziele oder Prioritäten festlegen, ob dass dann in zwei Jahren noch die richtigen sind" (P10: 69).

„Man muss im Planungsgeschäft eben seine Grenzen wissen, dass es mit einem Mal ganz anders kommen kann" (P8: 183).

Stattdessen betonten die Interviewpartner, dass man „bei aller Zukunftsorientierung dem politischen Alltag verhaftet sein muss" (P4: 71), um auch langfristig erfolgreich planen zu können:

„Ich will nicht ein Abgehobener sein, der in so einer Grundsatzwolke schwebt" (P2: 130).

„Zukunftsorientierung ist wichtig, keine Frage. Aber man darf sich nicht so weit vorbeugen, um nach dem nächsten zu greifen, sodass man vorne ‚rüberfällt'. Man muss stattdessen immer festen Stand bewahren. Strategisches Handeln muss deshalb immer eine sehr solide Verankerung in den tatsächlichen Gegebenheiten haben. Sonst ist sie nichts wert" (P3: 50).

„Planung, Grundsatz und Strategie kann nicht bedeuten, dass man sich abkapselt. Das mag hier und da in der Theorie so vermittelt werden, aber das hat mit der Regierungspraxis überhaupt nichts zu tun" (P10: 89).

Bei der Beurteilung des eigenen Einflusses hoben die Planungsakteure hervor, dass die Problemdeutungen der Spitzenakteure nicht nur durch ihre strategische Beratung beeinflusst werden, sondern dass sie „eine Stimme mit einer spezifischen Perspektive unter mehreren" darstellen (P3: 39). Gleichwohl nehmen sie durch die Vorstrukturierung von strategischen Entscheidungen eine gewisse Gestaltungsmacht für sich in Anspruch:

„Wenn man sieht, was in der Regierungserklärung an Programmatik für die nächsten fünf Jahre drin steht, ist da vieles in meiner Einheit mit entwickelt worden. Da wurden einige dicke Bretter gebohrt" (P6: 9).

„Vieles von dem, was man selbst als hochspannend ansieht, erblickt nie das Licht der Öffentlichkeit. Insofern ist sicherlich die Frustrationstoleranz hier ein bisschen größer, die Sie mitbringen müssen, aber Sie bekommen auch sehr viele Möglichkeiten der unmittelbaren politischen Gestaltung" (P8: 149).

Auf die Frage nach einer prozentualen Selbsteinschätzung des eigenen Einflusses auf den Ministerpräsidenten gaben zwei Interviewpartner an, dass „etwa 60 oder 70 Prozent der Gedanken im Papierkorb" (P6: 76) verschwinden, aber „immerhin ein gutes Drittel unserer Beratung" (P9: 229) ankomme, was als eine gute Quote gewertet wird. Aber auch hier verweisen die Interviewpartner darauf, dass der tatsächliche Einfluss der Planungsakteure als strategische Berater der Ministerpräsidenten letztlich von der regierungsinternen Machtkonstellation und dem individuellen Führungsstil abhängt.

Bei der Frage, ab wann von einem Planungserfolg gesprochen werden könne, offenbaren manche Planungsakteure ein gewisses idealistisches Arbeitsethos:

„Erfolgreich ist man als Planer, wenn man eine zukunftsweisende Idee in Veranstaltungen oder Konzeptpapieren eingebracht hat und diese nach einer gewissen Zeit – da muss man Geduld haben – Früchte trägt. Wenn eine Idee zur Schulpolitik beispielsweise auch wirklich in den Schulen ankommt und zur Verbesserung beiträgt, ist das letztlich erfolgreiche Planungsarbeit" (P8: 150).

„Wenn meine Arbeit offizielle Kabinettsvorlage und damit Regierungsmeinung geworden ist, erleben wir das auch als Zwischenerfolg auf dem Weg zu dem tatsächlich Angestrebten. Denn dass meine Arbeit bloß zu einer Entscheidungsgrundlage wird, ist mir zu wenig. Das wäre ja ein rein formales Erfolgserleben. Mir geht es mit meiner politischen Arbeit um Gesellschaftsveränderung. Möglichst einen positiven Beitrag zu leisten für ein besseres Leben der Bürger oder auch für bessere Chancen der Wirtschaft zu sorgen. Insofern kann der Erfolg eigentlich nur daran bemessen werden, was sich draußen bei den Bürgern und in der Wirtschaft an positiven Veränderungen, die politisch gewollt waren, auch tatsächlich ergibt" (P1: 39).

Zusammenfassend lässt sich sagen, dass sich die Planungsakteure deutlich von der Verwaltungsbürokratie abgrenzen, gleichzeitig aber die Bedeutung einer gewissen planerischen Bodenhaftung betonen. Als strategische Berater des Ministerpräsidenten verknüpfen sie sachrationale, administrative sowie politische Rationalitäten miteinander. Damit bilden sie eine Schnittstelle zwischen Wissenschaft, Verwaltung und Politik, durch die innovative Ideen aus anderen Gesellschaftsbereichen in den politischen Prozess diffundieren und hier wirkungsmächtig werden können. Insgesamt weisen die Planungsakteure ein sehr pragmatisches Planungsverständnis auf, das mit vielen Aspekten der in der politischen Strategieanalyse erarbeiteten Anforderungen an eine strategische Ausrichtung kompatibel ist. So betonen die Interviewpartner insbesondere das ‚Zusammendenken' von Policy und Politics, die Verknüpfung von kurz- und langfristiger Ausrichtung sowie die Bedeutung einer möglichst großen Flexibilität im Umgang mit Strategien. Auch wenn die Planungsakteure stets Profilierungspotenziale und damit die Machtdimension von Politik im Blick haben, ist eine positive Gesellschaftsveränderung ihr Fernziel, was auf eine hohe Politisierung und eine idealistische Grundhaltung schließen lässt. Dies macht sie ihrem Selbstverständnis zufolge zu regierungsinternen Anwälten der Langfristperspektive.

5.2.5 Die Planungsakteure und ihre Umwelt: Konstellationen, Beziehungen und Interaktionen

Dieser letzte Abschnitt bezieht sich auf die empirische Analyse der interaktionalen Bedingungen als fünften handlungsrelevanten Einflussfaktor strategischer Planungsarbeit. Der inhaltliche Schwerpunkt liegt dabei auf den vorhandenen Akteurkonstellationen, den Beziehungsmustern sowie konkreten Interaktionsformen innerhalb der Regierungszentrale. Konkret geht es um die Austauschbeziehungen zwischen den Planungseinheiten und der Hausspitze beziehungsweise den anderen hausinternen Einheiten sowie um die generelle Organisationskultur der Regierungszentrale. Letztere bezieht sich auf organisationsinterne Interaktions- und Kommunikationsmuster, die für die Planungseinheit als regierungsinterne Impulsgeber und letztlich auch für die strategische Ausrichtung der gesamten Regierungspolitik einen entscheidenden Faktor darstellen.

Wie schon mehrfach skizziert, wird der *Zugang zum Ministerpräsidenten* ausnahmslos von allen Interviewpersonen als wesentliche Grundvoraussetzung erfolgreicher Planungsarbeit gesehen. Als politisch legitimierter, strategischer Entscheider ist er es, der in strategischen Fragen die Marschrichtung vorgibt. Frühzeitige Abstimmungsprozesse mit dem Ministerpräsidenten erscheinen den Interviewpersonen hier besonders wichtig:

> „Das A und O der Erfolgs- und der Funktionsfähigkeit einer Planungsgruppe ist ein direkter Draht zum Ministerpräsidenten. Wichtig ist ein permanenter Austausch, damit man weiß, in welche Richtung er denkt und man abschätzen kann, ob es Sinn macht, bei gewissen Themen in die Tiefe zu gehen und Arbeitszeit zu investieren. Wenn sie den Draht nicht haben, dann ist es als Planungsgruppe wahnsinnig schwierig, überhaupt vernünftig zu arbeiten" (P6: 11).

> „Mit dem Ministerpräsidenten muss man frühzeitig die Pros und Contras einer strategischen Frage diskutieren. Dabei nehmen wir auf, was der wirklich will und was seine Bedenken sind. Diese Informationen brauchen wir, um anständig arbeiten zu können. Wir sind ja letztlich dessen Erfüllungsgehilfe und nicht umgekehrt" (P1: 52).

Auf die Frage, wie die Qualität und Quantität des direkten Austauschs mit dem Ministerpräsidenten zu bewerten seien, gab es überwiegend positive Antworten:

> „Ich habe einen regen E-Mail-Austausch mit dem Ministerpräsidenten. Man kann in dringenden Sachen problemlos mit ihm per Handy kommunizieren" (P6: 20).

> „Der Ministerpräsident hat mir am ersten Tag seine Handynummer gegeben und meinte: ,Schicken Sie mir SMS und wenn es jeden Tag fünf sind'. Er möchte Ideen hören und über alles informiert sein. Er möchte aufsaugen, was in dem Haus gedacht wird, um es dann anzunehmen oder auch zu verwerfen" (P10: 25).

> „Also meistens bitten wir um einen direkten Termin mit dem Amtschef und dem Ministerpräsidenten und den bekommen wir normalerweise auch problemlos innerhalb weniger Tage. Da haben wir schon einen privilegierten Zugang" (P1: 52).

Angesprochen auf den Grund für den von mehreren Interviewpartnern erwähnten privilegierten Zugang wurde auf eine spezielle *Vertrauensbeziehung* zwischen dem Ministerpräsidenten und seiner Planungseinheit hingewiesen. Angesichts der Tatsache, dass die strategische Planung einen sensiblen Bereich in der Regierungsorganisation darstellt, spielt der (in der Politik generell eine knappe Ressource bildende) Faktor Vertrauen eine enorme Rolle in den Austauschbeziehungen. Dabei stellen Loyalität und Kritik keinen Widerspruch dar:

> „Die Loyalität zum Ministerpräsidenten ist sehr, sehr groß. Hier herrscht ein ganz besonderes Vertrauensverhältnis, gerade wenn es um Positionierungen geht und man übergeordnete Leitideen offen und kritisch diskutiert" (P10: 31).

> „Sie müssen permanent Querdenken und Widerspruch herausfordern bis zu dem Punkt, wo politisch entschieden ist. Und dann müssen Sie sich zu 100 Prozent hinter die Idee des Ministerpräsidenten stellen und diese auch gegenüber den Ministerien vertreten" (P3: 52).

Dass der Planungsbereich einen hohen Politisierungsgrad aufweist und als politisch sensibel angesehen wird, zeigt insbesondere die Tatsache, dass die Planungschefs bei einem Regierungswechsel nicht selten versetzt werden. So äußerten einige Interviewpersonen die Befürchtung, dass sie als Referatsleiter Planung „den Hut nehmen müssen" (P5: 95), sofern nach einem Wahltermin eine neue Partei in die Regierungszentrale einziehen sollte:

> „Wenn jetzt ein Kandidat von einer anderen Partei Ministerpräsident wird, dann wird der mich hier nicht behalten, dann muss ich woanders hin" (P7: 172).

> „Ein neuer Ministerpräsident wird einen Planungsleiter nicht so eng in vertrauliche Sachen mit einbeziehen wie der Vorgänger es gemacht hat. Es ist durchaus realistisch, davon auszugehen, dass eine neue Regierung nicht mit der Planungsgruppe weiter zusammenarbeitet, die sie von der Vorgängerregierung geerbt hat" (P6: 47).

> „Bei uns im Haus gibt es auf Referatsleiterebene Sozialdemokraten, CDUler und Freidemokraten. Aber in diesem Referat ist es etwas anderes. Da wird schon erwartet, dass man auch parteipolitisch denkt. [...] Wenn der Ministerpräsident wechselt, ist auch mein Job in Gefahr" (P8: 80).

Diese gefühlte Verknüpfung der beruflichen Zukunft der Planungsleiter mit der vom Ministerpräsidenten ist insofern eine Besonderheit, als dass die Arbeitsebene der Regierungsorganisation – anders als die politische Leitungsebene, wozu Minister, beamtete Staatssekretäre, der persönliche Bereich des Ministerpräsidenten sowie in der Regel die Abteilungsleiter zählen – im Falle eines Regierungswechsels nicht ausgetauscht wird. Gefühlt ist die Verknüpfung deshalb, weil einige Planungschef faktisch schon seit einigen Jahren ihre Positionen bekleiden und dabei unter verschiedenen Ministerpräsidenten gearbeitet haben (vgl.

Kapitelabschnitt 5.2.1, vgl. auch die folgenden Absätze). Unbeschadet, ob es sich um eine faktische oder bloß gefühlte Verknüpfung handelt, impliziert dies eine enorme Abhängigkeit vom Ministerpräsidenten, sodass die Planungseinheiten – anders als andere Einheiten im administrativen Apparat – im besonderen Maße auf das Wohlwollen des Regierungschefs angewiesen sind:

> „Man hat als Planungseinheit nur dann eine Wirkungschance, wenn es einem konsequent gelingt, im Konsens mit der Hausspitze zu agieren. Wenn sich die Hausspitze von den Planern abwendet, dann kann man eigentlich den Laden dichtmachen" (P3: 69).

> „[W]ir brauchen auch die Hinweise, in welche Richtung wir zu denken haben, sodass wir tatsächlich nicht losgekoppelt von vorhandenen Präferenzen des Ministerpräsidenten zuarbeiten [...] Um hier immer gut informiert zu sein, ist eine enge Koppelung mit der Hausspitze besonders wichtig" (P10: 19).

Die tatsächliche Rolle der Planungseinheiten innerhalb der Regierungsorganisation hängt demnach stark von der Planungs- und Strategieaffinität des Regierungschefs[62] ab, die sehr typabhängig ist:

> „Ich habe das bei zwei Ministerpräsidenten sehr unterschiedlich erlebt: Der eine hatte von seinem ganzen Naturell her einen offenen und positiven Zugang zum Planerisch-Strategischen. Dies zeigte sich an einer gewissen intellektuellen und emotionalen Bereitschaft, sich überhaupt so ein Planungsdesign einmal näher anzugucken. Sein Nachfolger ist hingegen ein viel stärker von Einzelprojekten her denkender, induktiver Politiker, der mit übergreifenden Ideen weniger anfangen kann. Das macht bei uns Planern natürlich einen großen Unterschied" (P3: 8).

> „Je mehr die Mitarbeiter im Haus oder in den Ressorts damit rechnen müssen, dass das Wort des Planungschefs beim Ministerpräsidenten etwas zählt, desto höher ist natürlich das Renommee und die Bereitschaft, sich mit den planerischen Gedanken auseinanderzusetzen. [...] Ich habe einen Ministerpräsident erlebt, der nur verwalte-

---

[62] In der historischen Rückschau lässt sich konstatieren, dass die Bedeutung von politischer Planung auch auf Bundesebene stark von der Planungsaffinität des jeweiligen Regierungschefs abhängig war: Nach einem starken Auf- und Ausbau zentraler Planungskapazitäten in der Ära Willy Brandts (vgl. Kapitelabschnitt 2.1.2) wurde politische Planung unter der Kanzlerschaft Helmut Schmidts dezentralisiert und in die Ressorts verlagert. Ein unbefangeneres Verhältnis zu politischer Planung wird Helmut Kohl zugeschrieben, der die Planungsarbeit in einer eigenen Abteilung im Bundeskanzleramt bündelte („Denk- und Schreibstube"), die aber unter Gerhard Schröder schrittweise wieder aufgehoben wurde (vgl. Mertes 2004: 70). Zentrale Planungsfunktionen werden auf Bundesebene seitdem auch unter Angela Merkel vom Stab „Politische Planung; Grundsatzanfragen; Sonderaufgaben" wahrgenommen, der zunächst von Matthias Graf von Kielmansegg und seit März 2010 von Eva Christiansen geleitet wird.

te. Bei einem geborenen Administrator spielt auch der Planungsstab keine große Rolle. Dann hat man nicht das Ohr des Ministerpräsidenten und wird auch von den Ressorts nicht ernst genommen. [...] [D]as ist ja ganz normal: Je näher man an des Kaisers Ohr ist, desto höher ist der Respekt bei den anderen" (P7: 122 ff.).

In diesem Kontext weisen einige Interviewpartner darauf hin, dass der Ministerpräsident trotz der besonderen Vertrauensbeziehung oftmals ein durchaus zwiespältiges Verhältnis zu strategischer Planung hat. So dienen tragfähige Zukunftskonzepte bis zu einem gewissen Grad der eigenen Machterhaltung, da „ein überzeugendes Zukunftskonzept und eine Vision für Politiker manchmal viel bedeutender [ist] als die tatsächliche Regierungsbilanz" (P1: 84). Das macht die Planungseinheit als ‚professionelle Strategieschmiede' für die politischen Entscheidungsträger interessant. Dazu kommt, dass die von den Planungsakteuren formulierten Ziele, Leitlinien und Schwerpunkte dem Ministerpräsidenten bei der strategischen Steuerung der Regierungspolitik nützlich sind. Schließlich nehmen die Planungsakteure ein gewisses Monopol in Strategiefragen ein, da ihre strategische Beratung nach Einschätzung eines Interviewpartners aus Vertrauensgründen nicht durch externe Dienstleister ersetzt werden kann:

„Mit externen Beratern können sie nur begrenzt so vertrauensvoll zusammenarbeiten wie mit einer Truppe, die sie selber halten. Strategische Beratung kann nicht ohne ein langjähriges Vertrauensverhältnis funktionieren. Das gibt uns natürlich auch ein gewisses Gewicht beim Ministerpräsidenten" (P6: 82).

Andererseits kann Planung die Ministerpräsidenten auch unter Umständen einengen, da Grundsatzarbeit und strategische Planung auch permanentes Infragestellen und Kritik bedeuten, die den Ministerpräsidenten in Rechtfertigungszwang geraten lassen können:

„Wenn der Ministerpräsident mit Bestimmtheit sagt, dass diese und jene Sache am wichtigsten ist und so und so gesehen werden sollte, und dann kommen die Querköpfe aus dem Planungsbereich, die auf eine Untersuchung verweisen, die zum gegenteiligen Ergebnis kommt, dann kann das den Ministerpräsidenten ganz schön in die Ecke drängen und seine Autorität in Frage stellen. Insofern ist strategische Planung immer eine unbequeme Geschichte für die politische Führung" (P3: 149).

Ein Interviewpartner erkennt einen Wandel im Führungsstil der Ministerpräsidenten mit laufender Amtszeit, der sich auf die Offenheit gegenüber neuen Ideen bezieht und insbesondere Auswirkungen auf die Planungsarbeit ausübt:

„Am Schluss sind sich alle Amtsträger verhältnismäßig ähnlich. Am Anfang heißt es Aufbruch: Hier wird sich vom Vorgänger losgesagt, da steht dann das Mitnehmen, Einbeziehen und Zuhören im Vordergrund und der Ministerpräsident gibt sich sehr zukunftsgewandt und diskussionsfreudig. Das schlägt nach einigen Jahren ins volle Gegenteil um" (P2: 168).

Diese Beobachtung, die an die Diskussion der möglichen Erfolgsformel „Regierungskontinuität = Innovationskraft" anknüpft (vgl. Kapitelabschnitt 5.1.1), wird von einer Mehrheit der Interviewpersonen abgelehnt. So sei mit fortschreitender Amtsdauer eine Routine zu erkennen, die Abschottungstendenzen und eine Fixierung auf die Tagespolitik begünstige. Für diese mit Regierungsdauer zunehmende Beratungsresistenz fand ein Interviewpartner drastische Worte:

„Gefährlich wird es, wenn Ministerpräsidenten schon länger im Amt sind und weiterhin Wahlsiege erringen. Manchmal bekommen die dann in gewisser Weise so einen Schlag weg und entwickeln Allmachtsphantasien, dass sie alle Themen allein ,durchziehen' können und keine Beratung brauchen. […] Ich glaube, dass diese Spitzenämter immer die Versuchung mit sich bringen, sich selber für einen großartigen Gestalter zu halten, ein Fürst über die Themen. […] In so einem Fall braucht man keine Planer, dann vertraut man ganz seinem Instinkt. Rationalen Argumenten sind diese heiligen Würdenträger dann leider nicht mehr zugänglich" (P3: 209).

Besondere Einflussmöglichkeiten erhält strategische Planung dann, wenn der Ministerpräsident und die gesamte Leitungsebene nicht nur eine grundsätzliche Aufgeschlossenheit gegenüber planerisch-strategischen Fragen an den Tag legen, sondern explizit den Wunsch nach einem schlagkräftigen strategischen Apparat äußern, wie es ein Interviewpartner erlebt hatte:

„Der neue Ministerpräsident hat zu uns gesagt: ,Ende der Zurückhaltung, ich will jetzt eine starke Planungstruppe haben, weil ich sonst nicht […] das verwirklichen [kann], was ich mir vorstelle. Ich möchte eine Einheit, die sich ausschließlich mit dem strategischen Planungs- und Steuerungsprozess der Regierungspolitik beschäftigt.' Ein solches Bekenntnis eröffnet uns natürlich enorme Spielräume. […] Es ist immer gut, wenn der Ministerpräsident sich explizit eine starke Planungseinheit wünscht. […] Wenn man aus der Verwaltung heraus versucht, der politischen Führung irgendetwas aufzudrücken, hat man von Beginn an schlechtere Karten" (P6: 3).

Einige Interviewpartner führten hinsichtlich der Einflussmöglichkeiten der Planungseinheiten an, dass auch die Planungsaffinität und das hausinterne Gewicht des *Abteilungsleiters* als Fürsprecher strategischer Planungsarbeit eine maßgebliche Rolle spielt:

„[D]er Abteilungsleiter hat ja in jedem Fall so eine Art Schlüssel zur politischen Entscheidungsebene, so eine Gatekeeper-Rolle. Über ein gewisses Grundinteresse für Planungsfragen hinaus braucht man zudem ein politisches Schwergewicht als Abteilungsleiter, denn es findet ja täglich eine Besprechung […] [der] Abteilungsleiter mit dem Amtschef und wöchentlich mit dem Ministerpräsidenten zu aktuellen Themen statt, wo auch über unsere Themen gesprochen wird" (P4: 95).

„Wenn Sie […] einen Abteilungsleiter haben, der sich weniger um diese langfristigen Themen kümmert, weil er noch vier, fünf andere Referate hat […] und sich dort tummeln möchte, dann fällt so ein Referat natürlich ein bisschen hinten runter. […] Voraussetzung ist letztendlich, dass der Abteilungsleiter auch sehr in diesen strategischen Themen verankert ist und sie mit großem Enthusiasmus transportiert. Dies kann sich durch [neue] politische Gegebenheiten oder einen neuen Abteilungsleiter sehr schnell ändern. Positiv wie negativ" (P8: 49).

Neben dem Ministerpräsidenten, dem Amtschef und den Abteilungsleitern ist der *persönliche Bereich des Ministerpräsidenten* (MP-Bereich) ein wichtiger hausinterner Ansprechpartner für planerisch-strategische Angelegenheiten, da hier der politische Terminkalender der gesamten Regierung verwaltet und die laufenden Regierungsgeschäfte betreut werden (vgl. Grunden 2008: 235 ff.). Der MP-Bereich ist jedoch in gewisser Weise zunächst einmal ein ‚natürlicher' Gegenspieler der Planungsakteure, da hier eine komplett andere Perspektive auf Regierungshandeln eingenommen und vertreten wird: Während die Planungsakteure „den Ministerpräsidenten mit einem zukunftsweisenden Thema in den Mittelpunkt der Bühne rücken wollen" (P3: 30), bildet für den MP-Bereich ebenso wie für die Kabinettsabteilung die reibungslose Abwicklung des Gesetzgebungsprozesses das Maß aller Dinge. Strategieentwürfe, die den klassischen formaljuristisch korrekten Verlauf gefährden könnten, werden dann schnell als Störfaktoren gewertet und vehement abgelehnt: „Mit neuen Ideen kann man hier blitzartig Widerstand erzeugen" (P3: 69). Hier ist also eine regierungsinterne Konfliktlinie zu erkennen, die mit „Administration vs. Innovation" umrissen werden kann. Doch trotz dieser Konfliktlinie ist der ‚gute Draht' zum MP-Bereich aus Sicht der Planungsakteure äußerst wichtig, weil er oftmals der Zugangsschlüssel zum Ministerpräsidenten darstellt:

„Wir müssen unsere Initiativen mit den Leuten aus dem persönlichen Bereich ‚abschmecken'. Sie bilden den unmittelbaren Draht zum Ministerpräsidenten, weil sie natürlich mehr oder weniger täglich mit ihm zu tun haben. […] Die Verlinkung mit dem Büro ist daher für uns die entscheidende Brücke, um überhaupt mit unseren Vorstellungen zum Ministerpräsidenten durchzudringen" (P6: 7).

Hintergrund ist, dass es eine große Konkurrenz um das knappe Zeitbudget des Ministerpräsidenten gibt, was sich insbesondere auf die Austauschbeziehungen zu den anderen Einheiten im Haus auswirkt. So möchte jede Einheit ihren Einfluss auf die Themen-Agenda des Ministerpräsidenten geltend machen:

> „Es konkurrieren jeden beliebigen Tag in der Woche x Kollegen um die Aufmerksamkeit des Ministerpräsidenten. Um ihn für zwei Stunden zu bekommen, muss man manchmal richtig Randale [...] machen. Oft dringt nämlich der durch, der am lautesten schreit" (P3: 36).

Das *hausinterne Machtgeflecht* ist dabei nur solange stabil, wie es keine personellen Veränderungen in der Leitungsebene gibt:

> „Wenn ein Ministerpräsident eine lange Amtszeit hat und seinen Amtschef nicht auswechselt, können die Kräfteverhältnisse mal längerfristig stabil sein. Der Ministerpräsident und der Amtschef sind die beiden machtpolitischen Pole. Immer wenn sich an der Hausspitze irgendwie etwas verschiebt, dann verschieben sich auch die Zugangsmöglichkeiten und die Prioritäten im Blick auf die nachgeordneten Abteilungen" (P3: 6).

Was in Kapitelabschnitt 5.1.2 für das Verhältnis zwischen Zentrale und Ressorts festgestellt wurde, dass nämlich Auseinandersetzungen um Einfluss- und Profilierungspotenziale für die Regierungspolitik strategiehemmend wirken, gilt auch innerhalb der Regierungszentrale zwischen den Abteilungen und innerhalb der Abteilungen: So beklagen einige Planungsakteure, dass bei anstehenden Entscheidungen statt sachlicher Argumente oftmals auch abteilungs- beziehungsweise karrierebezogene Aspekte eine Rolle spielen. Dies knüpft an die bereits an anderer Stelle herausgearbeitete Konfliktdimension innerhalb der Regierungsorganisation an, wonach Sachfragen grundsätzlich immer auch mit Verteilungskämpfen verknüpft sind (vgl. Kapitelabschnitt 5.1.3), was insbesondere für die strategische Planung eine große Herausforderung darstellt:

> „Alle Projekte müssen haushaltsmäßig unterfüttert werden. Dann geht es um den Veranstaltungsetat, um irgendwelche Forschungsmittel, aber letztlich ums Prestige. Da bewegt man sich in einem tiefen konfliktiven Graben um Zugriff, Einfluss und Haushaltsmittel. [...] Wenn man beispielsweise sagt: Demografischer Wandel ist eine Zukunftsthema und soll von diesem oder jenem Referat bearbeitet werden, dann bekommen das Referat Kompetenzen, Aufmerksamkeit und vielleicht auch noch eine weitere Sacharbeiterstelle" (P3: 16).

„Das Problem mit der Priorisierung ist, dass man immer gleichzeitig auch Nachrangigkeiten, Postioritäten definiert. Da hängt meist auch Geld dran. Das ist politisch schwierig. Da macht man sich nicht nur Freunde innerhalb des Hauses" (P1: 113).

Ein Interviewpartner wies darauf hin, dass nach den „mit harten Bandagen ausgetragenen Kämpfen auch wieder Mikrodiplomatie gefragt ist" (P3: 69), da man letztlich auch auf Arbeitsebene eng kooperieren muss:

„Man muss sich mit den anderen Einheiten abstimmen. Ein Grundsatzbereich verfügt zwar über einen sehr breiten Überblick über viele Themen der Landesregierung, ist aber auf Hilfe und Zuarbeit angewiesen, wenn es dann in die Details gehen soll" (P10: 21).

Auf die Frage, wie der Planungsbereich nach Einschätzung der Interviewpartner innerhalb des Hauses gesehen wird, verwiesen die Planungsakteure auf den bereits in den vergangenen Abschnitten ausführlich dargestellten Sonderstatus der Planungseinheit innerhalb des administrativen Apparats. Die Sonderrolle innerhalb des administrativen Apparats scheint dabei auch Argwohn, Vorurteile und Missgunst bei den Kollegen zu wecken:

„Dass wir über den Tag hinaus denken, lassen wir nur maßvoll raushängen, weil bei vielen, die sehr begrenzte fachspezifische Themen im Tagesgeschäft bearbeiten, natürlich ein gewisser Neid auf eine Planungsgruppe da ist, die den Luxus hat, sich jenseits der Tagespolitik auch mal mit anderem Dingen zu beschäftigen" (P6: 40).

„,Die haben schön Freizeit und können über den Tag hinaus denken, ohne das dabei hinten was rauskommt. Die Planungsleute schweben, während der Rest der Regierung unter enormen Druck steht.' Das sind die typischen Sätze, die es dann und wann zu hören gibt" (P10: 82).

Neben einem Hang zu „Luftschlössern und Wolkenschieberei" umgibt die Planungsakteure als „teure Denker" des Ministerpräsidenten nach eigener Einschätzung jedoch auch in der Wahrnehmung der Kollegen eine „Aura des Undurchsichtigen und Unnahbaren" (P3: 53):

„Jeder im Haus weiß, dass es uns Planer gibt. Aber so genau weiß keiner, was wir machen. Also wir werden sicherlich von dem ein oder anderem als Exoten angesehen" (P6: 80).

Diese Distanz ist sicherlich auf den eher einseitigen Informationsfluss zurückzuführen, der zu einem großen Teil mit der praktizierten und von der Hausspitze eingeforderten Diskretion zu tun hat (vgl. Kapitelabschnitt 5.2.4):

> „Ich glaube, es wäre der Tod einer jeden Planungseinheit, wenn alles, was einmal angedacht wurde, auf den Markt getragen würde. Das würde nur unnötig Unruhe schaffen. Also wenn die Kollegen wüssten, was für Gedanken wir uns machen, wäre hier manchmal Holland in Not" (P6: 76).

Die Kehrseite davon, dass man die „Hunde nicht scheu machen" (P4: 108) will, ist der Vorwurf einer „hidden agenda". Nach Meinung eines Interviewpartners kann diesem nur damit begegnet werden, dass man „mit offenen Karten spielt, aber die Hosen nie ‚ganz runterlässt'" (P4: 110).

Auf die Frage, wie die *Organisationskultur* in der Regierungszentrale unter planerisch-strategischen Gesichtspunkten zu bewerten sei, verwiesen die Interviewpersonen mehrheitlich zunächst einmal auf die Hierarchie als konstitutives Element der Regierungsorganisation:

> „Hierarchisches Denken ist im öffentlichen Dienst und auch in unserem Haus stark ausgeprägt. Das wird sich auch so schnell nicht ändern" (P7: 184).

Mit der hierarchischen Grundstruktur gehen stark formalisierte Ablaufprozesse einher, „die leider in der Landesverwaltung üblich sind" (P6: 70) und „einer offenen Kommunikationskultur nicht selten im Wege stehen" (P3: 319). So bilden klassische Zuständigkeitsbereiche und Informationspyramiden nach Einschätzung der Interviewpartner regierungsinterne Barrieren für innovative Ideen. Die Organisationskultur wird nach Meinung eines Interviewpartners im Wesentlichen vom Führungsstil der Hausspitze geprägt:

> „Wie die Leute miteinander reden, hängt insbesondere von der informellen Hausvorgabe ab. Der Amtschef und der Ministerpräsident können eine Organisationskultur sehr schnell kaputt machen. Sie können aber auch eine lebendige Streitkultur befördern, was in der Realität aber selten vorkommt" (P3: 143).

Auch die Größe des Bundeslandes ist hier ein Faktor. Dabei gilt die Faustregel: Je kleiner das Land, desto informeller die Prozesse. So berichteten ausschließlich die Planungschefs kleinerer Bundesländer von den Möglichkeiten eines offenen, ebenenübergreifenden Dialogs:

„Es ist hier nicht so, dass nur der Staatssekretär und der Abteilungsleiter originär zum Ministerpräsidenten sprechen dürfen. Jeder kann hier auch dem Ministerpräsidenten offen widersprechen. Dafür ist der Laden zu überschaubar" (PX: 184).

„Die Türen, auch zu den Abteilungsleitern, sind immer offen und es ist sogar ausdrücklich erwünscht, dass man mal nach nebenan geht, um zu sprechen" (PX: 108).

Zur Organisationskultur gehört jedoch auch die Frage nach dem Verhältnis von formalen und informellen Abläufen in den regierungsinternen Entscheidungsprozessen. Grundsätzlich begrüßten es die Interviewpartner, dass manche Entscheidungen auf den sehr viel kürzeren informellen Wegen zustande kommen. Einige organisationelle Abläufe, die jenseits der Formalstruktur laufen, bergen häufig jedoch auch Konfliktpotenziale:

„Wenn jemand ein ganz besonderes Verhältnis zum Büroleiter des Ministerpräsidenten hat und ihm Informationen steckt, wird ein Abteilungsleiter, der von Amtswegen eigentlich Zugriff hätte, ausgebremst. [...] Manchmal ist die Regierungszentrale aufgrund dieser Parallelstrukturen eine echte Räuberhöhle. Das wird natürlich in der Außendarstellung nicht breitgetreten – das ist der diskret-trügerische Charme der Bürokratie" (P3: 79).

Insgesamt stellt die Ausgestaltung der Organisationskultur für die Planungsakteure als regierungsinterne Vordenker, Impulsgeber und Ideenmakler sicherlich ein entscheidender Faktor für den Erfolg ihrer Arbeit dar. Anknüpfend an die empirischen Ergebnisse zu den strukturellen Kontextfaktoren strategischer Planung (Kapitelabschnitt 5.1) lässt sich zusammenfassend sagen, dass angesichts der konfliktreichen Arbeitsatmosphäre innerhalb der Regierungszentrale die Organisationskultur in den untersuchten Fällen als eher ungünstig zu bewerten ist.

5.2.6 Zwischenfazit: Das Strategiedilemma der Planungseinheiten

Ziel dieses Kapitels war es, ein differenziertes Arbeitsprofil der Planungseinheiten herauszuarbeiten. Neben personalpolitischen Aspekten standen dabei insbesondere Themen- und Arbeitsschwerpunkte sowie die konkreten strategisch-planerischen Arbeitsweisen und -prozesse im Fokus. Hinsichtlich der Personalpolitik wurde festgestellt, dass sich die Planungseinheiten in mehrfacher Hinsicht von verwaltungstypischen Rekrutierungsmustern abgrenzen. So wird dem Anspruch nach sehr viel Wert auf verwaltungsexterne Rekrutierung („keine Verwaltungskarrieren"), Interdisziplinarität („kein Juristenmonopl"), eine hohe Fluktuationsrate („häufige Durchmischung") sowie einen möglichst jungen Altersdurchschnitt („Team unter 40") gelegt. Auch wenn dies auf die Referentenebene weitestgehend zutrifft, wurde dabei zumindest auf Referatsleiterebene bei den drei erstgenannten Punkten eine gewisse Lücke zwischen Wunsch und Wirklichkeit festgestellt. Unbeschadet dessen bietet das Anforderungsprofil bereits wesentliche Hinweise zur grundsätzlichen Ausrichtung der Planungseinheiten: Die Kreativität und Innovationskraft der Mitarbeiter wird als Kernressource angesehen. Durch ein breit aufgestelltes personelles Portfolio soll eine ‚Bunkermentalität' und ein gedankliches ‚Sich-im-Kreis-Drehen' verhindert und eine dialogorientierte, kritische Arbeitskultur innerhalb der Planungseinheiten geschaffen werden. Dazu passt, dass von neuen Mitarbeitern für Verwaltungen untypische Attribute wie Eigeninitiative, Diskussionsfreude, Querdenken und Unkonventionalität explizit eingefordert werden. Gefragt sind also weniger fachlich kompetente Spezialisten als vielmehr „fundierte Generalisten", die sich schnell in Themen einarbeiten können, kommunikationsstark sind und über politisches Feingefühl verfügen. Ein gewisser Grundkonflikt zwischen Spezialistentum und Generalistentum, das sich schon in Kapitelabschnitt 5.1 als wesentlicher Unterschied zwischen der Zentrale und den Ressorts herauskristallisierte, lässt sich auch innerhalb der Zentrale zwischen dem Koordinierungs- und dem Planungsbereich beobachten. Zugespitzt sind die Planungsakteure demnach „die Generalisten unter den Generalisten".

Wie die weiteren empirischen Ergebnisse zeigen, wird in Personalfragen seitens der Planungschefs insbesondere auf profilierte Analyse-, Strukturierungs- und Komprimierungsfähigkeiten Wert gelegt. Zudem ist eine ausgeprägte Wissenschaftsaffinität Grundbedingung: Planungsakteure sollten imstande sein, wissenschaftliche Expertise politisch zu bewerten, politikkompatibel aufzubereiten und den Entscheidungsträgern schließlich adressatengerecht als Orientierungswissen zur Verfügung zu stellen. Planungsakteure sind also Wissensmanager, die sich als Teil des administrativen Apparats mit politischer Beratungsfunktion im Grenzbereich von Verwaltung, Wissenschaft und Politik bewegen. Grundlage für die damit verbundene Impulsfunktion stellt das breite Netzwerk zu externen Experten dar, das sich Planungsakteure – oft im Unterschied zu ihren Verwaltungskollegen – frühzeitig aufbauen. Daneben bestehen die Hauptaufgaben der Planungsakteure darin, sich abzeichnende Trends zu identifizieren („Problemfrüherkennungsfunktion"), Schwerpunkte zu definieren („Priorisierungsfunktion"), Orientierungswissen bereitzustellen („Orientierungsfunktion") und Bewusstsein für die Langfristperspektive zu schaffen („Sensibilisierungsfunktion"). Darüber hinaus sollen jedoch auch laufende Prozesse kritisch hinterfragt („Irritationsfunktion") und neue Themen und Projekte angestoßen („Initiativfunktion") werden. Während die Planungsakteure also in der Problemdefinition und im Agenda Setting eine wichtige Rolle einnehmen, gehört ihrem Verständnis nach die konkrete Politikformulierung im Kern nicht mehr zur klassischen Aufgabe strategischer Planungsakteure. Konsequenterweise beschränkt sich die Arbeit der Planungsakteure auf die Vorbereitungs- und Anbahnungsphase konkreter Projekte. Sobald ein gewisser konzeptioneller Reifegrad erreicht ist, wandert die Federführung in die Ressorts, die im direkten Vergleich über größere Fachexpertise verfügen.

Hinsichtlich der Zeithorizonte wurde zwischen Tagesplanung, legislaturbezogener und legislaturübergreifender Planung beziehungsweise zwischen Kurz-, Mittel- und Langfristplanung unterschieden. Die empirische Analyse ergab dabei, dass der Arbeitsalltag der Planungsakteure nur zu einem geringen Teil von der Konzeptualisierung politischer Leitideen und der Bearbeitung von Zukunftsthemen geprägt ist. Stattdessen verwenden die Planungsakteure einen nicht unwesentlichen Teil ihrer Arbeitszeit auf tagespolitische Aufgaben, die von der Hausspitze zur kurzfristigen Bearbeitung ‚heruntergereicht' werden. Von einer ‚Abkapselung' der Planungseinheiten kann also keine Rede sein. Insgesamt ergaben die empirischen Ergebnisse, dass sich angebots- und nachfrageorientiertes Arbeiten grob die Waage halten. Dabei geht die Zukunftsperspektive eher von den Planungseinheiten aus, die sich selbst als deren regierungsinterne Anwälte sehen. Die empirische Analyse zeigt zudem, dass die Involvierung ins Tagesgeschäft für die Planungsakteure einerseits eine (ungeliebte) Pflichtübung darstellt, andererseits jedoch auch als wünschenswert angesehen wird, um eine gewisse Sichtbarkeit und Autorität zu erlangen. So fühlen sich die Planungsakteure durch die teilweise sehr starke Einbindung ins tagesaktuelle Regierungsgeschäft besser informiert und verfügen ihrem eigenen Bekunden nach über mehr Einflussmöglichkeiten, Langfristthemen auf die tagespolitische Agenda der Landesregierung zu setzen. Um neue Trends identifizieren und innovative Konzepte entwickeln zu können, wünschen sich die Planungsakteure jedoch auch Freiräume und eine gewisse Entkopplung vom Tagesgeschäft. So hat sich herauskristallisiert, dass die Tagespolitik sehr schnell den Arbeitsalltag dominiert und bei knappen Kapazitäten langfristiges Denken und konzeptionelles Arbeiten schlichtweg verdrängt. Insgesamt stellt die Bearbeitung tagesaktueller Themen also eine zweischneidige Angelegenheit dar: sie begrenzt und eröffnet Handlungsspielräume zugleich.

In gewisser Weise bildet demnach das Tagesgeschäft innerhalb der Regierungszentrale den Türöffner der Langfristperspektive. Daraus lässt sich ableiten, dass es für die Planungseinheiten sinnvoll sein kann, die Trennschärfe zwischen kurz-, mittel-, und langfristiger Planung aufzuheben. Dieser Ansatz wird von einigen Planungseinheiten in unterschiedlicher Weise und Intensität verfolgt: Eine Erfolg versprechende Möglichkeit ist die Verknüpfung von Denken und

Redenschreiben, die – so der empirische Befund – bei ausnahmslos allen Planungseinheiten eine bedeutende Rolle spielt. So hoben die entsprechenden Planungschefs insbesondere die zahlreichen Synergieeffekte hervor, die sich bei der strategischen Politikkonzipierung sowohl im Rahmen der Planungsarbeit als auch bei wichtigen programmatischen Reden ergeben. Der in Kapitel 1 vorgestellten Beobachtung Heinrich Tiemanns, dass die Planungsakteure „zunehmend zu Redenschreibern degradiert" würden, ist insoweit zuzustimmen, als dass tatsächlich alle Planungseinheiten das Redenschreiben als einen ihrer Schwerpunkte angeben. Anders als bei Tiemann wird dieser Schwerpunkt aber nicht als Degradierung, sondern als Chance empfunden, strategische Themen prominent auf die Agenda zu setzen und den gesamten Regierungsapparat auf übergeordnete, langfristige Ziele einzuschwören. Dadurch erhöht sich die Wahrscheinlichkeit, dass die strategische Planungsperspektive eine besondere praktische Relevanz entfalten kann.

6   Fazit

„Die Zukunftsfähigkeit Deutschlands ist gefährdet. Der Staat ist zwar zurück, hat sich aber seiner eigenen Handlungsfähigkeit beraubt." So wurde Wolfgang Streek zu Beginn dieser Arbeit hinsichtlich der Frage zitiert, wie er die langfristigen Folgen des Krisenmanagements der Bundesregierung im Zuge der globalen Wachstumskrise bewertet. Auch wenn die tatsächlichen Langzeitfolgen der Regierungspolitik derzeit noch nicht abzusehen sind, lenkt die Krisen- und Schuldendebatte den Fokus auf die wichtige Frage, wie gesellschaftliche Herausforderungen bei tendenziell sinkenden haushaltspolitischen Spielräumen angegangen und vorhandene politische Gestaltungspotenziale der Politik künftig besser genutzt werden können. Entgegen des häufig in der öffentlichen Debatte vorherrschenden Tenors bietet hier die aktuelle politische ‚Großwetterlage' keinen Grund zur Resignation. Im Gegenteil: Mit Krisenzeiten sind meist auch große Chancen für gesellschaftspolitische Erneuerungsprozesse und Paradigmenwechsel verbunden. So verlangt die politische Öffentlichkeit nach Orientierungshilfen und Perspektiven, die sich aus der Rückbesinnung und Neubewertung politischer Grundsätze speisen. Gleichzeitig steigen gerade in Krisenzeiten sowohl die Bereitschaft der Bevölkerung, Einbußen in Kauf zu nehmen, als auch die öffentlichen Erwartungen an die politischen Akteure, langfristige Lösungsansätze für grundsätzliche und strukturelle Herausforderungen zu entwickeln und ernsthaft zu verfolgen. Kurzum: Grundsatzthemen sowie vorausschauendes strategisches Denken und Handeln sind in dieser Selbstvergewisserungs- und Umbruchphase (wieder) gefragt.

Vor diesem Hintergrund ging es im Rahmen dieser Untersuchung um eine Bestandsaufnahme strategischer Planung in deutschen Regierungszentralen. Im Fokus stand dabei die alltägliche Handlungspraxis der Planungsakteure als strategische Berater der Ministerpräsidenten. Nimmt man die strukturellen Rahmenbedingungen kritisch in den Blick, unter denen sich strategische Regierungsplanung vollzieht, lässt sich aus den empirischen Befunden eine erste These ableiten:

These 1: Die Planungsakteure in deutschen Regierungszentralen sehen sich mit ungünstigen strukturellen Ausgangsbedingungen für eine strategisch ausgerichtete Regierungspolitik konfrontiert.

Hier kann zunächst zwischen makro-, meso- und mikrostrukturellen Einschränkungen unterschieden werden: Auf der *Makroebene* engen vor allem die Koalitions- und Verhandlungsdemokratie den strategischen Handlungsspielraum der politischen Akteure stark ein. So wurde darauf hingewiesen, dass eine „Politik aus einem Guss" innerhalb von Koalitionsregierungen aufgrund zahlreicher parteipolitischer Befindlichkeiten nur schwer zu bewerkstelligen ist. Der bereits in Einparteienregierungen äußerst hohe Koordinationsaufwand potenziert sich in koalitionsgeführten Landesregierungen um ein Vielfaches und führt letztlich zu einer starken Fragmentierung der politischen Gestaltungskompetenzen. Dabei ist davon auszugehen, dass sich diese Situation in den kommenden Jahren in einem faktischen Fünf-Parteien-System, bei dem auch die ‚kleineren' Parteien zweistellige Prozentzahlen aufweisen, eher verschärfen wird: Gerade die Tendenz hin zu großen Koalitionen oder Drei-Parteien-Regierungen wird aus Sicht der Regierungszentralen die Koordinationsanforderungen steigern und die Handlungsoptionen verringern, da Fragen der machtpolitischen Koalitionsarithmetik auf Kosten strategischer Erwägungen eine zunehmend große Rolle einnehmen werden. Dazu kommt, dass die Regierungszentrale trotz der Richtlinienkompetenz des Ministerpräsidenten in Anbetracht des verfassungsmäßig garantierten Ressortprinzips kein Weisungsrecht gegenüber den Ressorts besitzt. Statt strategische Steuerung zu betreiben, beschränkt sich die Rolle der Regierungszentrale im Gesamtgefüge der Landesregierung daher häufig auf Moderation und Konfliktmanagement, um die regierungseigenen Zentrifugalkräfte einzugrenzen.

Neben diesen systemischen Hemmnissen stellt sich auf der *Mesoebene* vor allem die starre Verwaltungsstruktur als ein strategiehemmender Faktor dar. An dieser Stelle muss noch einmal auf den Strategieforscher Joachim Raschke rekurriert werden, der auf Grundlage empirischer Studien über soziale Bewegungen und Parteien die Heterogenität der Mitglieder, den geringen Organisationsgrad sowie die schwache Zentralisierung von Entscheidungskompetenzen als ungünstige strategische Ausgangslage identifiziert hat (vgl. Kapitelabschnitt 2.3.4). Im Umkehrschluss können Homogenität, ein relativ starker Zentralisierungs- und Organisationsgrad sowie hierarchische Entscheidungskompetenzen als günstige strategische Ausgangsbedingungen gewertet werden. Alle drei Bedingungen sind bei der Regierungszentrale erfüllt, dennoch muss die strategische Ausgangslage der Planungseinheiten als strategische Akteure innerhalb der Regierungszentrale auf Grundlage der empirischen Ergebnisse als ungünstig bewertet werden. Grund dafür ist die wenig strategiekompatible Organisationskultur: Strategie braucht offene und netzwerkartige Kommunikationsmuster, die in Regierungszentralen als hierarchisch verfasste Landesverwaltungsbehörden nur wenig ausgeprägt sind. Stattdessen herrschen hier Informationspyramiden und ‚Dienstweg-Mentalitäten' vor, die regierungsinterne Barrieren für einen „Dialog auf Augenhöhe" bilden. Der gleichberechtigte Austausch von Wissen und Ideen ist aber eine wesentliche Grundvoraussetzung für eine erfolgreiche Strategieentwicklung und -implementierung. Zuständigkeitsdenken und Ressortegoismen, die der Verfolgung ressortbezogener Kompetenzgewinne im hausinternen Machtgefüge eine größere Priorität einräumen als den übergeordneten Zielen der Gesamtregierung, schmälern die strategischen Handlungskorridore zusätzlich.

Hinsichtlich der strategischen Handlungskapazitäten der Planungsakteure spielt auf der *Mikroebene* schließlich die organisationelle Einbettung der Planungseinheiten eine wichtige Rolle. Sind die Planungseinheiten direkt als Stabstelle an den Ministerpräsidenten gebunden, erhöht das nach Einschätzung einer Mehrheit der Interviewpersonen erstens deren hausinterne Autorität und gewährt ihnen zweitens den unmittelbaren Zugang zum Regierungschef. Durch die Nähe zur Hausspitze sehen die Planungsakteure größere Erfolgschancen, dass ihre Strategieentwürfe eine praktische Relevanz entfalten können. Darüber hinaus agieren die Planungsakteure in einer Stabstelle wesentlich unabhängiger, weil sie nicht in die Hierarchien der Arbeitsebene eingebunden sind. Allerdings zeigt sich hier auch der Nachteil einer Stabslösung: Die Quantität des Kontakts zwischen Hausspitze und Planungseinheit wird auf Kosten einer Integration in die Informationsflüsse des Hauses gesteigert. Dies muss bei der Frage der Aufhängung bedacht werden. Auch wenn die meisten Interviewpartner größere Unterschiede zunächst negierten, hoben sie im Ganzen doch die strategieförderliche Wirkung einer Stabslösung hervor. Faktisch war bei den untersuchten Fällen jedoch nur die Planungseinheit in der Berliner Senatskanzlei als Stab aufgehängt. Insgesamt liegen damit auch auf mikrostruktureller Ebene eher ungünstige Bedingungen für eine strategische Politikausrichtung vor.

Letztlich bleibt festzuhalten, dass die systemisch-organisationelle Grundstruktur für die Planungsakteure als äußerst konfliktreich und die Ausgangsbedingungen für strategisches Denken und Handeln als eher ungünstig zu bewerten sind. Gleichzeitig ist diese Grundstruktur jedoch nicht fix, sondern wird maßgeblich durch das Amtsverständnis und den Führungsstil des Ministerpräsidenten als eine personelle Komponente geprägt. Auf Basis der empirischen Befunde lässt sich somit eine zweite These gewinnen:

These 2: Die strategische Ausrichtung der Regierungspolitik ist in hohem Maße von der Strategieaffinität des Ministerpräsidenten abhängig. Der Ministerpräsident hat zu den Planungseinheiten klassischerweise ein ambivalentes Verhältnis.

Die personelle Komponente kann sich günstig oder ungünstig auf die Arbeit der strategischen Planungsakteure auswirken: Weist der Ministerpräsident selbst eine

Neigung zu strategischem Denken und Handeln auf („Typus strategischer Regierungsstil"), nimmt die Planungseinheit im hausinternen Machtgefüge automatisch eine besondere Rolle ein. Regiert der Ministerpräsident allerdings eher ‚aus dem Bauch heraus' („Typus situativer Regierungsstil"), zurückhaltend („Typus passiver Regierungsstil") oder orientiert sich stark an der Abarbeitung des legislaturbezogenen Regierungsprogramms („Typus administrativer Regierungsstil"), hat das unmittelbar negative Auswirkungen auf die Wirkungsmächtigkeit der konzeptionellen Strategiearbeit in der Regierungszentrale. In diesen Fällen wird auch von den Planungseinheiten weniger Langfristplanung betrieben und das konzeptionelle Arbeiten nicht selten von tagesaktuellen Aufträgen des Ministerpräsidenten überlagert. Die tatsächliche Rolle der Planungseinheiten in der Regierungsorganisation sowie die Frage, in welchem Maße strategische Perspektiven Einzug in die Regierungspolitik finden, hängen also nicht nur von den Strategiekompetenzen und Managementqualitäten der Planungsakteure, sondern größtenteils vom Amtsverständnis und Regierungsstil des Ministerpräsidenten ab. Dass der Planungsbereich aber im Großteil der Fälle für den Ministerpräsidenten wichtig ist und gemeinhin als politisch sensibel angesehen wird, zeigt sich nicht zuletzt in der Tatsache, dass die Planungschefs bei einem Regierungswechsel auch auf Referatsleiterebene ausgetauscht werden.

Mit dieser *Politisierung* geht auch eine enorme Abhängigkeit vom Ministerpräsidenten einher, sodass die Planungseinheiten – im Gegensatz zu anderen Einheiten im administrativen Apparat – im besonderen Maße auf das Wohlwollen und die ‚Rückendeckung' der Hausspitze angewiesen sind. Bildhaft kann die Beziehung zwischen dem Ministerpräsidenten und den Planungseinheiten aus Sicht des Regierungschefs gleichermaßen als „Segen und Fluch" umschrieben werden. So weist der Ministerpräsident oft unbeschadet seiner möglichen Strategieaffinität eine ambivalente Haltung zu strategischer Planung auf: Einerseits braucht er die professionellen Strategieentwickler, die Leitlinien und Zukunftskonzepte entwerfen, um regierungsintern besser steuern und dem Wähler eine gewisse Zukunftsperspektive vermitteln zu können. Andererseits ist der Strategiearbeit das Infragestellen und ‚Querschießen' immanent. So werden Routinen und ‚Schnellschusslösungen' im politischen Alltagsgeschäft schonungslos auf den Prüfstand gestellt und eine Zukunftsorientierung konsequent eingefordert. Diese Grundhaltung ist unbequem und mit einem auf die reibungslose Abwicklung der Regierungsgeschäfte ausgelegten Fokus oft nicht vereinbar. Dennoch macht gerade das Querdenken, Infragestellen und Kritisieren – das im Übrigen in den meisten Fällen von der Hausspitze auch explizit von einer Planungseinheit erwartet wird – einen wesentlichen Teil des Selbstverständnisses der Planungsakteure aus. Grundlage für diese *Impulsfunktion* stellt das breite Netzwerk dar, das sich Planungsakteure – im Unterschied zu ihren Verwaltungskollegen in anderen Einheiten – zu externen Experten aus verschiedenen Gesellschaftsbereichen aufbauen. Dies führt zur dritten These:

These 3: Die Planungseinheiten bilden eine Schnittstelle zwischen Verwaltung, Politik und Wissenschaft, durch die neue Ideen in den politischen Prozess diffundieren können. Damit verfügen sie über wertvolle Innovationspotenziale, die zu einer Öffnung der Verwaltungskultur und größeren Gestaltungsspielräumen von Regierungen beitragen können.

Die Planungseinheiten in Regierungszentralen sind formal Teil des administrativen Apparats, denken aber sehr stark in politischen Kategorien und verfügen darüber hinaus in der Regel über exzellente Kontakte in die Wissenschaft. Indem sie damit gegenüber politischen Problemlagen sowohl eine umsetzungsorientierte Perspektive (Verwaltung) und eine machtorientierte Perspektive (Politik) als auch eine problemorientiert-fachliche Betrachtungsweise (Wissenschaft) einnehmen, verknüpfen die Planungsakteure administrative, politische und sachrationale Rationalitäten miteinander. Diese *Querschnitts- und Brückenkopffunktion* spiegelt sich auch in der Personalpolitik wider, die sich in Rekrutierungsfragen deutlich von anderen Einheiten in der Verwaltung unterscheidet: Gefragt sind weniger fachlich kompetente Spezialisten als vielmehr „fundierte Generalisten", die sich schnell in Themen einarbeiten, kommunikationsstark sind und politisch denken können. Idealerweise wird bei der Personalauswahl explizit auf einen verwaltungsexternen Background („keine Verwaltungskarrieren"), Interdisziplinarität („kein Juristenmonopol") sowie einen möglichst jungen Altersdurchschnitt („Team unter 40") geachtet. Gleichzeitig wird eine hohe Fluktuationsrate angestrebt, die durch eine häufige Durchmischung der Planungseinheiten inhaltliche wie organisationelle Stagnation verhindern und ‚frische' Impulse von außen garantieren soll. Die Planungschefs achten bei ihrer Personalauswahl zudem auf eine Wissenschaftsaffinität und in diesem Zusammenhang auf ausgeprägte Analyse-, Strukturierungs- und Komprimierungsfähigkeiten. Zudem gehören Eigeninitiative, Kreativität, Diskussionsfreude und eine gewisse Unkonventionalität zum Anforderungsprofil eines Planungsakteurs, was letztlich Einfluss auf die Innovationskraft der Planungseinheiten als kollektive Akteure innerhalb der Regierungsorganisation ausüben soll.

Aus diesen Rekrutierungsmodi können bereits die wesentlichen Arbeitsschwerpunkte sowie *weitere Funktionen* der Planungseinheiten abgeleitet werden: Im Vordergrund stehen die Identifizierung sich abzeichnender Trends („Problemfrüherkennung"), die Bewusstseinsschaffung für die Langfristperspektive („Sensibilisierung"), die Definition von Leitlinien („Priorisierung") sowie das Anstoßen neuer Projekte („Initiierung"). Darüber hinaus geht es darum, zukunftsträchtige Themen im Austausch mit externen Experten zu erarbeiten, entsprechende Forschungsergebnisse auszuwerten und aufzubereiten („Komplexitätsreduktion und Übersetzung"), um diese den Spitzenakteuren politikgerecht zur Verfügung zu stellen („Wissensmanagement"). Politikgerecht heißt nichts anderes, als die sachpolitischen Argumente aus Wissenschaft und Zivilgesellschaft mit den Handlungszwängen der politischen Akteure zusammenzuführen („vom Wissen zum Handeln"). Die Planungsakteure definieren sich selbst entsprechend als Vordenker, Brückenbauer und Impulsgeber im politischen Prozess, deren Alleinstellungsmerkmal es ist, Orientierungswissen bereitzustellen und Problemlösungen mit einem langen Zeithorizont zu konzipieren. Der hohe Politisierungsgrad hilft ihnen dabei, sich von der formalen Aufhängung im administrativen Apparat abzugrenzen und strategische Politikberatung leisten zu können. Idealerweise können sie – losgelöst von der Tagespolitik – nach neuesten Entwicklungen Ausschau halten und gerade durch ihre enge Vernetzung zu wissenschaftlichen und zivilgesellschaftlichen Netzwerken innovative Ideen in die Politik transferieren. Voraussetzungsfrei ist die Nutzung dieses strategischen Innovationspotenzials zugunsten einer langfristigen Politikkonzipierung allerdings nicht, da sich die Planungsakteure einem Dilemma ausgesetzt sehen. Dies führt zur vierten These:

> **These 4:** Um innovativ sein zu können, müssen die Planungsakteure über ausreichend Kapazitäten für langfristiges Denken und konzeptionelles Arbeiten verfügen. Diese Bedingung steht jedoch im Widerspruch zu den tagespolitischen Aufgaben, deren Erledigung den Planungseinheiten eine hausinterne Relevanz sichert. Zugespitzt kann von einem faktischen ‚Pflicht und Kür'-Verhältnis zwischen operativem Tagesgeschäft und strategischer Planung gesprochen werden.

Strategische Planung findet in einem Spannungsfeld zwischen operativem Tagesgeschäft und strategischer Ausrichtung beziehungsweise Kurz- und Langfristorientierung statt. Forschungsleitend war daher die Frage, wie die Planungsakteure als strategische Berater der Ministerpräsidenten dieses Spannungsfeld austarieren. Zunächst wirkt das Ergebnis der empirischen Analyse widersprüchlich: Einerseits beklagen die Planungsakteure die eingeschränkten Kapazitäten für konzeptionelles Arbeiten sowie die vielen Widerstände, strategisches Denken und Handeln im Politikprozess zu implementieren. Andererseits messen sie der operativen Einbindung in das politische Alltagsgeschäft trotz der Ressourcen- und Zeitintensität eine hohe Bedeutung bei. Der scheinbare Gegensatz hebt sich jedoch bei genauerer Analyse auf: Die von den Planungseinheiten für wichtig erachtete Einbindung ins tagespolitische Regierungsgeschäft dient ihnen als

Türöffner, um langfristige Themen, Konzepte und Ideen auf die politische Agenda zu setzen. Zudem stellt der Fokus auf kurzfristige Aufgabenbewältigungen, wie beispielsweise die Vorbereitungen von Besuchen in Wahlkreisen, Nähe und Vertrauen zum Ministerpräsidenten her, was von den Planungsakteuren als wichtige Voraussetzung für erfolgreiche Strategiearbeit gewertet wird. Die tagespolitische Einbindung der Planungseinheiten hat neben dem besseren Zugang zu den Entscheidungsträgern zudem auch eine gewisse „Erdungs- und Resonanzfunktion": Damit strategische Planung nicht im akademischen ‚Glasperlenspiel' mündet, muss sie operativ ‚unterfüttert' und konkret werden. Dafür ist es auch nötig, mit den Menschen und Problemlagen vor Ort in Kontakt zu treten und damit eine Rückkopplung zur politischen Wirklichkeit zu sichern. Darauf aufbauend können erst praxisrelevante und vor allem praxiskompatible Langfristkonzepte entworfen werden.

Allerdings besteht eine konkrete Gefahr besteht darin, dass aufgrund der Vielzahl und Dringlichkeit tagesaktueller Aufgaben die langfristigen Konzeptionen der Politikgestaltung vernachlässigt werden. Und tatsächlich geben die empirischen Befunde Hinweise darauf, dass der tages- und legislaturbezogenen Planung im Arbeitsalltag der Planungsakteure deutlichen Vorrang gegenüber der legislaturübergreifenden Planung eingeräumt wird. Letztere scheint sich mit den faktischen Arbeitsanforderungen und -realitäten in den Regierungszentralen manchmal nur schwer vereinbaren zu lassen. Planungsakteure verwenden nämlich einen großen Teil ihrer Arbeitszeit auf tagesaktuelle Aufgaben, die die Hausspitze mit dem Wunsch nach schnellstmöglicher Erledigung an die Planungseinheiten delegiert. Dadurch werden im Arbeitsalltag viele Kapazitäten zur Bewältigung operativer Aufgaben aufgewendet, die für eine ausgefeilte strategische Regierungsplanung fehlen.

Dies sagt auch etwas über den Stellenwert von professioneller Strategiebildung aus: Strategische Ansätze werden im Regierungsalltag nur dann entwickelt, wenn genügend Kapazitäten vorhanden sind. Die Kapazitäten für konzeptionell-strategisches Arbeiten sind aber angesichts von weitreichenden Ressourcenengpässen in der Ministerialbürokratie faktisch sehr begrenzt. Die Folge dieses ‚Pflicht und Kür'-Verhältnisses sind Strategiedefizite im Regierungsgeschäft, die von den Planungsakteuren als strategieaffine Anwälte der Langfristperspektive auch offen angeprangert werden. Der Vorwurf, dass die Planungseinheiten, von den gesellschaftlichen Realitäten entkoppelt, ‚strategische Wolkenschieberei' im politischen Raum betreiben, kann auf Grundlage der empirischen Befunde folglich entkräftet werden. Das Gegenteil ist der Fall: Planungsakteure scheinen bisweilen so tief in die Spielregeln tagespolitischer Rationalität involviert, dass sie ihre Kernkompetenz – die professionelle Strategieentwicklung – nur ungenügend in die Regierungsgeschäfte einbringen können; mit entsprechend negativen Folgen für die strategische Ausrichtung der Landesregierung.

Zurückzuführen ist die mangelnde strategische Ausrichtung nicht zuletzt auf ein weiteres Dilemma, das quasi eine Begleiterscheinung modernen demokratischen Regierens darstellt: Eine auf langfristige Wirkungen ausgerichtete Politik bietet für Regierungsakteure aufgrund unzureichender politischer Zurechenbarkeit meist nur wenig Gelegenheit zur tagesaktuellen Profilierung. Neben klassischer Problemlösungsorientierung macht aber die Suche nach kurzfristigen *Profilierungspotenzialen* gerade in der modernen Mediendemokratie einen wesentlichen und durchaus legitimen Teil des Rationalitätskalküls politischer Akteure aus. Auf Basis der empirischen Befunde lässt sich eine fünfte These generieren:

These 5: Um strategisches Denken und Handeln stärker auf höchster politischer Ebene zu verankern, muss sich die Arbeit der Planungsakteure an dem Maßstab der Profilierungsmöglichkeiten für den Ministerpräsidenten messen lassen (können). Ein Erfolg versprechender Ansatz besteht darin, kurzfristige Machtlogiken und langfristige Gestaltungsoptionen bei der Strategieentwicklung zusammenzuführen und mit aktuellem Handlungsdruck zu verbinden.

Es ist bereits mehrfach angeklungen, dass die Planungseinheiten – im Gegensatz zu anderen Einheiten im administrativen Apparat – im besonderen Maße auf das Wohlwollen und die ‚Rückendeckung' des Ministerpräsidenten angewiesen sind. Umgekehrt heißt das für die strategische Planung, dass jegliche Planungsaktivitäten auf den Politikstil des Ministerpräsidenten individuell und maßgeschneidert zugeschnitten werden müssen. Verlieren die Planungsakteure den Blick für Vorlieben und Politikstil des Ministerpräsidenten aus den Augen, erweist sich die Erarbeitung eines Zukunftsthemas als kaum anschlussfähig und verwertbar. Wenn man als Planungseinheit im Tagesgeschäft involviert ist und Profilierungsaspekte in allen Beratungskontexten berücksichtigt, findet man leichter Gehör bei den Entscheidungsträgern – gerade unter den Bedingungen hausinterner Konkurrenzkämpfe um das knappe Zeitbudget und die Prioritätenliste des Regierungschefs. Eine wesentliche Erfolgsbedingung für die Arbeit der Planungseinheiten ist also, kurzfristige und langfristige Planung nicht als Gegensatz zu interpretieren, sondern vielmehr Synergien zu suchen und die Langfristperspektive mit ausgefeilten Profilierungsempfehlungen für das Tagesgeschäft zu verknüpfen. Dies impliziert auch ein (noch) stärkeres Denken in Kampagnen sowie Orientierung an medialen Aufmerksamkeitsregeln und Darstellungsformen.

Die Herausforderung, die die Planungseinheiten zu meistern haben, liegt also darin, eine Zukunftsperspektive zu skizzieren, mit der zugleich kurzfristige Politikprozesse gesteuert werden können. Gelingt ihnen eine geeignete Verzahnung von operativem Tagesgeschäft und strategischer Planung, nehmen sie für den Ministerpräsidenten eine wichtige Beraterfunktion ein – und leisten im Idealfall gleichzeitig einen wertvollen Beitrag zur Zukunftsfähigkeit Deutschlands.

Anhang

Gesprächspartner
(in chronologischer Reihenfolge der Interviews)

1. **Dr. Friedhelm Boyken**, Leiter des Referats Planung, Beratung, Schwerpunktthemen der Staatskanzlei Schleswig-Holstein (Abt. 2 Ressortkoordinierung, Kabinetts- u. Landtagsangelegenheiten, Bund-Länder-Koordinierung), Gesprächstermin: 2.2.2009.
2. **Fredi Holz**, Leiter des Referats Strategische Planung, Demografie, Demoskopie der Staatskanzlei Sachsen (Abt. 3), Gesprächstermin: 9.2.2009.
3. **Björn Böhning**, Leiter des Stabs Politische Grundsatz- und Planungsangelegenheiten der Senatskanzlei Berlin, Gesprächstermin: 10.2.2009.
4. **Prof. Dr. Gerd Mielke**, ehemaliger Leiter der Abteilung Grundsatzfragen der Staatskanzlei Rheinland-Pfalz, Gesprächstermin: 16.2.2009.
5. **Dr. Urban Mauer**, Leiter des Referats Politische Planung und Controlling der Staatskanzlei Hessen (Abt. P Planung, Controlling und Verwaltungsmodernisierung), Gesprächstermin: 17.2.2009.
6. **Dr. Olaf Joachim**, Leiter des Referats Ressortübergreifende Aufgabenplanung, Ressortstrategien, Gesamtsteuerung, Fach- und Leistungscontrolling, Verwaltungsmodernisierung und Europaangelegenheiten der Senatskanzlei Bremen (in Personalunion Leiter der Abteilung 2 Koordinierung und Planung), Gesprächstermin: 27.2.2009.
7. **Thomas Wagenblast**, Leiter des Referats Politische Planung, Grundsatzangelegenheiten, Koordination Landtag, Wissensmanagement im Staatsministerium Baden-Württemberg (Abt. 4 Grundsatz und Planung, Bundesangelegenheiten, Wissenschaft und Kunst)*, Gesprächstermin: 2.3.2009.
8. **Frank Höllriegel**, Leiter des Referats Planung der Staatskanzlei Bayern (Abt. Planung und Bürgeranliegen), Gesprächstermin: 3.3.2009.
9. **Rainer Liesegang**, Leiter des Referats Regierungsplanung und Reden der Staatskanzlei Brandenburg (Abt. 2 Regierungsplanung und Koordinierung), Gesprächstermin: 5.3.2009.
10. **Stefan Muhle**, Leiter des Referats Regierungsplanung und Grundsatzfragen der Staatskanzlei Niedersachsen (Abt. 1 Richtlinien der Politik, Ressortkoordinierung und -planung), Gesprächstermin: 12.3.2009.

* Im Staatsministerium Baden-Württemberg erfolgte zudem ein Hintergrundgespräch mit Dr. Udo Zolleis, seinerzeit Referent im Referat Politische Planung, Grundsatzangelegenheiten, Koordination Landtag, Wissensmanagement.

Literaturverzeichnis

Abendroth, Wolfgang 1964. „Planung und klassenlose Gesellschaft – Planung in Richtung auf eine klassenlose Gesellschaft? Einige marxistische Bemerkungen zum Problem der Planung". In: Jungk, Robert/Mundt, Hans Joseph (Hrsg.), *Der Griff nach der Zukunft. Planen der Freiheit, Modelle für eine neue Welt.* München/Wien/Basel.

Althaus, Marco/Cecere, Vito (Hrsg.) 2003. *Kampagne! Neue Strategien für Wahlkampf, PR und Lobbying.* Münster.

Arbeitskreis Volkswirtschaftliche Gesamtrechnungen der Länder (2007). Abrufbar unter: www.vgrdl.de/Arbeitskreis_VGR (Download 12.6.2009).

Benz, Arthur/Lütz, Susanne/Schimank, Uwe/Simonis, Georg 2007. *Handbuch Governance. Theoretische Grundlagen und empirische Anwendungsfelder.* Wiesbaden.

Benz, Arthur 2004. „Einleitung: Governance – Modebegriff oder nützliches sozialwissenschaftliches Konzept?" In: Benz, Arthur (Hrsg.), *Governance – Regieren in komplexen Regelsystemen. Eine Einführung.* Wiesbaden, 11-28.

Benz, Arthur/Scharpf, Fritz W./Zintl, Reinhard 1992. Horizontale Politikverflechtung. Zur Theorie von Verhandlungssystemen. Frankfurt am Main.

Bertelsmann Stiftung (Hrsg.) 2010a: *Wie Politik von Bürgern lernen kann. Potenziale politikbezogener Gesellschaftsberatung.* Gütersloh. [Im Druck].

Bertelsmann Stiftung (Hrsg.) 2010b: *Die Bundesländer im Standortwettbewerb 2009/ 2010. Einkommen, Beschäftigung, Sicherheit.* Gütersloh.

Bochardt, Andreas/Göthlich, Stephan E. 2007. „Erkenntnisgewinnung durch Fallstudien". In: Albers, Sönke/Klapper, Daniel/Konradt, Udo/Walter, Achim/Wolf, Joachim (Hrsg.), *Methodik der empirischen Forschung.* Wiesbaden, 37-54.

Bogner, Alexander/Menz, Wolfgang 2005a. „Expertenwissen und Forschungspraxis: Die modernisierungstheoretische und die methodische Debatte um die Experten. Zur Einführung in ein unübersichtliches Problemfeld". In: Bogner, Alexander/Häder, Michael/Littig, Beate/Menz, Wolfgang (Hrsg.), *Das Experteninterview: Theorie, Methode, Anwendung.* Wiesbaden, 7-30.

Bogner, Alexander/Menz, Wolfgang 2005b. „Das theoriegenerierende Experteninterview. Erkenntnisinteresse, Wissensformen, Interaktion". In: Bogner, Alexander/Häder, Michael/Littig, Beate/Menz, Wolfgang (Hrsg.), *Das Experteninterview: Theorie, Methode, Anwendung.* Wiesbaden, 33-70.

Bohnsack, Ralf 2000. *Rekonstruktive Sozialforschung. Einführung in Methodologie und Praxis qualitativer Forschung.* Opladen.

Bohret, Carl 1970. *Entscheidungshilfen für die Regierung. Modelle, Instrumente, Probleme.* Opladen.

Boaz, Annette/Solesbury, William 2007. „Strategie und Politik: Das Fallbeispiel Großbritannien". In: Fischer, Thomas/Schmitz, Gregor Peter/Sebrich, Michael (Hrsg.), *Die Strategie der Politik. Ergebnisse einer vergleichenden Studie.* Gütersloh, 117-148.

Braun, Dietmar/Giraud, Oliver 2003. „Steuerungsinstrumente". In: Schubert, Klaus/ Bandelow, Nils C. (Hrsg.), Lehrbuch der Politikfeldanalyse. München/Wien, 147 - 174.

Bruns, Tissy 2007. *Republik der Wichtigtuer. Ein Bericht aus Berlin*. Freiburg.

Busse, Volker 2005. *Bundeskanzleramt und Bundesregierung*. Heidelberg.

Clausewitz, Carl von 1937. „Strategie 1804-1809". In: Eberhard Kessel (Hrsg.), *Carl von Clausewitz – Strategie aus dem Jahr 1804 mit Zusätzen von 1808 und 1809*. Hamburg.

Clausewitz, Carl von 2000. *Vom Kriege*. München.

Cohen, Michael D./March, James G./Olsen, Johan P. 1972. „A Garbage Can Model of Organizational Choice". In: *Administrative Science Quarterly* 17 1972. 1-25.

Crozier, Michel 1987. *Etat modest, Etat moderne*. Paris.

Der große Herder 1956. *Nachschlagwerk für Wissen und Leben*, Band 8. Freiburg im Breisgau.

Deutsch, Karl W. 1969. *Politische Kybernetik. Modelle und Perspektiven*. Freiburg.

Devereux, Georges 1973. *Angst und Methode in den Verhaltenswissenschaften*. München.

Ehmke, Horst 1971. „Planen ist keine Sünde. Erfahrungen aus der Bonner Regierungspraxis". In: *Die Zeit* Nr. 50, 10.12.1971. Abrufbar unter: http://pdf.zeit.de/1971/50/Planen-ist-keine-Suende.pdf (Download 3.5.2009).

Eucken, Walter 1952. *Grundsätze der Wirtschaftspolitik*. Tübingen.

Flick, Uwe 2002. *Qualitative Sozialforschung. Eine Einführung*. Reinbek bei Hamburg.

Friebertshäuser, Barbara/Prengel, Annedore (Hrsg.) 1997. *Handbuch Qualitative Forschungsmethoden in der Erziehungswissenschaft*. Weinheim/München.

Freyer, Hans 1933. *Herrschaft und Planung*. Hamburg.

Frohn, Rüdiger 2009. „Die Krise als Regelfall des Regierens?", Vortrag im Rahmen der Ringvorlesung „Regieren! Theoretische Ansätze und aktuelle Herausforderungen" am 11.5.2009 am Institut für Politikwissenschaft der Universität Münster.

Fuhse, Jan 2005. *Systemtheorien: Theorien des politischen Systems: David Easton und Niklas Luhmann*. Wiesbaden.

Fürst, Dietrich 1998. *Wandel des Staates – Wandel der Planung*. Neues Archiv für Niedersachsen (2). Hannover, 53-74.

Gebauer, Klaus-Eckart 1994. „Ministerialverwaltung und Wissenschaft aus der Sicht einer Staatskanzlei". In: Murswieck, Axel (Hrsg.), *Regieren und Politikberatung*. Opladen, 131-156.

Genschel, Philipp/Zangl, Bernhard 2008. „Metamorphosen des Staates. Vom Herrschaftsmonopolisten zum Herrschaftsmanager". In: *Leviathan 36*, Heft 3. 430-454.

Glaab, Manuela 2007. „Strategie und Politik: das Fallbeispiel Deutschland". In: Fischer, Thomas/Schmitz, Gregor Peter/Sebrich, Michael (Hrsg.), *Die Strategie der Politik. Ergebnisse einer vergleichenden Studie*. Gütersloh, 67-115.

Glaser, Barney G./Strauss, Anselm L. 1967. *The Discovery of Grounded Theory: Strategies for Qualitative Research*. New York.

Glaser, Barney G./Strauss, Anselm L. 1998. *Grounded theory. Strategien qualitativer Forschung*. New York.

Gohl, Christopher 2008. „Beyond Strategy: Prozedurale Politik": In: *Zeitschrift für Politikberatung* (1) 2 2008. 191-212.

Gohl, Christopher 2010. „Organisierte Dialoge als Strategie". Unveröffentlichte Studie im Auftrag der Bertelsmann Stiftung. Gütersloh.

Grunden, Timo 2008. *Politikberatung im Innenhof der Macht. Funktion und Einfluss der persönlichen Berater deutscher Ministerpräsidenten.* Wiesbaden.

Grunden, Timo/Florack, Martin 2010. *Regierungszentralen. Organisation, Steuerung und Politikformulierung zwischen Formalität und Informalität.* Wiesbaden. [Im Druck].

Guggenberger, Bernd 1975. „Herrschaftslegitimierung und Staatskrise. Zu einigen Problemen der Regierbarkeit des modernen Staates". In: Greven, Michael Th./ Guggenberger, Bernd/Strasser, Johano (Hrsg.), *Krise des Staates? Zur Funktionsbestimmung des Staates im Spätkapitalismus.* Darmstadt/Neuwied, 9-59.

Hartwich, Hans-Hermann (Hrsg.) 1985. *Policy-Forschung in der Bundesrepublik Deutschland. Ihr Selbstverständnis und ihr Verhältnis zu den Grundfragen der Politikwissenschaft.* Opladen.

Hassel, Anke 2004. „Kann Politik strategisch sein?". In: *Berliner Republik* 5 2004. 20-25.

Haubner, Dominik/Mezger, Erika/Schwengel, Hermann (Hrsg.) 2005. *Agendasetting und Reformpolitik. Strategische Kommunikation zwischen verschiedenen politischen Welten.* Marburg.

Hänsch, Klaus 2002. „Anmerkungen zur Strategiefähigkeit in der Politik". In: Nullmeier, Frank/Saretzki, Thomas (Hrsg.), *Jenseits des Regierungsalltags. Strategiefähigkeit politischer Parteien.* Frankfurt am Main, 179-187.

Helfferich, Cornelia 2005. *Die Qualität qualitativer Daten. Manual für die Durchführung qualitativer Interviews.* Wiesbaden.

Helms, Ludger 2005. *Presidents, Prime Ministers and Chancellors. Executive Leadership in Western Democracies.* Houndmills.

Herzog, Dietrich 1992. „Zur Funktion der politischen Klasse in der sozialstaatlichen Demokratie der Gegenwart". In: Leif, Thomas/Legrand, Josef/Klein Ansgar (Hrsg.), *Die politische Klasse in Deutschland. Eliten auf dem Prüfstand.* Bonn/Berlin, 126-150.

Hirschauer, Stefan/Ammann, Klaus 1997. „Die Befremdung der eigenen Kultur. Ein Programm". In: Hirschauer, Stefan/Ammann, Klaus (Hrsg.), *Die Befremdung der eigenen Kultur: Zur ethnographischen Herausforderung soziologischer Empirie.* Frankfurt am Main, 7-52.

Hirscher, Gerhard/Korte, Karl-Rudolf (Hrsg.) 2004. *Information und Entscheidung. Kommunikationsmanagement der politischen Führung.* Wiesbaden.

Hopf, Christel 1978. „Die Pseudo-Exploration. Überlegungen zur Technik qualitativer Interviews in der Sozialforschung". In: *Zeitschrift für Soziologie* 7 1978. 97-115.

INSM 2009. „Das Bundesländerranking 2009. Ein Vergleich von Wohlstand und Wirtschaftskraft". Abrufbar unter: www.bundeslaenderranking.de (Download 1.5.2009).

Jann, Werner/Wegrich, Kai 2003. „Phasenmodelle und Politikprozesse: Der Policy Cycle". In: Schubert, Klaus/Bandelow Nils C. (Hrsg.), *Lehrbuch der Politikfeldanalyse.* München/Wien, 71-104.

Jänicke, Martin (Hrsg.) 1996. *Umweltpolitik der Industrieländer. Entwicklung – Bilanz – Erfolgsbedingungen.* Berlin.

Jänicke, Martin 1997. *Nachhaltigkeit als politische Strategie. Notwendigkeiten und Chancen langfristiger Umweltplanung in Deutschland.* Bonn.

208

Jänicke, Martin/Jörgens, Helge (Hrsg.) 2000. *Umweltplanung im internationalen Vergleich – Strategien der Nachhaltigkeit*. Berlin.

Kaiser, Joseph (Hrsg.) 1965-1972. *Planung I-VI*. Baden-Baden.

Kaltenbrunner, Gerd-Klaus (Hrsg.) 1975. Der überforderte schwache Staat. Sind wir noch regierbar? München.

Katzenstein, Peter J. 1987. *Policy and Politics in West-Germany: The Growth of a Semisovereign State*. Philadelphia.

Kamps, Klaus 2004. „Politisches Kommunikationsmanagement in der Mediengesellschaft. Zur Professionalisierung der Politikvermittlung". In: Hirscher, Gerhard/ Korte, Karl-Rudolf (Hrsg.). *Information und Entscheidung. Kommunikationsmanagement der politischen Führung*. Wiesbaden, 197- 210.

Kelle, Udo/Kluge, Susann 1999. *Vom Einzelfall zum Typus. Fallvergleich und Fallkontrastierung in der qualitativen Sozialforschung*. Opladen.

Klages, Helmut 1971. *Planungspolitik. Probleme und Perspektiven der umfassenden Zukunftsgestaltung*. Stuttgart.

Kleining, Gerhard 1995. *Lehrbuch Entdeckende Sozialforschung, Band I. Von der Hermeneutik zur qualitativen Heuristik*. Weinheim.

Kluge, Susann 1999. *Empirisch begründete Typenbildung. Zur Konstruktion von Typen und Typologien in der qualitativen Sozialforschung*. Opladen.

Kluge, Friedrich 1995. *Etymologisches Wörterbuch der deutschen Sprache*. 23. erweiterte Auflage. Berlin.

Korte, Karl-Rudolf/Fröhlich, Manuel 2003. *Politik und Regieren in Deutschland. Prozesse, Strukturen, Entscheidungen*. Paderborn.

Kruse, Jan 2008. *Reader „Einführung in die Qualitative Interviewforschung"*. Freiburg.

Kuckartz, Udo 2005. *Einführung in die computergestützte Analyse qualitativer Daten*. Wiesbaden.

Kuhn, Fritz 2002. „Strategische Steuerung der Öffentlichkeit?" In: Nullmeier, Frank/Saretzki, Thomas (Hrsg.), *Jenseits des Regierungsalltags. Strategiefähigkeit politischer Parteien*. Frankfurt am Main, 85-98.

Kurt, Ronald 2004. *Hermeneutik. Eine sozialwissenschaftliche Einführung*. Konstanz.

Lamnek, Siegfried 2005. *Qualitative Sozialforschung. Lehrbuch*. Weinheim.

Lange, Stefan 2007. „Kybernetik und Systemtheorie". In: Benz, Arthur/Lütz, Susanne/Schimank, Uwe/Simonis, Georg (Hrsg.), *Handbuch Governance. Theoretische Grundlagen und empirische Anwendungsfelder*. Wiesbaden, 176-188.

Lau, Christoph 1975. *Theorien gesellschaftlicher Planung. Eine Einführung*. Stuttgart.

Lindblom, Charles E. 1959. „The Science of Muddling Through". In: *Public Administration Review* V (19) 1959. 79-88.

Lompe, Klaus 1971. *Gesellschaftspolitik und Planung. Probleme politischer Planung in der sozialstaatlichen Demokratie*. Freiburg.

Lucius-Hoene, Gabriele/Deppermann, Arnulf 2002. *Rekonstruktion narrativer Identität. Ein Arbeitsbuch zur Analyse narrativer Interviews*. Opladen.

Luhmann, Niklas 1984. *Soziale Systeme. Grundriss einer allgemeinen Theorie*. Frankfurt am Main.

Luhmann, Niklas 1988. *Die Wirtschaft der Gesellschaft*. Frankfurt am Main.

Machnig, Matthias 2002. „Strategiefähigkeit in der beschleunigten Mediengesellschaft". In: Nullmeier, Frank/Saretzki, Thomas (Hrsg.), *Jenseits des Regierungsalltags. Strategiefähigkeit politischer Parteien.* Frankfurt am Main, 167-178.

Machnig, Matthias 2008. „Zwischen Autodidaktentum und Autismus. Politische Strategie in Deutschland". In: *Neue Gesellschaft Frankfurter Hefte* 6 2008. 71-74.

Mannheim, Karl 1935. „Die Umgestaltung des menschlichen Denkens und Handelns". In: Schäfers, Bernhard (Hrsg.), *Gesellschaftliche Planung. Materialien zur Planungsdiskussion in der BRD.* Stuttgart, 95-101.

March, James G./Olsen, Johan P. 1975. „The uncertainty of the past: organizational learning under ambiguity". In: *European Journal of Political Research* 3 1975. 147-171.

March, James G./Olsen, Johan P. 1989. *Rediscovering institutions. The organizational basis of politics.* New York.

March, James G./Simon, Herbert A. 1976. *Organisation und Individuum, Menschliches Verhalten in Organisationen.* Wiesbaden.

Mayntz, Renate 1987. „Politische Steuerung und gesellschaftliche Steuerungsprobleme – Anmerkungen zu einem theoretischen Paradigma". In: Ellwein, Thomas (Hrsg.), *Jahrbuch zur Staats- und Verwaltungswissenschaft,* Band 1. Baden-Baden, 89-111.

Mayntz, Renate 1997. „Politische Steuerung: Aufstieg, Niedergang und Transformation einer Theorie". In: Mayntz, Renate (Hrsg.), *Soziale Dynamik und politische Steuerung. Theoretische und methodologische Überlegungen.* Frankfurt am Main, 263-292.

Mayntz, Renate 1993. Policy-Netzwerke und die Logik von Verhandlungssystemen". In: Héretier, Adrienne (Hrsg.), *Policy-Analyse. Kritik und Neuorientierung.* Politische Viertelsjahresschrift Sonderheft 24 1993. 39-56.

Mayntz, Renate/Scharpf Fritz W. (Hrsg.) 1973. *Planungsorganisation: Die Diskussion um die Reform von Regierung und Verwaltung des Bundes.* München.

Mayntz, Renate/Scharpf Fritz W. 1995. „Der Ansatz des akteurszentrierten Institutionalismus". In: Mayntz, Renate/Scharpf Fritz W. (Hrsg.), *Gesellschaftliche Selbstregelung und politische Steuerung.* Frankfurt am Main, 39- 72.

Mayntz, Renate/Scharpf Fritz W. 2005. „Politische Steuerung – Heute? MPIfG Working Paper 05/1". Abrufbar unter: www.mpi-fg-koeln.mpg.de/pu/workpap/wp05-1/wp05-1.html (Download 28.4.2009).

Mayring, Philipp 1983. *Qualitative Inhaltsanalyse. Grundlagen und Techniken.* Weinheim.

Mayring, Philipp 1996. *Einführung in die qualitative Sozialforschung. Eine Anleitung zu qualitativem Denken,* 3. Auflage. Weinheim.

Mayring, Philipp 2000. „Qualitative Inhaltsanalyse". Forum Qualitative Sozialforschung. 1(2). Abrufbar unter: http://www.qualitative-research.net/ index.php/ fqs/article/ viewArticle/1089/2383 (Download 12.5.2009).

Mayring, Philipp 2003. *Qualitative Inhaltsanalyse. Grundlagen und Techniken,* 8. Auflage. Weinheim.

Meinefeld, Werner 2007. „Hypothesen und Vorwissen in der qualitativen Sozialforschung". In: Flick, Uwe et al. (Hrsg.), *Qualitative Forschung. Ein Handbuch.* Reinbek bei Hamburg, 265-275.

Mertes, Michael 2004. „Bundeskanzleramt und Bundespresseamt. Das Informations- und Kommunikationsmanagement der Regierungszentrale". In: Hirscher, Gerhard/Korte, Karl-Rudolf (Hrsg.), *Information und Entscheidung. Kommunikationsmanagement der politischen Führung*. Wiesbaden, 52-78.

Messner, Dirk 2004. „Wissenschaftliche Politikberatung. Einige Anmerkungen zu einem schwierigen Verhältnis". In: Hirscher, Gerhard/Korte, Karl-Rudolf (Hrsg.), *Information und Entscheidung. Kommunikationsmanagement der politischen Führung*. Wiesbaden, 163-183.

Meuser, Michael/Nagel, Ulrike 2005. „ExpertInneninterviews: Vielfach erprobt, wenig bedacht. Ein Beitrag zur qualitativen Methodendiskussion". In: Bogner, Alexander/Littig, Beate/Menz, Wolfgang (Hrsg.), *Das Experteninterview. Theorie, Methode, Anwendung*. Opladen, 71-94.

Meyer, Thomas 1992. *Die Inszenierung des Scheins. Voraussetzungen und Folgen symbolischer Politik. Essay-Montage*. Frankfurt am Main.

Metzler, Gabriele 2005. *Konzeptionen politischen Handelns von Adenauer bis Brandt. Politische Planung in der pluralistischen Gesellschaft*. Paderborn.

Mielke, Gerd 1999. „Sozialwissenschaftliche Beratung in den Staatskanzleien. Ein Werkstattbericht". In: *Forschungsjournal Neue Soziale Bewegungen* (12) 3 1999. 40-48.

Mielke, Gerd 2004. „Politische Planung in der Staatskanzlei Rheinland-Pfalz. Ein Werkstattbericht". In: Hirscher, Gerhard/Korte, Karl-Rudolf Korte (Hrsg.), *Information und Entscheidung. Kommunikationsmanagement der politischen Führung*. Wiesbaden, 122-137.

Mintzberg, Henry 1995. *Die Strategische Planung. Aufstieg, Niedergang und Neubestimmung*. München/Wien.

Mintzberg, Henry 1999. *Strategy Safari. Eine Reise durch die Wildnis des strategischen Managements*. Wien.

Müller, Kay/Walter, Franz 2004. *Graue Eminenzen der Macht: Küchenkabinette in der deutschen Kanzlerdemokratie. Von Adenauer bis Schröder*. Wiesbaden.

Naschold, Frieder/Esser, Josef/Väth, Werner (Hrsg.) 1972. *Gesellschaftsplanung in kapitalistischen und sozialistischen Systemen*. Gütersloh.

Niclauß, Karlheinz 2001. „Aufstieg und Fall von Regierungen: Parteien als Kontrollmechanismen der Macht?". In: Hirscher, Gerhard/Korte, Karl-Rudolf (Hrsg.), *Aufstieg und Fall von Regierungen. Machterwerb und Macherosion in westlichen Demokratien*. München, 81-92.

Novy, Leonard/Schwickert, Dominic 2008. „Kommunikationsreform. Drei Perspektiven auf die Zukunft der Regierungskommunikation". In: Bertelsmann Stiftung (Hrsg.), *Zukunft Regieren*. Beiträge für eine gestaltungsfähige Politik (3) 3 2008. Gütersloh, 4-10.

Novy, Leonard/Schwickert, Dominic 2009. „Ressource und Risiko: Potenziale des Internet für die Politik". In: Bertelsmann Stiftung (Hrsg.), *Lernen von Obama? Das Internet als Ressource und Risiko für die Politik*. Gütersloh, 13-43.

Novy, Leonard/Schwickert, Dominic/Fischer, Thomas 2008. „Von der Beraterrepublik zur gut beratenen Republik? Ein Diskussionsbeitrag zur Situation und Zukunft von Politikberatung in Deutschland". In: Zeitschrift für Politikberatung (1) 2 2008. 170-190.

Nullmeier, Frank/Saretzki, Thomas (Hrsg.) 2002. *Jenseits des Regierungsalltags. Strategiefähigkeit politischer Parteien*. Wiesbaden.

Offe, Claus 1973. *Strukturprobleme des kapitalistischen Staates. Aufsätze zur politischen Soziologie*. Frankfurt.

Parsons, Talcott 1976. *Zur Theorie sozialer Systeme*. Opladen.

Plitzko, Alfred (Hrsg.) 1964. *Planung ohne Planwirtschaft*. Tübingen.

Przyborski, Aglaja/Wohlrab-Sahr, Monika 2008. *Qualitative Sozialforschung. Ein Arbeitsbuch*. München.

Raschke, Joachim 2001. *Die Zukunft der Grünen. „So kann man nicht regieren"*. Frankfurt am Main/New York.

Raschke, Joachim 2002. „Politische Strategie. Überlegungen zu einem politischen und politologischen Konzept". In: Nullmeier, Frank/Saretzki, Thomas (Hrsg.), *Jenseits des Regierungsalltags. Strategiefähigkeit politischer Parteien*. Wiesbaden, 207-241.

Raschke, Joachim/Tils, Ralf 2007. *Politische Strategie. Eine Grundlegung*. Wiesbaden.

Reichertz, Jo 1999. „Über das Problem der Gültigkeit von Qualitativer Sozialforschung". In: Hitzler, Ronald et al. (Hrsg.), *Hermeneutische Wissenssoziologie. Standpunkte einer Theorie der Interpretation*. Konstanz, 319-346.

Rouge, Volker/Schmieg, Günter 1971. „Planung in der Sackgasse". In: *Die Zeit* Nr. 28, 9.7.1971. Abrufbar unter: http://pdf.zeit.de/1971/28/Planung-in-der-Sackgasse.pdf (Download 10.6.2009).

Rudzio, Wolfgang 2003. *Das politische System der Bundesrepublik Deutschland*. Opladen.

Sarcinelli, Ulrich 1987. *Symbolische Politik. Zur Bedeutung symbolischen Handelns in der Wahlkampfkommunikation der Bundesrepublik Deutschland*. Opladen.

Schatz, Heribert 1973. „Auf der Suche nach neuen Problemlösungsstrategien: Die Entwicklung der politischen Planung auf Bundesebene". In: Mayntz, Renate/Scharpf Fritz W. (Hrsg.), *Planungsorganisation: Die Diskussion um die Reform von Regierung und Verwaltung des Bundes*. München. 9-67.

Scharpf, Fritz W. 1972. „Komplexität als Schranke der Politischen Planung". In: *Politische Vierteljahresschrift* Sonderheft 4 1972. 168-192.

Scharpf, Fritz W. 1973. *Planung als politischer Prozess: Aufsätze zur Theorie der planenden Demokratie*. Frankfurt am Main.

Scharpf, Fritz W. 1988. „Verhandlungssysteme, Verteilungskonflikte und Pathologien der politischen Steuerung". In: Schmidt, Manfred G. (Hrsg.), *Staatstätigkeit. International und historisch vergleichende Analysen*. Politische Vierteljahresschrift Sonderheft 19 1988. Opladen, 61-87.

Scharpf, Fritz W. 1989. „Politische Steuerung und politische Institutionen". In: *Politische Vierteljahresschrift* 30 1989. 10-21.

Scharpf, Fritz W. 1999. *Regieren in Europa*. Frankfurt am Main/New York.

Scharpf, Fritz W. 2000. *Interaktionsformen. Akteurzentrierter Institutionalismus in der Politikforschung*. Opladen.

Scharpf, Fritz W./Reissert, Bernd/Schnabel, Fritz (Hrsg.) 1976. *Politikverflechtung, Bd. 1. – Theorie und Empirie des kooperativen Föderalismus in der Bundesrepublik*. Kronberg/Ts.

Schäfer, Armin 2008. „Die Krisendiagnose des überforderten Staates als Ursache markt-
schaffender Politik". Abrufbar unter:
http://poloekdvpw.mpifg.de/e_documents/paper_jahrestagung
(Download 17.8.2009).

Schäfers, Bernhardt 1973. „Einige Anmerkungen zur gesamtgesellschaftlichen Planungsdiskussion in der BRD". In: Schäfers, Bernhardt (Hrsg.), *Gesellschaftliche Planung.
Materialien zur Planungsdiskussion in der BRD*. Stuttgart, 158-166.

Selting, Margret et al. (o. J.). „Gesprächsanalytisches Transkriptionssystem (GAT)".
Abrufbar unter: www.mediensprache.net/de/medienanalyse/transcription/gat/gat.pdf
(Download 28.5.2009).

Schilling, Martin/Ruckh, Lena/Rübcke, Felix 2009. „Strategische Steuerung in Regierungszentralen deutscher Bundesländer". In: Bertelsmann Stiftung (Hrsg.), *Zukunft
Regieren*. Beiträge für eine gestaltungsfähige Politik (4) 2. 2009. Gütersloh.

Schimank, Uwe 1996. *Theorien gesellschaftlicher Differenzierung*. Opladen.

Schmidt, Volker 2005. „Strategische Planung für Parteien". In: Schmid, Josef/Zolleis,
Udo (Hrsg.), *Zwischen Anarchie und Strategie. Der Erfolg von Parteiorganisatio-
nen*. Wiesbaden, 143-157.

Schmidt-Deguelle, Klaus-Peter 2002. „Mehr als nur reaktives Handeln. Die Praxis der
Medienberatung". In: Nullmeier, Frank/Saretzki, Thomas (Hrsg.), *Jenseits des Regierungsalltags. Strategiefähigkeit politischer Parteien*. Frankfurt am Main, 99-108.

Schröder, Peter 2000. *Politische Strategien*. Baden-Baden.

Schubert, Klaus 2003. „Pragmatismus, Pluralismus, Policy Analysis: Ursprünge und
theoretische Verankerung der Policy Analyse". In: Schubert, Klaus/Bandelow, Nils
C. (Hrsg.), *Lehrbuch der Politikfeldanalyse*. München/Wien, 37-70.

Schubert, Klaus/Bandelow, Nils C. (Hrsg.) 2003. „Politikdimension und Fragestellungen
der Politikfeldanalyse". In: Schubert, Klaus/Bandelow, Nils C. (Hrsg.), *Lehrbuch
der Politikfeldanalyse*. München/Wien, 1-22.

Schubert, Klaus/Klein, Martina 2006. *Das Politiklexikon*, 4. aktualisierte Auflage, Lemma
„Strategie". Bonn. Abrufbar unter:
www.bpb.de/wissen/H75VXG,,.html?wis_search_ action =search&wis_search_all
text=strategie&wis_schubertklein=1&wis_search_type_buchstaben =4 (Download
12.6.2009).

Schütz, Alfred/Parsons, Talcott 1977. *Zur Theorie sozialen Handelns. Ein Briefwechsel*.
Frankfurt am Main.

Schwickert, Dominic 2009. „Politik braucht Beratung. Perspektiven für eine wirksame
Politikberatung in Deutschland". In: *Forschungsjournal Neue Soziale Bewegungen*
(22) 2 2009. 102-105.

Schwickert, Dominic 2010. „Demographiepolitik Sachsens – Wie eine Landesregierung
strategische Pionierarbeit leistet". In: Bertelsmann Stiftung (Hrsg.), *Mit Strategie
Kurs halten. Der Strategie-Kompass für politische Reformprozesse*. Gütersloh, 11.

Schwickert, Dominic/Collet, Stefan 2010. „Teilhabe organisieren und strategisch steuern:
Potenziale aus Regierungsperspektive". Unveröffentlichtes Diskussionspapier im
Auftrag der Bertelsmann Stiftung. Gütersloh.

Simon, Herbert A. 1959. "Theories of decision making in economics and behavioural
science". In: *American Economic Review* (49) 3 1959. 253-283.

Soeffner, Hans-Georg/Hitzler, Ronald 1994. „Hermeneutik als Haltung und Handlung". In: Schröer, Norbert (Hrsg.), *Interpretative Sozialforschung*. Opladen, 28-55.

Speth, Rudolf 2005. „Strategiebildung in der Politik". In: *Forschungsjournal Neue Soziale Bewegungen* (18) 2 2005. 20-37.

Speth, Rudolf 2006. *Navigieren ohne Kompass. Strategiebildung in Parteien und NGOs*. Düsseldorf.

Statistisches Bundesamt 2008. „Volkswirtschaftliche Gesamtrechnungen. Wichtige Zusammenhänge im Überblick". Abrufbar unter: www.destatis.de/jetspeed/portal/cms/Sites/destatis/ Internet/DE/Content/Publikationen/Fachveroeffentlichungen/Volkswirtschaftliche Gesamtrechnungen/Zusammenhaenge,property=file.pdf (Downlaod 13.6.2009).

Statistisches Landesamt Baden-Württemberg 2006. „Statistisches Monatsheft Baden-Württemberg 12/2006".

Stegmaier, Peter 2006. „Sozialforschung, empirische". In: Heun, Werner/Morlok, Martin (Hrsg.), *Evangelisches Staatslexikon*, 4. vollständig neu bearbeitete Auflage. Stuttgart.

Steinke, Ines 2007. „Gütekriterien qualitativer Forschung". In: Flick, Uwe et al. (Hrsg.), *Qualitative Forschung. Ein Handbuch*. Reinbek bei Hamburg, 319-331.

Stier, Winfried 1999. *Empirische Forschungsmethoden- mit 53 Tabellen*. Berlin.

Strauss, Anselm L. 1998. *Grundlagen qualitativer Sozialforschung*. München

Strauss, Anselm L./Corbin, Juliet 1990. „Grounded Theory Research: Procedures, Canons and Evaluative Criteria". In: *Qualitative Sociology* (13) 1990. 3-21.

Streek, Wolfgang 2009. „Regieren nach der Finanzkrise: Back to the Future", Veranstaltung im Rahmen der Ringvorlesung „Regieren! Theoretische Ansätze und aktuelle Herausforderungen" am 18.5.2009 im Institut für Politikwissenschaft der Universität Münster.

Tiemann, Heinrich 2009. „Von der Beraterrepublik zur gut beratenen Republik. Zustand und Zukunft von Politikberatung in Deutschland", Veranstaltung der Bertelsmann Stiftung am 28./29.1.2009 in Berlin.

Tils, Ralf 2005. *Politische Strategieanalyse. Konzeptionelle Grundlagen und Anwendung in der Umwelt- und Nachhaltigkeitspolitik*. Wiesbaden.

Timm, Andreas 1999. *Die SPD-Strategie im Bundeswahlkampf 1998*. Hamburg.

Titscher, Stefan/Wodak, Ruth/Meyer, Michael/Vetter, Eva 1998. *Methoden der Textanalyse*. Opladen.

Voigt, Rüder 1996. *Des Staates neue Kleider. Entwicklungslinien moderner Staatlichkeit*. Baden-Baden.

Walter, Franz 2009. „Sie planen sich zu Tode". In: *Die Welt*, 24.2.2009.

Weber, Max 1922. *Wirtschaft und Gesellschaft. Grundriß der verstehenden Soziologie*. Tübingen.

Wiesenthal, Helmut 1990. „Unsicherheit und Multiple-Self-Identität. Eine Spekulation über die Voraussetzungen strategischen Handelns". Discussion Paper 90/2 des Max-Planck-Instituts für Gesellschaftsforschung, Köln. Abrufbar unter: www.mpifg.de/pu/mpifg_dp/dp90-2.pdf, (Download 16.7.2009).

Willke, Helmut 1983. *Entzauberung des Staates. Überlegungen zu einer gesellschaftlichen Steuerungstheorie*. Königstein.

214

Willke, Helmut 2002. *Dystopia. Studien zur Krise des Wissens moderner Gesellschaften.* Frankfurt am Main.

Wollmann, Helmut 2003. „Kontrolle in Politik und Verwaltung: Evaluation, Controlling und Wissensnutzung". In: Schubert, Klaus/Bandelow, Nils C. (Hrsg.), *Lehrbuch der Politikfeldanalyse.* München/Wien, 335-359.

Die Zeit (2005). *Das Lexikon*, Band 14. Hamburg.

Abbildungsverzeichnis

Tabellenverzeichnis

Leitfragebogen

(unterteilt in Themenkomplexe, Leitfragen, Basisfragen, konkrete Nachfragen und Aufrechterhaltungsfragen)

Themenkomplex I: Systemischen Rahmenbedingungen

Leitfrage 1: Was sind für Sie die wesentlichen Strukturmerkmale, die Regierungshandeln auf Länderebene prägen?

Basisfragen	Konkrete Nachfragen	Aufrechterhaltungsfragen

▪ Rolle von Parteien
 	
▪ Rolle der Medien
 	
▪ Richtlinien- vs. Ressortprinzip
 	
▪ Strategische Ausgangsbedingungen:
  ○ Ländervergleich?
  ○ Internationaler Vergleich?
 	
▪ Weitere systemische Rahmenbedingungen:
  ○ Vetostrukturen
  ○ Föderalismus
	▪ Wie schätzen Sie den Einfluss der Parteien auf die Regierungspolitik ein?
	▪ Gibt es Unterschiede in der Medienberichterstattung zwischen Bundes- und Landespolitik?
	▪ Ist die Zentrale gegenüber den Ressorts weisungsbefugt?
	▪ Welche (Bundes-)Länder haben besonders günstige Ausgangsbedingungen für strategische Politik?
	▪ Welche (Bundes-)Länder sind für sie ‚Leuchttürme' in punkto Strategie?
	▪ Welche Rolle spielt die Bundespolitik für die Landesregierung?
		▪ Gibt es weitere wichtige Aspekte bei diesem Thema?
		▪ Was geht Ihnen sonst noch zur Rolle der Medien durch den Kopf?
		
		▪ Fällt Ihnen sonst noch etwas zu den strukturellen Rahmenbedingungen ein?

Themenkomplex II: Institutionelles Arrangement

Leitfrage 2: Bei meiner Untersuchung gehe ich der Frage nach, wie politische Planung in Regierungszentralen deutscher Bundesländer organisiert ist. Wie würden Sie zunächst die institutionell-organisationelle Einbettung Ihrer Einheit in das Gesamtgefüge der Regierungszentrale beschreiben?

Basisfragen	Konkrete Nachfragen	Aufrechterhaltungsfragen
▪ Bezeichnung und Stellung im Organigramm	▪ Welche Vorzüge hat die Aufhängung als Stab oder Abteilung?	▪ Was geht Ihnen in Bezug auf die Stellung Ihrer Einheit noch durch den Kopf?
▪ Zuschnitt, zugewiesene Kompetenzen und Abgrenzung	▪ Wie lässt sich Ihre Einheit von anderen Einheiten im Haus abgrenzen?	▪ Das ist interessant. Können Sie noch etwas mehr dazu sagen?
▪ Ressourcenausstattung: finanziell und personell	▪ Haben Sie Haushaltstitel, um zum Beispiel Expertisen in Auftrag zu geben?	▪ Gibt es sonst noch etwas?

Leitfrage 3: Um die strukturellen Rahmenbedingungen zu erfassen, unter denen politische Planung in Regierungsorganisationen stattfindet, ist auch Ihre Sichtweise auf die generelle Rolle der Regierungszentrale im Gesamtgefüge der Landesregierung interessant. Wie würden Sie diese beschreiben?

Basisfragen	Konkrete Nachfragen	Aufrechterhaltungsfragen

▪ Allgemeines Rollenverständnis:
  ○ Regierungszentrale als Meta-Instanz?
  ○ Kontrolle/Monitoring vs. Koordination vs. aktive Steuerung?
  ○ Politische vs. strategische Steuerung?
 	
▪ Verhältnis zu den Ressorts:
  ○ Konfliktlinien?
  ○ Umgang mit Konflikten?
  ○ Instrumente von Sanktionierung und Belohnung?
	▪ Wie schätzen Sie generell die Handlungsfähigkeit der Regierungszentrale gegenüber den Ressorts ein?
	▪ Sehen Sie die Zentrale im Verhältnis zu den einzelnen Ressorts eher als reaktiv-kontrollierende oder als proaktiv-gestaltende Instanz an?
	▪ Wenn Konflikte auftauchen, wie ist das Vorgehen?
	▪ Wie wird eine gute Zusammenarbeit honoriert und wie geht man bei einer schlechten Zusammenarbeit vor?
		▪ Was fällt Ihnen noch zur Rolle der Regierungszentrale ein?
		▪ Wie sehen Sie darüber hinaus das Verhältnis Zentrale und Ressorts?
		
		▪ Wo sehen Sie weitere Konfliktpotenziale zwischen Zentrale und Ressorts?
		▪ Gibt es weitere Beispiele, wie in der Vergangenheit Konflikte gelöst wurden?

Themenkomplex III: Arbeitsprofil

Leitfrage 4: Wie würden Sie die Personalpolitik Ihrer Einheit beschreiben?

Basisfragen	Konkrete Nachfragen	Aufrechterhaltungsfragen

▪ Rekrutierungsmodi/Berufsbiografien:
  ○ Priorisierte Abschlüsse/ fachliche Provenienz
  ○ Priorisierte Altersklasse?
  ○ Mitarbeiterfluktuation?
  ○ Rolle von Parteizugehörigkeit?
	▪ Bei der Personalstruktur in Regierungsorganisationen ist häufig von einem Juristenmonopol die Rede. Wie stehen Sie dazu?
	▪ Wie sind Sie zu Ihrem Job gekommen?
	▪ Woher kommen, wohin gehen Mitarbeiter?
		▪ Was geht Ihnen beim Thema Mitarbeiterrekrutierung noch durch den Kopf? Und dann? Und was passiert dann?

▪ Kompetenzen/Anforderungen:
  ○ Wissenschaftliches Arbeiten
  ○ Methoden/Tools
  ○ Analytische Fähigkeiten
  ○ Kommunikationsanforderungen
  ○ Politische Erfahrung
  ○ Berufserfahrung etc.
	▪ Welche Kernkompetenzen müssen Mitarbeiter in Ihrer Einheit mitbringen, um erfolgreich politische Planung praktizieren zu können?
	▪ Wie wichtig ist theoretisches Fachwissen im Verhältnis zu politischer Erfahrung und ‚politischem Instinkt‘?
		▪ Fallen Ihnen noch weitere Kernkompetenzen ein, die ein neuer Mitarbeiter unbedingt mitbringen müsste?

Leitfrage 5: Wo sehen Sie Schwerpunkte Ihrer Arbeit?

Basisfragen	Konkrete Nachfragen	Aufrechterhaltungsfragen

▪ Aktuelle Arbeits- und Themenschwerpunkte:
  ○ Abgeschlossene, laufende und geplante Projekte?
  ○ Beteiligung vs. Federführung?
	▪ Bei welchen Themen übernehmen Sie die Federführung?	▪ Was sind weitere Herausforderungen, denen sich Ihr Bundesland in den kommenden Jahren stellen muss? Fallen Ihnen noch weitere Projekte ein, bei denen Ihre Einheit federführend ist?

▪ Typische Arbeitsschwerpunkte:
  ○ Tagespolitische Analyse?
  ○ Langfristige Trendanalyse?
  ○ Redenschreiben?
  ○ Controlling und Evaluation?
  ○ Aufbereitung des aktuellen Forschungsstandes?
  ○ Aufzeigen von Handlungsoptionen?
	▪ Was überwiegt: die Ad-hoc-Bewertung aktueller Ereignisse oder die Analyse langfristiger gesellschaftspolitischer Trends?
	▪ Welchen Stellenwert messen Sie dem Redenschreiben bei?
	▪ Haben Sie genügend Kapazitäten für konzeptionelles Arbeiten?
		▪ Was geht Ihnen in Bezug auf generelle Arbeitsschwerpunkte noch durch den Kopf?
		▪ Sie haben bereits Andeutungen gemacht, dass konzeptionelles Arbeiten ein wesentlicher Bestandteil Ihrer Tätigkeit ist. Können Sie die Bedeutung noch einmal näher beschreiben?

▪ Typische Themenschwerpunkte:
  ○ Themeneigenschaften?
  ○ Politikfelder?
	▪ Welche Bedeutung haben politikfeldübergreifende Herausforderungen für Ihre tägliche Arbeit?	▪ Welche Eigenschaften braucht ein Thema noch, damit Ihre Einheit es bearbeitet?

▪ Zeithorizonte:
  ○ Tagespolitik?
  ○ Legislaturperiode?
  ○ 2020 oder 2030?
	▪ Welche Bedeutung haben legislaturübergreifende Fragestellungen für Ihre tägliche Arbeit?	▪ Haben Sie Beispiele für die verschiedenen Zeithorizonte?

▪ Wunsch vs. Wirklichkeit:
  ○ Arbeitsschwerpunkte?
  ○ Themenschwerpunkte?
  ○ Zeithorizonte?
	▪ Stimmen Ihre aktuellen Arbeits- und Themenschwerpunkte mit den wichtigsten Herausforderungen überein, die Sie für Ihr Bundesland in den nächsten Jahren identifiziert haben?	▪ Und sonst?

Leitfrage 6: Vielleicht können wir noch einmal näher darauf eingehen, wie Ihre Planungseinheit konkret arbeitet. Wenn Sie ein bestimmtes Thema bearbeiten, wie gehen Sie Schritt für Schritt vor? (Ganz konkret, an einem Beispiel vielleicht?)

Basisfragen	Konkrete Nachfragen	Aufrechterhaltungsfragen
■ Konkrete Tätigkeitsschilderungen (Arbeitsschritte, Strategien, Routinen)	■ Welche Stakeholder müssen Sie bei Ihrer Arbeit unbedingt einbinden?	■ Welche konkreten Strategien fallen Ihnen noch zur politischen Planungsarbeit ein?

■ Impulse für eigene Arbeit:
  o Auftrag oder Eigeninitiative?
  o Koalitionsvereinbarungen, Haushaltsplan etc.
	■ Wie stark orientieren Sie sich bei Ihrer Arbeit an den Prioritäten des Ministerpräsidenten, der Fraktionen, der Parteien oder des Koalitionspartners?	■ Wenn Sie an Impulse für die eigene Arbeit denken, was fällt Ihnen dann noch ein?

■ Informationsmanagement:
  o Selbstständiges Sammeln und Aufbereiten?
  o Vernetzung mit Fachleuten aus Regierung, Universitäten und Think Tanks?
	■ Wie wichtig sind Prognosen, Umfragen und Szenarien für Ihr Informationsmanagement? Aus welchen Gründen wird politische Grundsatzarbeit ausgelagert?	■ Was sind weitere Quellen, aus denen Sie relevante Informationen schöpfen können?
		■ Gibt es sonst noch etwas?
		■ Und was passiert dann?
		■ Und weiter?

■ Arbeitsergebnisse:
  o Adressat(-en) der Expertise?
  o Format: Vermerke, Positionspapiere, Kabinettsvorlagen, Regierungserklärungen etc.?
  o Eigene Bewertung der Arbeitsergebnisse
	■ Was passiert mit den Ergebnissen Ihrer Arbeit?
	■ Wie 'verkaufen' Sie Ihre Expertise an die Adressaten?
	■ Woran messen Sie den Erfolg Ihrer Arbeit?
		■ Können Sie mir zur eigenen Bewertung der Arbeitsergebnisse noch mehr erzählen?

■ Grundsätzlich: Voraussetzungen und Faktoren erfolgreicher Planungsarbeit	■ Welche Faktoren stehen einer effektiven Umsetzung häufig im Wege?	■ Können Sie weitere Erfolgsfaktoren nennen?

Themenkomplex IV: Selbstverständnis

Leitfrage 7: Wie nehmen Sie sich selbst als Einheit wahr?

Basisfragen	Konkrete Nachfragen	Aufrechterhaltungsfragen

■ Wahrnehmungsmuster der Funktion/der eigenen Rolle innerhalb der Regierungszentrale:
  ○ Angestrebte Rolle/Funktion?
  ○ Tatsächliche Rolle/Funktion?
	■ Wieviel ‚Querdenken' gehört zu Ihrer Rolle?
	■ Sehen Sie sich als Politikberater?
	■ Was denken Sie, wie Ihre Kollegen aus anderen Einheiten Ihre Rolle beurteilen?
		■ Was bringen Sie gedanklich mit Ihrer Rolle innerhalb der Zentrale noch in Verbindung?

■ Abgrenzung zu anderen Einheiten/zur Hausspitze:
  ○ Handlungslogiken?
  ○ Rationalitätskalküle?
  ○ Denk- und Arbeitsweise?
  ○ Mentalität?
	■ Inwieweit unterscheidet sich Ihre Herangehensweise an Themen von den meisten anderen Referaten im Haus?
	■ Inwieweit unterscheidet sich Ihre Herangehens-weise an Themen von der Hausspitze?
		■ Wie lässt sich Ihre Einheit noch von anderen Einheiten abgrenzen?

■ Verwaltung vs. Politik:
  ○ Umgang mit unterschiedlichen Mentalitäten und Rationalitäten?
  ○ Eigene Aufgaben und Verantwortlichkeiten und deren Grenzen?
  ○ Loyalität
	■ Sehen Sie sich als politische Einheit oder eher als Teil der Verwaltung?
	■ Unterscheiden Sie strikt zwischen Verwaltungsent-scheidungen und politischen Entscheidungen?
	■ Welchem Akteur fühlen Sie sich hauptsächlich gegenüber verantwortlich?
		■ Und sonst?
		
		■ Gibt es weitere Akteure, denen Sie sich verpflichtet fühlen?

■ Selbsteinschätzung
  ○ Nutzen und Mehrwert der eigenen Arbeit
  ○ Alleinstellungsmerkmal?
  ○ Spezifische Kompetenzen?
  ○ Stärken und Schwächen?
	■ Warum gibt es überhaupt politische Planung in der Regierungsorganisation?
	■ Was denken Sie, wie Ihre Kollegen aus anderen Einheiten Ihre spezifischen Kompetenzen beurteilen?
		■ Was fällt Ihnen zu den Stärken Ihrer Einheit sonst noch ein?
		
		■ Und weiter?

Themenkomplex V: Austauschbeziehungen

Leitfrage 8: Wie würden Sie das Verhältnis und den Austausch zu anderen Einheiten in der Regierung beschreiben?

Basisfragen	Konkrete Nachfragen	Aufrechterhaltungsfragen
▪ Qualität und Quantität des Kontakts	▪ Gibt es ‚natürliche Partner‘ oder ‚natürliche‘ Gegenspieler? ▪ Mit welchen Akteuren herrscht ein intensiver Austausch?	▪ Was geht Ihnen in Bezug auf den Austausch zu anderen Einheiten noch durch den Kopf?
▪ Konfliktpotenziale und -lösung ▪ Wettbewerb	▪ Kommt es häufiger zu Zuständigkeits- und Kompetenzkonflikten? ▪ Wieviel Wettbewerb besteht zwischen den Referaten um die Gunst der Hausspitze?	▪ Gibt es sonstige Beispiele aus der Vergangenheit, wo es zu Zuständigkeits- und Kompetenzkonflikten kam?

Leitfrage 9: Wie würden Sie das Verhältnis und den Austausch zur Hausspitze beschreiben?

Basisfragen	Konkrete Nachfragen	Aufrechterhaltungsfragen

▪ Qualität und Quantität des Kontakts zwischen Planungseinheit und Hausspitze:
 	
   ○ Regelmäßigkeit des Austauschs?
   ○ Veränderung über die Jahre?
   ○ Art der Loyalität?
	▪ Wie oft und zu welchen Gelegenheiten treffen Sie den Ministerpräsidenten/den Chef der Staatskanzlei in der Woche/im Monat?
	
	▪ Wie lässt sich die Nähe zum Ministerpräsidenten mit administrativer Professionalität verbinden?
	
	▪ Wie wichtig ist politische, programmatische und ideologische Loyalität zum Ministerpräsidenten?
		▪ Was fällt Ihnen noch ein, wenn Sie über den Kontakt zur Hausspitze nachdenken?
		
		▪ Loyalität zur Hausspitze: Gibt es noch weitere Aspekte, die hier wichtig sind?

Leitfrage 10: Wie würden Sie die Organisationskultur Ihrer Regierungszentrale beschreiben?

Basisfragen	Konkrete Nachfragen	Aufrechterhaltungsfragen
▪ Interaktions- und Kommunikationsmuster innerhalb der Regierungszentrale: 　○ Hierarchiegrad allgemein? 　○ Ebenenübergreifender Dialog? 　○ Rolle von Informalität? 　○ Konfliktpotenziale und -lösung? 　○ Rolle von interner Kommunikation?	▪ Würden Sie die Organisationskultur als dialogorientiert und debattierfreudig bezeichnen? ▪ Ist Infragestellen, Kritik und Widerspruch möglich und erwünscht? ▪ Werden politische Entscheidungen hausintern ausreichend begründet?	▪ Gibt es sonst noch etwas, das Ihnen zur Organisationskultur der Zentrale einfällt?
▪ Lernfähigkeit der Organisation	▪ Handelt es sich um eine ‚lernende‘ Organisation? ▪ Wie könnte die Lernfähigkeit der Regierungszentrale verbessert werden?	▪ Was fällt Ihnen zur Lernfähigkeit sonst noch ein?
▪ Institutionalisierungsgrad von Strategie: 　○ Strategisches Zentrum in der Zentrale? 　○ Grand Strategy? 　○ Strategische Weiterbildung?	▪ Gibt es Raum und Arbeitsstrukturen für eine systematische Strategiereflexion?	
▪ Langfristiges und politikfeldübergreifendes Denken und Handeln: 　○ Bewusstsein? 　○ Bereitschaft oder Scheu? 　○ Gründe?	▪ Was müsste getan werden, um eine eine intensivere Auseinandersetzung mit langfristigen, politikfeldübergreifenden Fragestellungen in Gang zu setzen?	▪ Gibt es weitere wichtige Aspekte bei diesem Thema? *Abschluss: Gibt es noch etwas, was für Sie im Kontext von strategischer Planung in Regierungszentralen wichtig ist, bisher im Interview aber noch nicht ausreichend zur Sprache gekommen ist?* 　→ *Kurzfragebogen Kontextdaten* 　→ *Einverständniserklärung* *Ich danke Ihnen herzlich für dieses Gespräch!*

Kategoriensystem der Interviewauswertung
(mit der Anzahl an zugeordneten Textstellen in Klammern)

Systemische Rahmenbedingungen (20)

Institutionelles Arrangement
    Einbettung Regierungszentrale in Landesregierung
        Idealtypischer Aufbau (10)
        Funktion und Rolle (15)
        Steuerungsverständnis (21)
        Verhältnis zu den Ressorts (26)
        Landesspezifische Besonderheiten
            NS (4)
            RP (1)
            BB (5)
            HE (8)
            BE (13)
            HB (14)
            SH (3)
            SA (5)
            BW (4)
            BY (6)
    Einbettung der Planungseinheit in die Regierungszentrale
        Aufhängung (14)
        Zuschnitt (22)
        Personelle Ressourcenausstattung (16)
        Finanzielle Ressourcenausstattung (9)

Arbeitsprofil
    Personalpolitik
        Rekrutierungsmodi/Berufsbiografien
            Fachliche Provenienz (12)
            Berufliche Provenienz (11)
            Alter (10)
            Rotation/Fluktuation (14)
        Anforderungsprofil (22)
    Schwerpunkte und Arbeitsweise
        Themenschwerpunkte
            Zeitlicher Horizont (15)
            Beispiele (27)
            Themeneigenschaften (14)
            Orientierungspunkte
                Rankings/Ländervergleiche (5)
                Demoskopie/Medienberichte (7)
                Koalitionsvereinbarung (27)

Regierungserklärung (13)
Initiative (12)
Planungsinstrumente (23)
Arbeitsschwerpunkte
Veranstaltungen (6)
Koordinierung (12)
Tagespolitik (22)
Policy vs. Politics (16)
Kommunikative Aspekte (7)
Arbeitsprogramm der Regierung (18)
Informationsmanagement (22)
Wissenschaftliches Arbeiten (7)
Vernetzung mit externen Experten (9)
Redenschreiben (15)
Analyse (13)
Controlling/Bilanzierung (9)
Wunsch vs. Wirklichkeit
Kapazitäten für konzeptionelles Arbeiten/Zeit für
Reflexion (18)
Arbeitsprozesse
Phasen strategischer Planung (12)
Konkrete Arbeitschritte (17)
Relevante Mitspieler (8)
Umgang mit Arbeitsergebnissen
Adressat (15)
Format (12)
Erfolgsmessung (7)
Herausforderungen (17)

Selbstverständnis
Planungsverständnis (27)
Selbstwahrnehmung
Eigene Rolle und Funktion (21)
Wahrnehmung der Kollegen (11)
Abgrenzung zu anderen Einheiten (16)
Abgrenzung zur Hausspitze (13)
Verwaltung vs. Politik (27)
Beratungsverständnis
Problemperspektive (5)
Loyalitäten (12)
Transparenz/Diskretion (10)
Selbsteinschätzung
Eigener Einfluss (12)
Mehrwert der eigenen Arbeit (13)
Alleinstellungsmerkmale/spezifische Kompetenzen (7)
Stärken und Schwächen (0)

Austauschbeziehungen
    Planungseinheit und Hausspitze
        Eigenheiten der Ministerpräsidenten (6)
        Qualität und Quantität des Kontakts (16)
        Grundstruktur (20)
    Planungseinheit und andere Einheiten
        Konfliktpotenziale und –lösung (7)
        ‚Natürliche' Gegenspieler (5)
        ‚Natürliche' Partner (2)
        Grundstruktur (24)
    Externe Akteure (7)
    Organisationskultur
        Führungsstil (13)
        Hierarchiegrad (16)
        Ebenenübergreifender Dialog (2)
        Rolle von Informalität (6)
        Rivalität (19)
        Konfliktpotenziale und -lösungsansätze (4)
        ‚Lernfähige' Organisation (2)
   Institutionalisierung von Strategie (8)
        Strategiedialog
            hausintern (9)
            regierungsintern (3)
            länderübergreifend (11)
        Bewusstsein und Bereitschaft für Langfristigkeit (7)
        Personalentwicklung (6)
        Leitbild und Grand Strategy (3)
        Strategisches Zentrum in der Regierungszentrale (4)
        Vorschläge/Wünsche (5)

Insges.: (1062)

Dank

Ein herzlicher Dank gilt der Bertelsmann Stiftung, namentlich Thomas Fischer, Frank Frick und Christina Tillmann sowie Prof. Klaus Schubert, Prof. Dietrich Thränhardt, Dr. Leonard Novy und Holger Nieswandt, die allesamt maßgeblich zur erfolgreichen Realisierung dieses Buchprojekts beigetragen haben.

Daneben wäre das Buch ohne die wertvolle Unterstützung von Dennis Wellmann, Janne Grote, Julia Gieseler, Oliver Liedtke und Bettina R. Algieri (Lektorat) sowie Kathleen Schmiemann und Tobias Riesenbeck (Transkription) nicht in dieser Form zustande gekommen.

Ganz besonders möchte ich mich bei Stefan Collet bedanken, der das Vorhaben wie kein anderer von Anfang an inhaltlich und konzeptionell begleitet, entscheidend vorangetrieben und insbesondere in der Schlussphase einen unermüdlichen Einsatz an den Tag gelegt hat. Ihm und Eva Maria Mühlenbäumer ist dieses Buch gewidmet.

Kontakt zum Autor

Über Fragen, Anregungen und Kommentare freue ich mich:
dominic.schwickert@uni-muenster.de

Neu im Programm
Politikwissenschaft

Gerhard Bäcker / Gerhard Naegele /
Reinhard Bispinck / Klaus Hofemann /
Jennifer Neubauer

Sozialpolitik und soziale Lage in Deutschland

Band 1: Grundlagen, Arbeit, Einkommen und Finanzierung
5., durchges. Aufl. 2010. 622 S. Geb.
EUR 34,95
ISBN 978-3-531-17477-8

Band 2: Gesundheit, Familie, Alter und Soziale Dienste
5., durchges. Aufl. 2010. 616 S. Geb.
EUR 34,95
ISBN 978-3-531-17478-5

Das zweibändige Hand- und Lehrbuch bietet einen breiten empirischen Überblick über die Arbeits- und Lebensverhältnisse in Deutschland und die zentralen sozialen Problemlagen. Im Mittelpunkt der Darstellung stehen Arbeitsmarkt, Arbeitslosigkeit und Arbeitsbedingungen, Einkommensverteilung und Armut, Krankheit und Pflegebedürftigkeit sowie die Lebenslagen von Familien und von älteren Menschen.
Das Buch gibt nicht nur den aktuellen Stand der Gesetzeslage wieder, sondern greift auch in die gegenwärtige theoretische und politische Diskussion um die Zukunft des Sozialstaates in Deutschland ein. Es wendet sich an Studierende und Lehrende an Hochschulen, Schulen, Bildungseinrichtungen sowie an Experten in Verwaltungen, Verbänden und Gewerkschaften.

Schmidt, Manfred G.

Demokratietheorien
Eine Einführung
5. Aufl. 2010. 571 S. Br. EUR 19,95
ISBN 978-3-531-17310-8

Dieses Buch führt in klassische und moderne Demokratietheorien ein. Es schlägt einen Bogen von der Staatsformenlehre des Aristoteles bis zu den Demokratietheorien der Gegenwart und erörtert dabei auch den neuesten Stand der international vergleichenden Demokratieforschung. Der Band stellt zudem die wichtigsten Demokratietypen und die leistungsfähigsten Demokratiemessungen vor. Ferner erkundet er die Funktionsvoraussetzungen der Demokratie, klärt die Bedingungen für erfolgreiche und erfolglose Demokratisierungsvorgänge und geht der Frage nach, ob die Europäische Union an einem strukturellen Demokratiedefizit laboriert. Überdies handelt das Werk sowohl von den Stärken der Demokratie wie auch von ihren Schwächen. Außerdem prüft es die Leistungskraft der Demokratie im Vergleich mit Nichtdemokratien. Auf diesen Grundlagen wird abschließend die Zukunft der Demokratie prognostiziert. Das vorliegende Werk ist die fünfte – mittlerweile mehrfach erweiterte – Auflage des erstmals 1995 erschienenen Buches.

Erhältlich im Buchhandel oder beim Verlag.
Änderungen vorbehalten. Stand: Juli 2010.

www.vs-verlag.de

VS VERLAG

Abraham-Lincoln-Straße 46
65189 Wiesbaden
Tel. 0611.7878-722
Fax 0611.7878-400

Neu im Programm Politikwissenschaft